从边地到腹里
长城沿线社会变迁研究

Cong BianDi Dao FuLi

张月琴 著

百家文库

中国书籍出版社
CHINA BOOK PRESS

图书在版编目（CIP）数据

从边地到腹里：长城沿线社会变迁研究/张月琴著. —北京：中国书籍出版社，2019.4
　　ISBN 978-7-5068-7263-8

　　Ⅰ.①从… Ⅱ.①张… Ⅲ.①社会变迁—研究—中国—清代 Ⅳ.①K249.07

中国版本图书馆 CIP 数据核字（2019）第 068087 号

从边地到腹里：长城沿线社会变迁研究

张月琴　著

责任编辑	李　新
责任印制	孙马飞　马　芝
封面设计	中联华文
出版发行	中国书籍出版社
地　　址	北京市丰台区三路居路 97 号（邮编：100073）
电　　话	（010）52257143（总编室）　（010）52257140（发行部）
电子邮箱	eo@chinabp.com.cn
经　　销	全国新华书店
印　　刷	三河市华东印刷有限公司
开　　本	710 毫米×1000 毫米　1/16
字　　数	245 千字
印　　张	15.5
版　　次	2019 年 4 月第 1 版　2019 年 4 月第 1 次印刷
书　　号	ISBN 978-7-5068-7263-8
定　　价	85.00 元

版权所有　翻印必究

序

自2006年以来，长城沿线社会一直是我关注和考察的重点。2012年，《仪式、秩序与边地记忆——民间信仰与清代以来堡寨社会研究》一书的出版，可以看作是我对长城沿线地域社会研究的一个粗浅尝试。该书出版以后，我不断思考长城沿线堡寨文化与内地州县文化所呈现出不同样貌的历史根源。在漫长的历史进程中，生活于长城沿线的各民族，或以激烈的战争冲突、或以互利的贸易往来、或以丰富的民间交往不时地发生着关联，是各民族共同铸就了长城沿线的历史，推进着中华民族的融合。

以往对于长城沿线的研究，主要关注某一时期内的具体事项，对长城沿线社会作综合考量的研究较为少见。本书主要以山西长城沿线地方社会为个案，从行政管理、社会结构、社会治理、公共领域与精英群体、地方文教等方面，对清代长城沿线社会变迁进行了较为细致的剖析，并归纳和总结了每一层面呈现出的具体特征，以突显多侧面的考察对于区域社会研究的重要意义。

清代山西长城沿线社会发展的总体脉络是：从边地到腹里。在这一总体趋势之下，长城沿线的行政体制从军事化向地方化转变，并且逐步和内地州县趋于一致。随着裁卫设县的推行，军事卫所改为州县，社会结构也发生了明显的变革。以军人为主的社会职业结构逐渐向多样化的职业结构发展，民众生活向常态化运行。与此同时，社会治理由治军转向治民，社会精英群体逐步培育和发展起来。地方文教发展证明了地域社会由尚武到兴文的转变，品读文人笔下的诗文可以略见文人对于地域文化的解构和重建，长城沿线文教发展的地域特征也蕴含在其中。这一系列的变化是政治、经济、社会、文化等综合作用的结果，也是长城沿线社会各个侧面在不断变化中彼此影响、互相作用的复杂表现。

以清代山西长城沿线为中心，探讨长城沿线区域由"边地"向"腹里"演化的历程，阐释其中的社会变迁，剖析社会变迁过程中展现的特征，揭示其过程的复杂性，具有一定的学术意义，并可体现对长城沿线社会的现实观照。其学术意义主要体现在以下三个方面：（一）对认知地方历史的意义。将山西长城沿线置于清代长城沿线社会变迁的整体背景中进行考察，以区域社会的视角关注历史发展的真实状况，可以丰富当下对于该区域历史的认知。同时，通过研究可以较为充分地发掘长城沿线社会的原真性和演化过程中不断赋予的新特性，为认知长城沿线地方社会提供较为可信的历史依据。（二）对认知地方文化的意义。在论析山西长城沿线社会由边地向腹里转变的过程中，以"边地"传统的社会向具有"腹里"传统的社会转变为主线，对于认知长城沿线社会的历史状况及其现代形态具有一定的文化意义。以此可知：长城沿线区域社会，在清代的发展是"边地"特质与"腹里"趋势之间的融合，既区别于历史上边疆地区的粗犷，又有别于中原地区的细腻，而是一种逐步发展并具有边地性格的区域社会。（三）丰富社会史内容。将山西长城沿线社会纳入长城沿线社会发展的学术研究范畴中，重点观照该时期"边地"向"腹里"转变过程中展现的复杂性和区域社会的特性，是以本研究丰富了长城沿线区域社会史和中国社会史的内容，具有一定的学术意义。

中国社会转型面临的两大现实问题是："文化重建"与"社会治理"，历史研究当为此问题的解决提供具体的经验和启迪。在此背景下对山西长城沿线社会进行研究正可以顺应时代的需求。该研究可以为山西长城沿线地方文化与社会建设注入一定的历史内涵，也可以提供认知长城沿线区域社会的多元化角度，为地方社会文化建设和社会治理提供实际的历史参照。就此而言本研究具有鲜明的地方文化与社会建设的当下现实意义。

本研究仅为长城沿线区域社会研究提供了一个简单的案例，得出的一些认识和结论尚待进一步考究和学界的指正。关于长城沿线社会研究各个侧面的划分，或可为今后的相关研究提供一种思路，其正确与否需要更多的研究去印证。

  谨以此文献给我深爱的这片土地！是为序。

目 录
CONTENTS

绪 论 ·· 1
  一、研究对象 ··· 1
  二、研究区域和时段 ·· 2
  三、研究综述 ··· 7

第一章　行政管理：从军事化到地方化 ·································· 14
  第一节　裁卫设县与政区调整 ·· 15
    一、同朔分治 ··· 15
    二、马邑入朔 ··· 20
    三、直晋之纠纷 ·· 24
    四、国家调适与地方诉求 ·· 27
  第二节　"蒙汉分治"与晋蒙政区变化 ·· 30
    一、"口外十二厅"和"一地二治" ··· 31
    二、晋绥分治：行政上的腹里之区成形 ····································· 32
  第三节　职官设置：从督理军政到专理民事 ······························ 36
    一、总督和知府 ·· 36
    二、县级行政体系 ··· 45
    三、衙署人员 ··· 50

第二章　社会结构：边民的常态化 ··· 53
  第一节　军户、官兵及其生存状态 ·· 54
    一、明末清初的军户 ··· 54
    二、八旗官兵的生存状态 ·· 56

三、绿营官兵的生存状态 …………………………………… 63
　第二节　卫所、村落和社会结构 ……………………………… 68
　　一、从卫所到村落 …………………………………………… 69
　　二、村庄的社会结构 ………………………………………… 83
　　三、生存环境和生计选择 …………………………………… 94
　第三节　城镇、商业和商人 …………………………………… 101
　　一、中心城市：大同和右玉 ………………………………… 101
　　二、县城和厅、旗城 ………………………………………… 103
　　三、市镇（或商品集散地） …………………………………… 104
　　四、商人及其地位 …………………………………………… 105

第三章　社会治理：从治军到治民 …………………………… 109
　第一节　基层控制：保甲到巡警 ……………………………… 110
　第二节　乡约与地方社会 ……………………………………… 115
　　一、乡约的资料 ……………………………………………… 115
　　二、资料所见乡约形象 ……………………………………… 118
　　三、乡约与社会秩序 ………………………………………… 121
　第三节　告示与地方社会 ……………………………………… 123
　　一、告示的基本情况 ………………………………………… 123
　　二、告示与社会问题治理 …………………………………… 125
　　三、告示与地方社会变迁 …………………………………… 133

第四章　公共领域与精英群体 ………………………………… 137
　第一节　地方精英的构成 ……………………………………… 138
　　一、正途出身的士绅 ………………………………………… 138
　　二、异途出身的士绅 ………………………………………… 142
　　三、地方事务的参与者 ……………………………………… 144
　第二节　地方精英的时空分布和生活状态 ………………… 147
　　一、地方精英的时空分布 …………………………………… 147

二、士绅的生活状态 ·········· 153
　第三节　地方精英和公共事务 ·········· 156
　　一、地方精英的事务性活动 ·········· 156
　　二、地方精英的工程类活动 ·········· 160
　　三、公共事务中士绅的参与度和时代特征 ·········· 162

第五章　地方文教：从尚武到兴文 ·········· 170
　第一节　地方文教机构 ·········· 171
　　一、府州县学 ·········· 171
　　二、书院、义学和社学 ·········· 176
　第二节　文教机构的建设和运行 ·········· 181
　　一、教育机构的经济运作 ·········· 181
　　二、教育机构的管理运行 ·········· 188
　　三、科举取士与乡试分中之例 ·········· 195
　第三节　文人社会的地域特征 ·········· 198
　　一、文人社会的基本情况 ·········· 198
　　二、文人社会的边地色彩 ·········· 202
　第四节　文人笔下的地域形象 ·········· 206
　　一、边地、荒塞：清初的地方社会 ·········· 206
　　二、"长生萍"构建的地理环境 ·········· 210
　　三、"烈妇祠"构建的人文环境 ·········· 212

结　语 ·········· 215

参考文献 ·········· 222

后　记 ·········· 234

绪 论

一、研究对象

本研究的对象为清代山西长城沿线地方社会。

长城沿线指在政治、经济、文化等方面具有一定相似性的沿长城一带。按照中国当前的行政区划，主要指西起甘肃省嘉峪关，东到辽宁省虎山，横贯甘肃、宁夏、内蒙古、陕西、山西、河北、北京、天津、辽宁等九省、市、自治区的沿长城一线的广大区域。长城沿线一直以其军事意义而著称。明代，长城的军事作用更是突出，长城沿线内侧为"边地"。入清之后，长城沿线由"边地"向"腹里"发展，其军事意义逐步弱化，社会功能和文化意义开始突显。

"边地"，指"边境地区之内或者靠近边境的地区"。《汉书·晁错传》："臣闻汉兴以来，胡虏数入边地，小入则小利，大入则大利。""腹里"，在元代是对中书省直辖地区的通称，其范围相当于今河北、山西、河南、山东和内蒙古的一部分，其含义相当于内地。从文字意义上讲，"边地"与"腹里"是基于一定的历史地理范畴来说的。所指具体范围随中央政府的辐射范围，或者有效管辖区域的改变而改变。从更深层次的引申意义而言，"边地"一词也常用来描述未开化地区或发展程度较为缓慢、落后之地。"腹里"则意味着开化、发展相对成熟之地。故此，在本研究的语境中，"从边地到腹里"，不仅是指长城沿线历史地理的相对位置，更重要的是该区域在政治结构、经济结构、社会结构和文化生态上的变化和发展。同时，"边地"向"腹里"转变的过程中展现出的复杂性也是当下长城沿线区域文化和社会样貌多样性的根源。本研究以"从边地到腹里"为中心，对清代山西长城沿线的地方社会进行历史性考察，正是基于这一点。

山西长城沿线，地处长城沿线中段，在明代为大同镇所辖范围。《三云筹俎考》称大同镇，"北扞胡虏以控带幽燕，南总三关以招徕晋魏；翼卫陵寝，屏捍神京，屹然甲九塞焉"①。弘治年间的《重修大边碑记》记载大同，"去边甚迩，昔之守臣，盖尝于九十里外筑小城，曰小边；又于百里外筑大城，曰大边。其为防边也甚固。岁久各有倾圮，继守之人虽尝修缮，然寖为风雨摧剥，又被乘夜窃穿。于时修复之议虽笃，而边衅之惧，劳费之惮，迁延弗举，遂使小边仅存，而大边荡然矣！"② 从地域特征来看，明代山西长城沿线具有典型的"边地"特征：与中原相距甚远、交通不利、气候恶劣、地瘠民贫。入清之后山西长城沿线开始由"边地"向"腹里"转变。可以说，山西长城沿线社会变迁在中国长城沿线一带具有一定的典型性。

二、研究区域和时段

中国的幅员辽阔，也意味着它在气候、风光、生活方式、习俗和方言等方面千差万别。法国学者谢和耐认为，中国是"一个面积可能与整个欧洲相匹、具备3000年有记载历史的国度"，因此，任何对中国的有效论述都必须涉及"确切的时间和地点"③。兹将本项研究涉及的具体区域和时间介绍如下。

（一）研究区域

本研究所选的具体区域以明代大同地方为主，其实际范围包括明代大同府所辖的四州七县及山西行都司所辖诸卫所。之所以将本项研究的地域范围按照明代大同的地域范围来确定是有其原因的。

首先从大同地方的历史沿革说起。关于大同地方的历史沿革，各种志书中记载相差无几。只不过具体到每一州县的志书，大致是在此基础之上对本州县历史沿革的详细追述。因有文献为证，且与本研究主题关系不大，所以只列大

---

① （明）王士琦：《三云筹俎考》，险隘考·大同总镇图。
② （清）胡文烨：《云中郡志》，大同市地方志办公室点校本，1988，第514–515页。
③ ［法］谢和耐：《蒙元入侵前夜的中国日常生活》，南京：江苏人民出版社，1995年版，第2页。

同的历史沿革，对于其他州县暂不作解释。在此仅将志书中对于大同的历史沿革作为一种参照，来了解本研究所选区域。清代官修志书中对大同一地的历史沿革记载如下：

《禹贡》冀州之域，周并州地，战国属赵、秦雁门郡地，汉为雁门郡东部都尉。后汉末废。永嘉五年，封拓跋猗卢为代公，遂有其地。后魏天兴中徙都于此，置司州牧及代尹。延和元年，改万年尹。太和十七年，迁都洛阳，改曰恒州代郡。孝昌二年，陷废。北齐天保七年，复置恒州，并置安远、临塞、威远、临阳等郡。周平齐，州郡并废。隋为马邑郡地，唐武德四年置北恒州，七年废。贞观十四年改置云州，永淳元年废。开元十八年，复置。天宝初改曰云中郡。乾元初，复曰云州，属河东道。会昌三年，置大同都团练使。四年，升为都防御使。乾符五年升为节度使。中和二年，更为雁门节度使，徙治代州。五代唐同光二年，复置大同节度使。晋天福初，割入契丹。辽重熙十三年，建为西京，升大同府。宋宣和五年，复归于宋，改曰云中府。寻入金，复为西京路大同府。元至元二十五年，改西京曰大同路，属河东山西道。明洪武五年置山西行都指挥使司，七年改为大同府，隶山西布政使司。本朝因之，隶山西省，领厅一、州二、县七。①

根据以上文献的记载，"大同"首次作为本研究所选区域的地域称谓出现，应当是唐会昌三年（843）。唐会昌三年（843），以云、蔚诸州为大同道，罢属河东，置都团练使，治云州。咸通十年（869）置大同军节度使。之后，后晋石敬瑭割燕云十六州于契丹，云州归于契丹管辖，初仍称为大同军节度使。大同府的设置，始于辽代。《辽史·地理志》的相关记载如下：

西京大同府，陶唐冀州之域。虞分并州。夏复属冀州。周职方，正北曰并州。战国属赵，武灵王始置云中郡。秦属代王国，后为平城县。魏属新兴郡。晋仍属雁门。刘琨表封猗卢为代王，都平城。元魏道武于此遂建都邑。孝文帝改为司州牧，置代尹，迁都洛邑，改万年，又置恒州。高齐文宣帝废州为安镇，今谓之东城，寻复州。周复安镇，改朔州。隋仍为镇。唐武德四年置北州，七年废。贞观十四年移云中定襄县于此。永淳元年默啜为民患，移民朔州。开元

---

① （清）穆彰阿等：《嘉庆重修一统志（第九册）》，北京：中华书局，1986年版，第6737-6739页。

十八年置云州。天宝元年改云中郡。乾元元年曰云州。乾符三年，大同军节度使李国昌子克用为云中守捉使，杀防御使，据州以闻。僖宗赦克用，以国昌为大同军防御使，不受命。广明元年，李琢攻国昌，国昌兵败，与克用奔北地。黄巢入京师，诏发代北军，寻赦国昌，使讨贼。克用率三万五千骑而南，收京师，功第一，国昌封陇西郡王。国昌卒，克用取云州。既而所向失利，乃卑词厚礼，与太祖会于云州之东城，谋大举兵攻梁，不果。克用子存灭梁，是为唐庄宗。同光三年，复以云州为大同军节度使。晋高祖代唐，以契丹有援立功，割山前、代北地为赂，大同来属，因建西京。

敌楼、棚橹具。广袤二十里。门，东曰迎春，南曰朝阳，西曰定西，北曰拱极。元魏宫垣占城之北面，双阙尚在。辽既建都，用为重地，非亲王不得主之。清宁八年建华严寺，奉安诸帝石像、铜像。又有天王寺、留守司衙。南曰西省。北门之东曰大同府，北门之西曰大同驿。初为大同军节度，重熙十三年升为西京，府曰大同。统州二、县七。①

从上述文献来看，辽金时期大同是军事重镇，也是多民族融合和汇通之地。辽重熙十三年（1044）时，现在大同所属地域称为西京，设西京大同府。西京城，北门之东称作大同府，北门之西为大同驿。金称西京路大同府，元改大同路。明代，"（洪武）七年，改大同路为大同府，隶山西布政使司，置四州七县：州曰浑源、应、朔、蔚；附郭县为大同，外怀仁、山阴、马邑、广灵、灵丘、广昌"②。随后，明王朝为了防御北方蒙古的南下，修筑长城堡寨，设置卫所。除大同府所辖十一州县外，明代大同地方还包括山西行都司所辖的大同前后卫、左卫、左川卫、大同右卫、玉林卫、阳和卫、高山卫、镇房卫、平房卫、威远卫、井坪千户所等卫所。在大同地方所存方志中，清代顺治《云中郡志》属于较早的一部，成书于顺治九年（1652），记载清初大同"舆图规制一如明代"③。

清代大同府辖范围的变化，随着雍正年间大规模开始的裁卫设县展开。雍正三年（1725），"改右玉卫为右玉县，左云卫为左云县，平鲁卫为平鲁县，并

---

① （元）脱脱等撰：《辽史》，顾颉刚等点校，北京：中华书局，2011年版，第505页。
② （清）胡文烨：《云中郡志》，大同市地方志点校注释本，1998年，第6页。
③ （清）胡文烨：《云中郡志》，第8页。

割大同府属之朔州、马邑县，俱隶朔平府管辖"①。新成立的朔平府将原属于大同府管辖的朔州、马邑、左云、平鲁划出，并且右玉卫改为右玉县，成为附郭。雍正六年（1728），山西巡抚觉罗石麟奏称："山西之蔚州、与直隶之蔚县界址交错，应俱归直隶宣化府管辖，广昌县与蔚县县治村庄俱相交错，而蔚县向设广昌巡检一员，止经管广德一里，请将广德地方、归并广昌，仍隶山西大同府管辖，其巡检缺可以裁汰，至广昌守备向系宣化蔚州路管辖今应专属山西灵丘路参将管辖。"②雍正十年（1732），大同府下属的广昌县划归直隶之易州管辖。③乾隆十五年（1750），在晋北口外设立丰镇厅，隶属大同府；设立宁远厅，隶属朔平府。嘉庆元年（1796），马邑县归入朔州。嘉庆《大清一统志》记载，大同府"领厅一州二县七"：丰镇厅、浑源州、应州、大同县、阳高县、天镇县、广灵县、灵丘县、怀仁县、山阴县；朔平府"领厅一州一县四"：宁远厅、朔州、左云县、右玉县、马邑县、平鲁县。至光绪八年（1882），升丰镇、宁远二厅为直隶厅，均改归归绥道管辖。可以看出清代山西长城沿线各府州县行政管辖范围一直处于变动之中。

民国元年（1912），废大同府治，二年（1913）原大同府属各县归属雁门道管辖。至1927年，山西长城沿线各县直接归由山西省管辖。民国时期各州县边界村落的归属也是经常变化。以大同县属范围为例，"民元以后，复将左云之云冈等村划归本县，西陲逐渐扩大，敌伪组织（1938年）将县东之龙堡等村划给阳高县，西南之秦城等村划给怀仁，面积之广狭为之一变，国土光复后仍恢复旧界"④。

但是，行政归属的变化并不能割断区域之间的历史地理联系。李伯重认为江南之所以成为"一个与其毗邻地区有显著差异的特定地区区域"，是由于该区域"地理上的完整性与自然生态条件的一致性"，而且，也由于长期历史发展所导致的"该地区内部经济联系的紧密与经济水平的接近"⑤。李孝聪认为区域是

---

① 《清实录》，北京：中华书局，2012年版，第6349页。
② 《清实录》，第6893页。
③ 广昌县今属河北涞源县。
④ （民国）王谦：《大同县志》，方舆志，大同市地方志办公室手抄本。
⑤ 李伯重：《简论"江南地区"的界定》，《中国社会经济史研究》，1991年第1期。

地理空间的一种分化,"分化出来的区域一般具有结构上的一致性或整体性",这里的结构包括"空间结构、城乡结构、资源环境结构乃至于行政结构、文化结构等"①。由此可见,历史研究所选具体区域既要考虑实际的行政区划,也需要综合区域整体的经济因素、地理特征、历史实际以及文化观念等各方面的情况。

明代大同所辖范围,或者说是清初大同府所辖范围,与历史时期的内外长城之间的区域及地理概念上的大同盆地基本一致。而且大同、朔州在经济、文化、民众观念上具有很大的相似性。蔚州、广昌县划归河北,丰镇厅的设立与归属的变化,也能反映国家力量对于地方的控制,是山西长城沿线社会发展不可回避的一个既成事实。要想对清代山西长城沿线社会有一个整体的认识,须尊重这些区域在历史上的共同渊源和发展的相似性。

所以,笔者在实际研究时注重清大同府属范围,同时关注与其在历史上具有相似情境的朔平府,并将自然、社会、经济、政治、文化纳入此区域内作综合的历史探讨。在阐述具体问题时历史时期的蔚州、广昌县、丰镇厅也适当地纳入研究视野。

本研究所选区域,与研究者惯常使用的"晋北"不同。清代所谓晋北地区,主要指太原、阳曲以北地区,包括临县、方山的一部分中北部,也称作山西北路,它由永宁州、忻州、代州、岢岚州、宁武府、大同府、朔平府及口外七厅——清水河、丰镇、托克托、萨拉齐、和林格尔、归化城(今呼和浩特)、宁远组成,"七厅"现为内蒙古自治区辖地。② 本研究所选区域和清代的晋北地区有一定的重合度,但在清代"晋北"一词涵盖面过于宽泛,且关于内蒙古地区社会研究成果较多,选择晋北作为研究区域时一些方面的论述会重复。

(二) 研究时段

本研究所选时段是以清代为中心,在具体叙述时,或涉及明末,或涉及民国初年,之所以将明末、民国初年也纳入研究的叙事范围,是基于这两个时期是山西长城沿线"从边地到腹里"演变过程中不可略去的重要阶段。如此能更加明确阐述清代长城沿线由边地到腹里的社会变迁。

---

① 李孝聪:《中国区域历史地理》,北京:北京大学出版社,2004年版,第3页。
② 李三谋:《清代晋北农业概述》,《古今农业》,1998年第1期,第10-16页。

三、研究综述

本研究以社会史为视角，选取清代山西长城沿线作为具体研究对象，探究清代长城沿线社会变迁的轨迹和特征，将地方社会的发展放置于长城沿线整体视野中进行考察，最终勾勒出该时期山西长城沿线社会变迁全貌，并以此推动长城沿线社会史研究。由此，将该研究所涉及的历史文献和学术研究成果，综述如下。

（一）文献综述

1. 明代文献

山西长城沿线区域的记载，主要见于各类长城典籍和边疆史地的著作之中。其中，尹耕的《两镇三关通志》[①]和杨时宁的《宣大山西三镇图说》[②]对明代大同镇的记载比较多。

尹耕的《两镇三关通志》，成书于嘉靖年间，主要以编年体的方式叙述大同镇、宣府镇、雁门关、宁武关、偏头关的军事沿革，其中重点记述嘉靖年间事迹。

杨时宁的《宣大山西三镇图说》，成书于万历三十一年（1603），书中图文并茂，详细记述了宣府、大同、山西三镇及各路城堡的形胜沿革和边情军略。书中对于山西长城沿线蒙汉和平互市时期的马市、规模、物品均有详细的记载。

山西长城沿线历来为兵家争夺之地，志书编修和留存情况均不能和内地其他郡县相比。关于明代山西长城沿线社会的记载多散见于各个版本的《山西通志》[③]之中，所存府志有正德《大同府志》[④]，州县的志书笔者仅见崇祯《山阴县志》[⑤]，主要记述的是明代山阴县的地理沿革和历史状况，有些许文字涉及其

[①] （明）尹耕：《两镇三关通志》，嘉靖刻本，北京：全国图书馆文献微缩中心，2001.
[②] （明）杨时宁：《宣大山西三镇图说》，明崇祯刻本正中书局排印本，北京：北平图书馆，1930.
[③] （明）胡谧：（成化）《山西通志》，明成化十一年刻本抄本，山西大学图书馆藏。
[④] （明）张钦：（正德）《大同府志》，《四库全书存目存书》，史部一八六，济南：齐鲁书社，1996年。
[⑤] （明）刘以守：《山阴县志》，《山西地方志集成·山西府县志辑（6）》，南京：凤凰出版社，2005年版，第5页。

他州县。

2. 清代文献

清代修志制度日趋完备，从顺治至光绪各代长城区域各省通志，各府、州、县、厅修志等，估算在数百种之多。① 除去各朝《山西通志》中关于山西长城沿线地方社会的记载外，笔者所见综合记载该区域历史地理情况的地方志书有：顺治《云中郡志》②、雍正《朔平府志》③、乾隆《大同府志》④。该时期各州县总计十六种：《大同县志》⑤《浑源州志》⑥《浑源州续志》⑦《灵丘县志》⑧《朔州志》⑨《蔚县志》⑩《阳高县志》⑪《广灵县志》⑫《广灵县补志》⑬《蔚州志》⑭

---

① 杨申茂、张玉坤等：《明长城宣府镇防御体系与军事聚落》，北京：中国建筑工业出版社，2018。
② （清）胡文烨纂修：《云中郡志》，许殿玺、马文忠点校：大同市地方志办公室 1988 年点校注释本。
③ （清）刘士铭修、王霨纂：《朔平府志》，李裕民点校，北京：东方出版社，1994 年。
④ （清）吴辅宏修，王飞藻、文光校订：《大同府志》，《中国地方志集成·山西府县志辑（4）》，南京：凤凰出版社，2005 年。
⑤ （清）黎中辅：《大同县志》，《中国地方志集成·山西府县志辑（5）》，南京：凤凰出版社，2005 年。
⑥ （清）张崇德纂修：《浑源州志》，《中国地方志集成·山西府县志辑（7）》，南京：凤凰出版社，2005 年。（清）桂敬顺纂修：《浑源州志》，《中国地方志集成·山西府县志辑（7）》，南京：凤凰出版社，2005 年。
⑦ （清）贺澍恩修、程绩纂：《浑源州续志》，《中国地方志集成·山西府县志集（7）》，南京：凤凰出版社，2005 年。
⑧ （清）宋起凤原本，岳宏誉增订：《灵丘县志》，《中国地方志集成·山西府县志辑（6）》，南京：凤凰出版社，2005 年。
⑨ （清）王嗣圣修，王霨纂：《朔州志》，《中国地方志集成·山西府县志辑（10）》，南京：凤凰出版社，2005 年。
⑩ （清）王育榗修，李舜臣等纂：《蔚县志》，台北：成文出版社印行，1968 年。
⑪ （清）房裔兰修，苏之芬纂：《阳高县志》，民国铅印本影印，《中国方志丛书》，台北：成文出版社，1976 年。
⑫ （清）郭磊：《广灵县志》，《中国地方志集成·山西府县志辑（8）》，南京：凤凰出版社，2005 年。
⑬ （清）杨亦铭：《广灵县补志》，台北：成文出版社，1976 年。
⑭ （清）庆之金、杨笃等纂修：《蔚州志》，台北：成文出版社印行，1968 年。

《灵丘县补志》①《左云县志》②《怀仁县新志》③《天镇县志》④《广昌县志》⑤《应州续志》⑥ 等。

从明代大同镇到清代大同、朔平二府，军卫变成州县，地方社会发生了显著的变化。《云中郡志》《朔平府志》《大同府志》三部地方综合性志书，成书时间各异，对于不同时期的山西长城沿线社会经济、文化有所记载，正可以从中探究清代该区域的社会演变总体情况。在清代长城沿线由"边地"向"腹里"转变的过程中，各州县人文发展情况不甚一致，志书详略不同，可为补充。但是，清代山西长城沿线各州县经济文化落后，以诗书传家的世家大族较为少见，缺乏相应的民间文献档案文书记载。

3. 国外学者的考察报告和记述

近代国外学者出于不同的目的在中国长城沿线进行考察，他们形成的相关考察报告和记述中可以略见山西长城沿线社会发展情况。主要有阿·马·波兹德涅耶夫的《蒙古与蒙古人》⑦、江上波夫的《蒙古高原行记》⑧、张诚的《张诚日记》⑨ 等。特别是日本学者江上波夫曾四次考察长城沿线和内蒙古地区，其报告中对沿途各地手工业、商业、教育均有涉及。

（二）研究成果综述

1. 明大同镇的研究。对明代大同镇的研究，主要探讨其在对蒙古的防御、蒙汉经济交往中的作用，以及随着明蒙关系的变化而引发的堡寨聚落的变迁，

---

① （清）雷棣荣、严润林修，陆泰元纂：《灵丘县补志》，《中国地方志集成·山西府县志辑（6）》，南京：凤凰出版社，2005年。
② （清）李翼圣原本，余卜颐增修，兰炳章增纂：《左云县志》，《中国地方志集成·山西府县志集（10）》，南京：凤凰出版社，2005年。
③ （清）李长华修，姜利仁纂；汪大浣续修，马蕃续纂：《怀仁县新志》，《中国地方志集成·山西府县志集（6）》，南京：凤凰出版社，2005年。
④ （清）洪汝霖、鲁彦光修，杨笃纂：《天镇县志》，《中国地方志集成·山西府县志辑（5）》，南京：凤凰出版社，2005年。
⑤ （清）刘荣：《广昌县志》，台北：成文出版社，1968年。
⑥ （清）吴炳：《应州续志》，《中国地方志集成·山西府县志集（29）》，南京：凤凰出版社，2005年。
⑦ ［俄］阿·马·波兹德涅耶夫：《蒙古与蒙古人》，内蒙古人民出版社，1983、1992年。
⑧ ［日］江上波夫等著，赵令志译：《蒙古高原行记》，内蒙古人民出版社，2007年。
⑨ 张诚（P. Jean—Franois Gerbllon）：《张诚日记（1689年6月13日－1690年5月7日）》，陈霞飞、陈泽宪译校本，商务印书馆，1973年。

并出现了以败虎堡为例来探讨明代大同镇防务的个案研究。① 菅佩芬认为明代大同城镇的形成、发展与衰落主要取决于明蒙之间的关系及其战略地位。清代，大同所处的蒙汉交接之处的特殊地理位置和政府的政策引导是促使其向商业化城镇转向的原因。② 随着大同市古城保护与修复工作的展开，大同市政府组织编撰图书的工作开始，其主要目的在于挖掘大同作为中国雕塑之都的历史遗存，展示大同精神风貌。③ 大同的地方文化人士也纷纷著书，④ 大同地方研究机构也做了一些资料性的整理工作。另外，在一些综合性的研究著作中，对明清大同城镇的历史地位作了分析。⑤

2. 长城、边堡、马市的研究。翟禹对晋蒙交界处的长城做了考察和记录。其中对山西省右玉县的破虎堡、朔州市平鲁区败虎堡的形制、城墙、马面、角楼、护城壕、城门、庙宇、残碑有详细的记载，对残留的碑文作了细致的分析，认为长城城堡在清代仍然起着沟通蒙汉交流的重要作用。⑥ 张永江对明代大同镇的长城、边堡的兴起与发展做了探讨，认为在明代的不同时期不同阶段，"大边""二边"在位置和走向上有着不同的状况。嘉靖之后的"大边"在明初"二边"之内，即现存晋蒙交接处的长城。之所以出现"大边""二边"颠倒错

---

① 高春平：《论大同在明代北部边防中的地位》，《大同高等专科学校学报》，1994 年第 1 期；郭红：《两幅大同镇图比较研究》，《中国历史地理论丛》，2000 年第 1 期；高平：《明代大同镇》，太原：山西人民出版社，2003 年版；张国勇：《明代大同镇述略》，《鞍山师范学报》，2005 年第 2 期；杨国华：《明代大同镇防务研究——以败虎堡为例》，内蒙古大学硕士学位论文，2008 年。
② 菅佩芬：《明清时期大同城镇发展轨迹——从军事重镇向商业城镇的转型》，内蒙古大学硕士学位论文，2013 年。
③ 代表性的有：冯骥才主编：《中国大同雕塑全集·云冈石窟雕刻卷（上、下）》《中国大同雕塑全集·寺观雕塑卷（上、下）》《中国大同雕塑全集·馆藏雕塑卷》《中国大同雕塑全集·建筑雕刻卷》，北京：中华书局，2010 年版。
④ 代表性的有：赵佃玺：《老大同丛书》（《逛街串院》《轶闻趣事》《风土人情》《史迹典故》），石家庄：河北教育出版社，2012 年版；安大钧：《古都大同》，杭州：杭州出版社，2011 年版；傅三星：《大同边塞诗词注析》，太原：山西人民出版社，2010 年版等。
⑤ 王毓铨：《明代的军屯》，北京：中华书局，1965 年版；韩大成：《明代城市研究》，北京：中国人民大学出版社，1991 年版。
⑥ 翟禹：《我的长城梦：田野与文本之间——晋蒙交界处明代长城考察札记》，《中国长城博物馆》，2011 年第 3 期。

位的情况，和正统以后明蒙攻防形势及成化以后的屡次异地重修边堡有关。①王杰瑜从历史地理学的角度对山西北部堡寨聚落的变迁给予了关注。②刘媛在实地考察了大同长城边堡后，提出在现代科技发展的情形下，应对华夏子的《明长城考实》中的记载进行详尽的考证和认真的思考，并指出实地考察和《明长城考实》中记载不一致的地方，诸如：得胜堡与长城的位置、得胜堡与得胜口堡、市场堡的位置等。③师悦菊对明代大同镇马市开设的年代、新平堡、守口堡、镇羌堡、宁虏堡、云石堡等处的马市遗迹作了实地考察，认为得胜堡市口、新平堡市口和守口堡市口属于官方贸易的比较正式的场所。其余几处则以民间边贸为主。④李海林以明蒙关系为背景，探讨了大同边防体系的构建、建制、演变及其作用。⑤许永峰以隆庆五年所设五处马市为例对明代长城中三边的马市进行了探讨，认为马市的设立增强了蒙古族对中原王朝的向心力，带动了长城沿边民间贸易的发展。⑥张玉坤等人在明代北边战事与长城军事聚落修筑中对山西长城沿线的军事堡寨作了分析。⑦曹象明、周庆华对山西省明长城沿线军事堡寨的区域保护与利用模式进行了探讨。⑧徐雪强以大同府为例分析了农牧交错带军事性聚落时空分布特征和影响因素。⑨

3. 山西长城沿线社会研究。此类研究，关注山西长城沿线地方的实际生存状态，对明清时期该区域的卫所演变、人口、环境、聚落变迁、集市发展、贸易等作了探讨。张连文考察了明代大同地区卫所的设置、与周边区域的各种关

---

① 张永江：《明大同镇长城、边堡兴筑考》，《鲁东大学学报（哲学社会科学版）》，2010年第5期。
② 王杰瑜：《明代山西北部聚落变迁》，《中国历史地理论丛》，2006年第1期。
③ 刘媛：《细考华夏子〈明长城考实〉中关于得胜堡的记载》，《中国长城博物馆》，2009年第3期。
④ 师悦菊：《明代大同镇长城的马市遗迹》，《文物世界》，2003年第1期。
⑤ 李海林：《明代大同镇边防体系研究》，三晋出版社，2013年版。此类的研究还有：尚珩：《明大同镇长城防御体系研究》，山西大学硕士学位论文，2010年。
⑥ 许永峰、高荣荣等：《明代长城中三边的马市——以隆庆五年所设五处为例》，《山西大同大学学报》（社会科学版），2018年第5期。
⑦ 张玉坤等：《明代北边战事与长城军事聚落修筑》，《天津大学学报》，2016年第2期。
⑧ 曹象明、周庆华：《山西省明长城沿线军事堡寨的区域保护与利用模式》，《城市发展研究》，2016年第4期。
⑨ 徐雪强：《农牧交错带军事性聚落分布及其环境因素——以明前中期大同府为例》，《西北大学学报（自然科学版）》，2016年第4期。

系，以及卫所向市镇转换的历史条件等。① 马维强从明清时期山西人口面临的整体环境、政府的经济政策等方面出发，揭示了大同人口增长的原因，分析了人口、资源、环境之间的内在联系。② 赵玉珍以大同为中心，探讨了长城沿线回民聚落变迁所涉及的各种互动，指出回民聚落的变迁和长城的变迁之间有着密不可分的关系。③ 冯汉卿以方志资料为中心，对影响清代大同集市发展的诸因素，如：人口、农业经济、自然环境等进行了分析，以说明大同地区集市在不同发展阶段展现出不同状况的原因。④ 李噶、杜汇以朔平府为例，通过研究指出对雍正初年山西的政区改革和行政经营是地方官在国家意志与地方社会之间寻求双赢的体现。⑤ 廉慧斌、郝溪若对同朔地区佛道文化进行了收集、整理、归纳，主要介绍佛教、道教的历史沿革、寺庙道观名胜和佛道教方面的大事。⑥ 王鹏龙、李富华对山西阳高县许家园狐神庙进行实地考察，认为狐神庙在清代属于官民共同致祭的祠庙，并且围绕狐神庙形成了一个信仰圈。庙内现存的碑刻对于研究该区域内狐神信仰的缘由和流布具有重要文献价值。⑦ 彭栓红将晋北民歌放置于多元文化视野下进行研究和初步探讨。⑧ 许永峰通过对明朝中前期山西长城沿线的蒙汉贸易探讨了蒙汉民族贸易的民间化趋势。⑨ 石凤珍以山西沿边堡寨为对象，分析了其空间形态，揭示了边堡文化形成的影响因素及其复杂性。⑩ 李海林通过对晋北长城沿线军事堡寨的修建历史与地名文化的剖析，

---

① 张连文：《论明清之际大同地区卫所职能的转变》，山西大学硕士学位论文，2008年。
② 马维强：《明清时期大同人口与环境问题初探》，山西大学硕士学位论文，2005年。
③ 赵玉珍：《明清时期长城沿线回民聚落的变迁：以大同为中心》，中央民族大学硕士学位论文，2011年。
④ 冯汉卿：《清代大同地区集市发展变迁研究》，山西大学硕士学位论文，2012年。
⑤ 李噶、杜汇：《雍正年间晋北地区的政区改革与行政经营——以新设朔平府为例》，《山西师大学报》，2012年第4期。
⑥ 廉慧斌、郝溪若：《同朔佛道志》，太原：山西人民出版社，2013年版。
⑦ 王鹏龙、李富华：《山西阳高县许家园狐突信仰调查研究》，《山西档案》，2014年第1期。
⑧ 彭栓红：《多元文化交汇下的晋北民歌初探》，《民族文学研究》，2011年第2期。
⑨ 许永峰：《明朝中前期北直山西长城沿线的蒙汉贸易——兼论蒙汉民族贸易的民间化趋势》，《山西档案》，2016年第1期。
⑩ 石凤珍：《晋北沿边堡寨的空间特征及其建筑艺术》，《文艺研究》2018年第1期。

指出堡寨名称的演变是边地由冲突而渐至融合的体现。① 王健通过对民国初期张相文塞北之行的考察，对草原丝绸之路进行了分析。②

此外，一些硕士论文也关注到了大同地方戏剧、秧歌和民间音乐。③ 从以上综述来看，山西长城沿线在一定程度上已经引起了国内外学术界关注。研究成果主要涉及政治、经济、历史、文化等方面。但是，大多集中于探讨某一时期内的具体事项。对该区域整体的研究还比较缺乏，从社会史角度来探讨长城沿线社会的成果相对缺乏，偶有涉及也不能窥其全貌。

---

① 李海林：《晋北长城沿线军事堡寨的修建历史与地名文化》，《文艺研究》2018年第1期。
② 王健：《民国初期张相文塞北之行与草原丝绸之路》，《学海》，2017年第1期。
③ 宫文华：《晋北道情研究》，山西师范大学硕士论文，2005年；段文英：《灵丘罗罗腔的考察与研究》，山西师范大学硕士论文，2005年；钱建华：《雁北耍孩儿的调查报告》，山西师范大学硕士论文，2006年；李佳：《晋北赛戏考论》，山西师范大学硕士论文，2007年；刘佳：《山西大同'耍孩儿'的生存和发展》，山西大学硕士论文，2007年；刘兴利：《广灵秧歌的调查研究》，山西师范大学硕士论文，2007年；关秀丽：《碓臼沟秧歌调查与研究》，山西师范大学硕士学位论文，2009年；周洁：《山西大同"碓臼沟秧歌"调查研究》，山西大学硕士学位论文，2011年；李佩玉：《浑源县民间音乐调查与研究》，山西大学硕士学位论文，2010年；常金花：《朔州大秧歌研究》，山西大学硕士学位论文，2010年；王苹：《右玉道情调查与研究》，山西师范大学硕士学位论文，2010年等。

第一章

行政管理：从军事化到地方化

明代大同镇军事地理位置，在《读史方舆纪要》中，顾祖禹作了这样的描述："东连上谷，南达并恒，西界黄河，北控沙漠，居边隅之要害，为京师之藩屏。"① 显然，大同镇的设立是为了防范蒙古族的南下，管理和控制其所处的长城沿线地区。

清初的山西长城沿线对于中央政权地位也非同一般。顺治《云中郡志》中称，"论形胜于今日，边腹享安盂之休，中外殿一统之盛，似不必斤斤杞虑矣！而北门巨镇，屏燕谷而藩并代，居重驭轻，弹压控制，允称厄塞"②。随着清代大一统局面的完成，"蒙汉分治"取代"蒙汉对峙"，山西长城沿线地方"至盛朝"康熙年间，已经"变为腹里"。③ 道光《大同县志》中，有了"边墙以外，无异腹里"④ 的描述。民国时期，在气候地理方面，大同与腹里之区相比仍有分野。大同，"边风猛烈，塞雨连绵，冰雪寒冱，望之直赤地千里，旷野无垠，居然云中一大边城"，但经济文化方面，昔日的"秦汉用武之地"，已是"今之燕晋繁盛之区"⑤。作为地方的中心城市，大同市"商店比鳞，居民麕集，俨然一小都会"⑥。

可见，"从边地到腹里"是山西长城沿线地方社会发展一个不争的事实。这一事实，首先表现为政区地理位置上的转变，其次表现为社会文化方面的演变。

---

① （明）顾祖禹：《读史方舆纪要》，北京：中华书局，1955年版，第1833页。
② （清）胡文烨：《云中郡志》，第52页。
③ （清）刘士铭修，王霨纂；李裕民点校：《朔平府志》，第982页。
④ （清）黎中辅：《大同县志》，第75页。
⑤ 厉时中：《大中华大同地理志》，大同南纸石印局承印，1920年版，第15页。
⑥ （民国）王谦：《大同县志》，民社志。

在这一演变的过程中，政区地理位置的变化表现得比较直接迅速，社会文化上的演变则相对缓慢。由此，本章从裁卫设县开始，拟深入剖析清代长城沿线行政区划的适应性调整和各府州县行政职官设置的变化，以发现长城沿线行政管理从军事化向地方化的转变。

第一节 裁卫设县与政区调整

清初在山西长城沿线作为地方管理的行政区域和军事区域一直犬牙交错，并没有形成一个界址分明的行政区划体系。这种军事卫所和民政村落交错混杂的局面，一直持续到了雍正三年（1725）。地方军事卫所和行政村落的交错混杂局面受到了时代的挑战，行政区划亟须调整。这不仅是山西长城沿线的实际发展需求，也是整个长城沿线向腹里转变过程中在行政区划上的整体反映。

一、同朔分治

顺治七年（1650），清政府主要是对两个或者几个相邻的卫所进行了归并，大规模的裁撤并没有展开。康熙年间卫所改为州县的步伐也没有加快。康熙帝在批复朝臣的奏折中甚至断语："卫所改为州县，断断不可"，其理由是之前的裁卫设县，"至今百姓尤以为苦"[1]。

卫所，作为朝廷版图之内的一种地理单位，管辖一块不属行政系统的土地，在实现其军事职责的同时，还有生产的功能。卫所的军家，一要服军役，二要缴纳赋税。根据前人的研究，"卫所军家缴纳的子粒比州县从民户（这里所说的民户包括卫所军家在原籍的军户）征得的税粮要重得多"[2]。所以卫所归并州县后，同时也承担了卫所的赋役。从某种角度上来说，增加了州县的赋税负担。那么，民众之所以不满意卫所裁并的原因也就显而易见了。

不过，从顺治和康熙年间的政治格局来看，长城沿线和全国的尚未稳定才是大同作为军镇继续保留的根本原因。康熙三十六年（1697）二月二十七日，

---

[1] 中仁：《康熙御批》，北京：中国华侨出版社，1999年版，第752页。
[2] 顾诚：《卫所制度在清代的变革》，《北京大学学报》，1988年第2期，第15－22页。

康熙帝给山西巡抚倭伦的御批中说:"朕抚御区宇,念切民依,故不惮勤劳,亲历边境,惟孳孳以靖寇安民为急。兹简约扈从人员,从大同一路缘边地方进指宁夏,因遍察闾阎生聚及土壤肥瘠、收获丰歉之状。见边氓生计维艰,朕心深用轸恻。虽一切供御之物纤毫不以累民,而乘舆巡幸经临宜特敷麻泽以示恩恤,除大同府额赋已有谕旨豁免外,其经过岢岚州、河曲县、保德州所属地方并各卫所康熙三十六年应征地丁银米,著通与蠲免。尔即行令该管官员张示遍谕,务俾穷乡僻壤均沾实惠,以称朕子育黎元至意。"① 康熙帝一方面表达他对于长城沿线地方百姓的关爱,教育地方官要注重民生,另一方面则暗示了该区域在长城沿线地理位置上的重要性。长城沿线的卫所也因此得以保留。

经历了从顺治到雍正初近百年的发展后,随着长城的军事防卫意义弱化,沿线的军事镇城卫所"民化"成为必然的趋势。无论是作为镇城的大同还是下属的其他卫所,同全国其他地区沿袭明代而来的诸多镇城卫所一样,面临着同样的抉择:裁撤归并或设府立县。

顺治《云中郡志》记载:云中郡,"东至保安州深井界三百六十里,西至右卫黄土山墩二百五十里,南至雁门关二百四十里,北至长城一百四十里"②。从描述中可以看出,清初大同府管辖地域空间东西较南北长。大同府附郭县为大同县,治所也在大同城中。大同城之西没有设置州县,在明代属于都司卫所管辖区域,清代仍为卫所。若是将右玉、左云、平鲁诸卫归入大同府管辖,常驻大同城的官员要对之进行社会控制难免有鞭长莫及之感。原先卫所的民众完粮纳赋或有争讼事件均为不便。长城沿线的"准实土"卫所,卫所长官有自己实际管辖的地理空间和军士。若是直接将卫所改为州县,一不用另行安置卫所长官,也不用派员对地方进行管理,二原先的办公场所还可以继续发挥其功效,可以省去一笔不少的费用。如此,大同府属卫所改为州县势在必行。

雍正三年(1725)二月,山西巡抚诺珉上呈了《改设朔平府州县奏议》,请"区别隔隅,将卫所改为府县"③。对于巡抚诺珉山西边卫设县奏议的批复是,山西新设朔平、宁武二府,将改右玉卫、左云卫、平鲁卫改为县,割大同府属

---

① 中仁:《康熙御批》,第708页。
② (清)胡文烨:《云中郡志》,第14页。
③ (清)刘士铭修,王霨纂;李裕民点校:《朔平府志》,第899页。

之朔州、马邑二县归朔平府管辖。

朔平设府之后，面临的首要问题就是选择府治所在地。分治之后的朔平府下辖朔州、马邑、左云、右玉、平鲁等五州县。"朔郡五属，本城而外，堡城尚多，其中有卫有所，虽大小不等，其在前代相时度势，要皆有为而设。"① 朔平府属范围之内，大小城堡很多。"在传统社会，治所的确定可以说是设置行政区划最为关键的一环。原则上说，政区治所的确定应遵循时间上的'历史性'原则和空间上的'居中性'原则。"② 可见关于治所的选定，一般考虑两个因素：治所的历史性和居中性。归结到一点，就是治所应当具有其他城池堡寨不具备的历史地理位置上的优越性。

首先，看一下朔平府属各州县城池的建置情况（表1-1-1）。

表1-1-1　朔平府属州县城池的建置情况表③

城池	始建年代	砖包年代	基本情况
右玉城	明洪武二十五年	明万历三年	周九里八分，高连女墙四丈二尺，阔三丈五尺，门四。
左云县城	明洪武二十五年	明正统间	周十里一百二十步，高三丈五尺，门三。
朔州城（古马邑城）	秦初；明洪武三年依元旧址修完	明洪武二十年	旧址九里十三步。明时周七里，高三丈六尺，女墙六尺，阔四丈，门四。
马邑县城（古寰州城）	唐开元中重置；明洪武十六年更筑	隆庆六年至万历元年	周四里，高连女墙三丈六尺，角楼四，四面铺舍十二，门二。
平鲁县城	明成化十七年	弘治十一年砖包东西二面；隆庆六年砖包南北二面	周六里三分，高连女墙三丈六尺，门三。

---

① （清）刘士铭修，王霨纂；李裕民点校：《朔平府志》，第162页。
② 李噶、杜汇：《雍正年间晋北地区的政区改革与行政经营——以新设朔平府为例》，《山西师大学报》，2012年第4期。
③ （清）刘士铭修，王霨纂；李裕民点校：《朔平府志》，第123-169页。

以建置年代论，朔州城，即古马邑城是五座城中建置最早的，有着悠久的历史。以城池的建设情况看，右玉城、左云县城、朔州城三城不相上下。朔州城，门上建有角楼，"外各为月城，城以外浚池，池以内筑护城墙，墙以外筑马骐墙，俨然名郡"①。相比之下，右玉城和左云城略显逊色。若从地理位置上看，平鲁城处于五城之中部，距各城远近相宜。但是，朔平府治却选择了右玉城。其原因主要在于以下两点。

首先，右玉城北邻杀虎口，设治所可以扼控交通。清初杀虎口为北通内蒙古的交通要道，康熙西征准噶尔时为粮草供应地。在准噶尔部平定之后，杀虎口的军事地位虽然下降，但是在沟通蒙汉交通方面的重要性却没有减弱。而且杀虎口还处于归化城去往北京的路线上。据一则路贴称，"杀虎口至朔平府二十里，朔平府至红土岭十五里，红土岭至黄土坡十五里，黄土坡至牛心堡十五里，牛心堡至云阳二十里，云阳至葛家园二十五里，葛家园至云西堡十五里，云西堡至旧高山十五里，旧高山至新高山十五里，新高山至白庙子十五里，白庙子至云刚（冈）十五里，云刚（冈）至大同府三十里，大同至三十里铺三十里，三十里铺至聚洛三十里，聚洛至王官屯三十里，王官屯至阳高三十里，阳高至三十里铺三十里，三十里铺至天镇三十里，天镇至张家河底三十里，……清河至德胜门二十里"②。"该帖无可辩驳地证明，清代存在一条自杀虎口出发的长达900余华里不同于现今路线的商贸大道直通北京，右玉城正位于这条路线的冲要位置上。"③右玉城距离杀虎口仅为二十里，可以看作是杀虎口的后援之地。设置治所于右玉城的确可以控扼交通。

其次，右玉人口繁庶，经济相对发达。入清之后，长城沿线处于相对稳定的状态，"军丁沐浴圣化，安享太平，务农日久，土地日辟，户口日繁，名虽军籍而实与民无异"④。右卫是沿边卫所，户口亦逐渐增加。康熙三十三年（1694），清廷派八旗兵丁驻防右卫。驻防兵丁和随军家属的到来，使得右玉城

---

① （清）刘士铭修，王霨纂；李裕民点校：《朔平府志》，第168页。
② 佚名：《一帖从杀虎口至京都的路程单》，《晋商史料全览·朔州卷》，太原：山西人民出版社，2006年版，第324-325页。
③ 李噶、杜汇：《雍正年间晋北地区的政区改革与行政经营——以新设朔平府为例》，《山西师大学报》，2012年第4期。
④ （清）刘士铭修，王霨纂；李裕民点校：《朔平府志》，第896页。

人口规模扩大,"自大兵驻防以来,凡四方商贾负贩者,云屯猥集,即佣工游食之人,亦络绎而至"①,大量人口的涌入,带动了右玉经济文化的发展。雍正三年(1725)创建朔平府之时,右玉"骎骎乎声名文物之区矣"②。其时,右玉城的文化经济繁荣程度,其他四城无可比拟。

从以上探讨来看,朔平及所属各州县的设府分治符合了当时裁卫设县的整体趋势。清王朝建立以后,"大漠以北,咸奉正朔;紫塞内外,无异中土"③,长城的边界线作用弱化,至雍正朝时,历经近百年的发展,边境已经安宁,则"屯卫可撤"④。原先是军事卫所之地,"宜设长吏师儒,兴行教化"⑤。就长城沿线的实际情形而言,各边卫的存在的确有很多不甚便利的地方。在地方管理上,"或以一隅而分管于数官,或以隔属而遥制于千里,或更有营员而兼管屯徭,界址不清"⑥;在民事和考学方面,"每遇承审,则赴州、赴县,如逢考校,则移此就彼"⑦;在财政税收和行政事务上,"完粮系一官,而管民又系一官"⑧。改卫为县之后,"界址既定,地方有经理之宜,事归画一,民生有就近之便,庶于吏治有当矣"⑨。

可见,当长城沿线"汉边"地区不再是蒙汉冲突的前沿阵地之时,卫所和州县之间的行政关系也开始了新的建构。山西长城沿线变成了大同和朔平二府分治之地。朔平府代替大同,成了清代对西北用兵的军事前沿。《朔平府志》中是这样记述同朔分治的:"雍正三年乙巳,特设朔郡,鼎足关外,比肩云中,其地内拱神京,外控沙漠,实三晋之要冲,北门之扃钥也。"⑩ 在此之后,大同府逐步成为一个名实相符的政区地理单元,其军事意义逐步弱化。

---

① (清)刘士铭修,王霨纂;李裕民点校:《朔平府志》,第991页。
② (清)刘士铭修,王霨纂;李裕民点校:《朔平府志》,第1000页。
③ (清)刘士铭修,王霨纂;李裕民点校:《朔平府志》,第1页。
④ (清)刘士铭修,王霨纂;李裕民点校:《朔平府志》,第1页。
⑤ (清)刘士铭修,王霨纂;李裕民点校:《朔平府志》,第6页。
⑥ (清)刘士铭修,王霨纂;李裕民点校:《朔平府志》,第896页。
⑦ (清)刘士铭修,王霨纂;李裕民点校:《朔平府志》,第896页。
⑧ (清)刘士铭修,王霨纂;李裕民点校:《朔平府志》,第896页。
⑨ (清)刘士铭修,王霨纂;李裕民点校:《朔平府志》,第896页。
⑩ (清)刘士铭修,王霨纂;李裕民点校:《朔平府志》,第1201页。

二、马邑入朔

秦时,置马邑县归雁门郡,以后其归属几经变化。从史籍来看,明代马邑的设立是为了屯军垦边。"明太祖,洪武七年,改大同路为大同府,马邑隶焉。……县设卫所,以为开垦计。今邑民有军籍者,皆屯田兵也。……清世祖顺治仍明之制,马邑属大同府,十六年裁卫归州,裁所并县,文宗雍正三年,改玉林卫置朔平府,马邑改属,至睿宗嘉庆裁县并朔州,今一百一十余年。"①清初影响晋省的姜瓖之乱过后,马邑"从此不见外事,而安于畎亩,衣食上之恩德,涵煦于数百年之深也"②。

嘉庆元年(1796),山西巡抚蒋兆奎上书建议将马邑和乐平二县裁撤,并且获得了朝廷的批准。关于马邑被裁,蒋兆奎的依据是:马邑和朔州原属同一地区,"朔州、马邑二处幅员并不辽阔"③。乐平被裁,则是"地处偏僻,政务简少"④。乐平县的辖区和乐平州的辖区犬牙交错,乐平村民大多在州境居住,"每遇征粮词讼等事,民称不便"⑤,乐平下辖的柏井驿设在州境之中,距离县治反而较远,办理往来差使很不方便。可见,在决策者蒋兆奎看来,马邑和乐平需要裁撤主要有两个原因:一幅员不甚辽阔,二管理上与民不便。

《礼记·王制篇》中记载到,"凡居民,量地以制邑,度地以居民"⑥。秦汉时期,"县大率方百里,其民稠则减,稀则旷"⑦,到了后世则有了"百里之县"的说法。相对于古代不甚发达的管理水平而言,县治距离周边村庄一百里左右,可以说是一种比较理想的状态,与上一级行政管理单位之间也应保持相应的距离。在吏部对于此事做了批示:"各省地方繁简不同,需员经理,自应随时酌

---

① (民国)陈廷章修,霍殿鳌纂:《马邑县志》,台北:成文出版社,1968年版,第13页。
② (民国)陈廷章修,霍殿鳌纂:《马邑县志》,第43页。
③ 户部奏为山西庠生焦元龙等呈请乐平县仍归旧制事录副奏折,档号:03-1644-055。转引自胡恒:《关于清代县的裁撤的考察》,《清史研究》,2011年第2期。
④ 户部奏为山西庠生焦元龙等呈请乐平县仍归旧制事录副奏折,档号:03-1644-055。转引自胡恒:《关于清代县的裁撤的考察》,《清史研究》,2011年第2期。
⑤ 户部奏为山西庠生焦元龙等呈请乐平县仍归旧制事录副奏折,档号:03-1644-055。转引自胡恒:《关于清代县的裁撤的考察》,《清史研究》,2011年第2期。
⑥ 《礼记·王制》,北京:北京大学出版社点校本,1999年版,第401页。
⑦ 《汉书·百官公卿表》,北京:中华书局,1962年版,第742页。

改,若所辖之地无多,亦应随时裁汰"①。如此批示,证实了国家处理政区变动事件中对幅员的重视。民国《马邑县志》中收录康熙四十四年(1705)的旧序中也认为:"马邑蕞尔,地逼处荒徼,满目萧条,久不成百里规模矣。"② 马邑幅员的确不甚辽阔,在民国时期重新立县时,县志中的记述为:"县境在朔平府南二百里,广五十五里,袤九十五里。东至本县罗家庄四十里,交山阴县界,至山阴县城七十里;西至本县烟墩村一十五里,交朔州界,至朔州城四十里;南至本县广武驿五十里,至雁门关,交代州界八十里;北至本县洪涛山十五里,至左云县城一百六十里。"③

马邑被裁的提议于乾隆五十七年(1792),嘉庆二年(1797)成为事实。"清高宗五十七年复有裁县并州之议,至嘉庆二年而已覆水难收。"④ 嘉庆元年(1796),吏部议准蒋兆奎的奏折之后,乐平庠生焦元龙,监生李映东,民人李兆元、张违泰、刘成等五人到户部控告,"恳循旧制"⑤。马邑与乐平一起被提出裁撤,对于此事的批复也见于同一文件中。不同的是,马邑被裁撤之后,并没有像乐平一样出现了"京控"事件。马邑民众是不是对此事没有反应呢?其实不然。民国《马邑县志·续艺文》中收录了邑人田霁《恳留县治》一文。为了进一步了解马邑民众的态度,兹将《恳留县治》一文照录如下:

为再洒舆情祈恩垂悯始终曲从民便事。窃惟马邑一县,名为下邑,实系严疆,并非冗设。其形势之攸关,即民情之所向。久要鉴察屡荷经全前县行查之文,各属详覆之义,凛然在案,无事赘呈。届兹未逾五年,情形并无今昔之殊,地方复有裁并之举。君国大事原非草野所敢干预,惟是王道本乎人情,民生关乎国计。利不什,不变法,害不什,不易制。马邑虽小,积久相安,粮赋从无逋欠,讼狱不致繁兴。惟以边鄙穷塞,缺分清苦,司土者每有去此适彼之思。不知瘠土荒区,各省皆有,岂能一一而革之,且官犹母也,民犹子也。子不嫌

---

① 户部奏为山西庠生焦元龙等呈请乐平县仍归旧制事录副奏折,档号:03-1644-055。转引自胡恒:《关于清代县的裁撤的考察》,《清史研究》,2011年第2期。
② (民国)陈廷章修,霍殿鳌纂:《马邑县志》,第13页。
③ (民国)陈廷章修,霍殿鳌纂:《马邑县志》,第43页。
④ (民国)陈廷章修,霍殿鳌纂:《马邑县志》,第31页。
⑤ 录副:山西乐平县监生李映东等呈文,档号:03-1644-054。转引自胡恒:《关于清代县的裁撤的考察》,《清史研究》,2011年第2期。

母之丑，母岂弃子之贫而？乃使数千年之封疆沦为废地，百余里之庶土永作乡人？迁其社稷，神失凭依，毁其坛墠，鬼将安妥？而揆之守土之义，子民之心似亦有不安者。从前裁并清源，民不乐从，酿成巨案。大人如伤念切，岂肯使无告穷民获非上之怨乎？今我国家圣圣相承，光华复旦，实为千古吉祥盛事。薄海内外，莫不欢欣鼓舞，共庆生成而乃使寰邑。群黎独抱向隅之想，大人怀一夫不获之忧，从所恶勿施之念，必忍不出此也。况改例近于更张，裁汰亦非嘉事。朝廷之版图日辟日广，边鄙之防范愈密愈严。大人伟绩鸿献，久膺简在，秉钧调鼎。

伏乞破格施恩，乘时布化，延边境于一线，缓程邑于片时，倘得经理无亏，还望振兴有日。功同再造，敢戴二天？惟有父诫其子，兄告其弟，急公向义，勉为守分良民，勤业安居，勿致疑忧命。吏户祝①鸿祇于不朽，身受樾荫于无穷矣。田霪等桑梓情急丰腴，念切葡萄，原非得已，呼号实抚所求。尚冀哀怜，勿嫌琐渎。阖邑士民老幼男妇曷胜急切待命之至。谨呈。②

田霪，"字雨齐，恩贡，任右玉县教谕"③。从行文来看，此文是田霪上呈山西巡抚蒋兆奎的文书。他认为马邑不应该被裁撤的主要原因是，马邑所处的地理位置非常重要："名为下邑，实系严疆，并非冗设。"④ 其次，改县为乡之后，社稷和祭祀的地点发生变化，鬼神无所凭依。第三，国家正处于繁盛之时，改例更张，裁县汰地不甚合理。田霪以"子不嫌母丑"的道理，反证"母岂弃子之贫"。马邑虽然地居偏僻，幅员不广，但是他认为每个省份都会有瘠土荒区，不能因为贫穷、苦寒而将其一一裁撤。他还举出清源被裁之后，民众情绪激愤，多人至巡抚衙门前递呈，进而发展成为"京控"事件。田霪恳请巡抚蒋兆奎，"大人如伤念切，岂肯使无告穷民获非上之怨乎？"⑤

田霪恳留县治背后真正的目的尚需要进一步去发现文献以资探讨。但是，政区变革并不仅仅取决于"其时客观的幅员、人口、治安等影响政区设置的因

---

① 疑为"尸祝"。尸祝，即崇拜。清，钱谦益《赵叙州六十序》："（赵君）中蜚语，挂冠以归，蜀人迄今尸祝之。"
② （民国）陈廷章修，霍殿鳌纂：《马邑县志》，第417-418页。
③ （民国）陈廷章修，霍殿鳌纂：《马邑县志》，第215页。
④ （民国）陈廷章修，霍殿鳌纂：《马邑县志》，第417页。
⑤ （民国）陈廷章修，霍殿鳌纂：《马邑县志》，第417页。

素",也在于"掌握决策权的'人'如何认识这些因素以及如何考量与取舍"①。那么,国家和地方官怎么看待马邑被裁事件呢?

历史上的马邑,地处北部边方,清代以前是军事前沿。入清以后,蒙汉合同为一家,特别是经历了康熙帝对西北部边疆的几次征战后,马邑作为军事重地存在的意义随着长城沿线秩序的稳定逐渐减弱,被裁成为不可阻挡的趋势。至于邑民田霁所指其他原因,全不在当局者的考虑之中。"边鄙穷塞,缺分清官,司土者每有去此适彼之思。"②可见,马邑也不受地方官的眷顾。国家和地方官员对马邑被裁一事默认为合情合理。

马邑被裁之后,是否与民有便,邑民并没有明确的反响和表达。乐平县民提出"京控"后,马邑的"无语",反而成了官方答复乐平县民的"挡箭牌"。嘉庆帝为乐平"京控"颁布上谕:"著传谕蒋兆奎详查,是否只系乐平一县乡村距州较远,民情不便,抑马邑亦有此等不便情形,难以归并朔州之处,如马邑归并朔州民情称便,惟乐平归并平定州多有窒碍,即将乐平一县无庸更改;若马邑归并朔州亦有不便,此时甫经定议,两县尚未裁汰,且该处旧设州县,相安已久,莫若仍循旧制,无事更张,较为妥便。蒋兆奎办理此事原为因公起见,所有户部原折及原呈著发交蒋兆奎阅看,将此谕令知之。"③

马邑,"裁县后,百年来寂然无闻焉"④。马邑贡生霍百龄,"生于道光六年二月十七日,卒于光绪十三年六月二十四日"⑤。在文庙倾颓时,霍百龄组织乡人修建,曾言"马邑既县为乡矣,所有一线遗留者,独此学校耳"⑥。裁县为乡引起的心理落差,成了民国时期马邑重新立县的理由。民国七年(1918)所修《马邑县志》中称:"洎乎晚清,专治恶啖愈演愈激,地方兴革要政,马邑以乡之名义不克自专,种种受人支配,动涉牵掣,无异周末之附庸小邦,东西各国

---

① 胡恒:《关于清代县的裁撤的考察》,《清史研究》,2011年第2期。
② (民国)陈廷章修,霍殿鼇纂:《马邑县志》,第417页。
③ 《嘉庆道光两朝上谕档》(第一册),桂林:广西师范大学出版社,2000年版,第212—213页。
④ (民国)陈廷章修,霍殿鼇纂:《马邑县志》,第3页。
⑤ (民国)陈廷章修,霍殿鼇纂:《马邑县志》,第429页。
⑥ (民国)陈廷章修,霍殿鼇纂:《马邑县志》,第428页。

之保护属土，官民俯首听从，坐视成败，无可如何，其情殊可伤也"①，"裁县为乡，我以乡人自居，人即以乡人待我"②。民国成立，马邑"复设县，隶太原省，犹汉之并州刺史三十一县也"③。

在马邑被裁撤的过程中，马邑规模狭小，成了官方话语中的一个有力依据。对于清代统一的局势来说，马邑的规模并不符合设置一个县的标准，如果存在也只是一个"下邑"。但是马邑在历史上的重要作用，使得地方民众认为马邑是"严疆"。"下邑"还是"严疆"，这一问题一直延续到民国时期。中华民国成立之后，清代山西被裁撤的四个县重新立县。1914年1月，"徐沟县清源乡改置清源县、潞城县平顺乡改置平顺县、朔县马邑乡改置马邑县、平定县乐平乡改置昔阳县"④。马邑，幅员的确并不辽阔，在1915年复被裁撤。

三、直晋之纠纷

传统王朝划分政区边界的标准是：山川形便与犬牙相制。终明一世，北部边方问题更是使长城沿线县治与卫所交叉设立，"你中有我，我中有你"的局势比比可见。山西长城沿线一带，蔚县、蔚州、广昌、广昌千户守御所界址交错，行政、军事上分属不同部门管辖。这种交错混杂的局面，在清代一统天下的整体局势中，特别是在行政事务、地方事务的处理过程中显得繁琐不便，亟须解决。以广昌而言，"广昌所属宣府，县属大同，虽居同城，实分异省"⑤。广昌守御千户所归属宣化府管辖，广昌县归属大同府管辖。犬牙相制，还是便于管理，传统的政区划分标准受到了实际问题的挑战。

（一）直晋两省边界问题

蔚，"为古代地，僻处关塞，冲联云谷，地旷人稀，不可以邑。迄明之世，但设卫以领之"⑥，"雍正六年改属宣化府，卫初兼领顺圣东西二城，康熙三十

---

① （民国）陈廷章修，霍殿鳌纂：《马邑县志》，第1页。
② （民国）陈廷章修，霍殿鳌纂：《马邑县志》，第3页。
③ （民国）陈廷章修，霍殿鳌纂：《马邑县志》，第43页。
④ 山西省史志研究院编：《山西通志·民政志》，第58页。
⑤ （清）王育榞修、李舜臣等纂：《蔚县志》，第28页。
⑥ （清）王育榞修、李舜臣等纂：《蔚县志》，第11页。

二年，改卫置蔚县，以桃花堡广昌城并入宣化府"①。到了康熙年间，在改宣镇诸卫为郡县的过程中，蔚县得以成立。但从地理位置上看，蔚县与山西大同府属蔚州相连，"界址交错"，实际情形是"蔚州、蔚县分隶两省，同处一城"，蔚州地界却"在直隶保安西宁之间"②。

广昌和蔚县之间，也是丝缕相连。广昌，从规模上看，"止三里之城"，并且"广昌一县，南属广昌，北属蔚县，县治村庄俱相交错"，在蔚县内设有广昌巡检一员，"经管广德里，亦驻城内"，一地"分隶两省，每遇钱粮命盗各案，不无牵制诿延"③。

在雍正年间改卫为县的整体趋势中，为了便于管理，山西巡抚觉罗石麟上疏，以界址交错的原因，请将山西的蔚州、直隶的蔚县归直隶宣化府管辖。将蔚县设于广德里的广昌巡检裁撤，将广昌仍归山西大同府管辖。将广昌守备归山西灵丘路参将管辖。雍正帝同意了山西巡抚的建议。于是，蔚县、广昌连界一案的处理结果是，蔚县、蔚州归直隶管辖，广德里归并大同府广昌县，广昌巡检裁缺，由此则"督责自专，治理自易"④。

（二）蔚州、蔚县合治

两省连界的问题解决了，蔚州、蔚县，州县犬牙交错带来的实际问题却愈加纷繁。蔚，"向隶晋省，改归直属，即蔚为县，衰州以益之，而仍名以蔚，一邑一牧，并郭而居，分境而治"⑤。但是，"县与州犬牙交错，忽入其中，忽包其外，欲确指其为彼为此，且不可得"⑥。疆界交相错杂，州人、县民交错杂居，正如时人所述，"今县民与州民参错而居，相友相劝，宛然亲睦之化，似可无烦于经界也者"⑦。直隶总督在乾隆二十二年（1757）的上疏中，却将州县共处一城，分别而治的不便一一指出，"凡遇词讼涉户婚者，案犯两地并拘，涉田土者，钱粮两地分纳，种种牵疑，清理为难"，并提出"就现在情形而论，似应

---

① （清）庆之金、杨笃等：《蔚州志》，第45页。
② （清）庆之金、杨笃等：《蔚州志》，第45页。
③ （清）庆之金、杨笃等：《蔚州志》，第45页。
④ （清）庆之金、杨笃等：《蔚州志》，第46页。
⑤ （清）王育榞修，李舜臣等纂：《蔚县志》，第9页。
⑥ （清）王育榞修，李舜臣等纂：《蔚县志》，第32页。
⑦ （清）王育榞修，李舜臣等纂：《蔚县志》，第30页。

斟酌议裁，以归简易"①。其理由是，"两邑村庄不满六百，民户未足三万，事务不至纷繁，一官足资治理，乃于一城中分置州县两官，而所管村庄又复参差错杂，难以整顿，实为冗设"②。于是，州县合而为一。

（三）广昌入易州

广昌，地处长城沿线，为北边地，"禹贡冀州之地……金元俱因之以其地为涞水所出，又名涞源郡。明为广昌县，改灵昌州，寻复为广昌县，又置广昌守御千户所，县隶山西大同府，所隶宣府万全都司"③。明代，为了防御上的便利，出现了守御所和县分别归属不同的管辖单位。清代以降，长城沿线地区的军事卫所开始了行政化过程。雍正六年（1728），户部议覆山西巡抚觉罗石麟的奏疏，将广昌守御千户所该归县治管辖，使卫所与地方管理合二为一。后来，蔚州的广昌巡检裁撤之后，广德里归广昌管辖。广昌仍旧归大同府辖制。

从历史上来看，广昌一地在大多数的情形之下，是归于山西省管辖，就近属于大同府。向来归属大同，似乎没有更改上一级归属问题的必要。但是，雍正年间，泰陵建于易州泰宁山之后，广昌与易州相邻甚近，事关龙脉，其上一级行政归属单位的变更提上了议事日程。

清代泰陵选址在今河北易州，"易州泰宁山天平峪，乾坤毓秀，川岳钟灵"④。时任直隶总督的李卫曾经亲临其地，"细度山水形胜，龙蟠凤翥，源远流长，左右回环，皆系天造地设，前后拱卫，实如玉笏金城"⑤。如此圣地建有皇家陵寝，在统治者眼中关系子孙万代，首先要维护其风水不受破坏，在地方政治运作上也要保证其顺畅无阻。李卫作为直隶总督，对此高度重视，"臣职守封圻，保护是所专司，随逐一履勘"⑥。李卫勘察的结果是，泰陵之水，自广昌分为三枝，左右两枝同属直隶保护，原属山西的广昌县到紫荆关、易州延长一百九十里，为中枝龙身正脉，由直晋两省分别管辖，"未免彼此牵制，呼应不

---

① （清）庆之金、杨笃等：《蔚州志》，第46页。
② （清）庆之金、杨笃等：《蔚州志》，第46页。
③ （清）刘荣：《广昌县志》，第71页。
④ （清）刘荣：《广昌县志》，第173页。
⑤ （清）刘荣：《广昌县志》，第173–174页。
⑥ （清）刘荣：《广昌县志》，第174页。

灵"①。广昌的行政归属问题被提上了议事日程。直隶总督李卫上疏请将广昌归于易州管辖。

在直隶总督李卫看来，广昌变更上一级行政归属单位的原因有三：一是，"广昌县之草桥店等七村庄，更在内垣近障之中，紧贴龙脉，尤当敬谨保护。……且广昌一邑，南连唐县，北接蔚州蔚县，东通易州，三面环绕，俱系插入直隶地方，从前亦系直隶武职防守。"②；二是，广昌与上一级行政单位之间的距离，较易州而言要为不便，"自县治至晋省府属之大同三百六十里，至山西省城七百六十里，较之至直省保定府止三百一十里，至易州交界止三十五里，由县到州城共一百九十里，其为远近相去径庭"③；三是，"乡民纷纷具呈，愿请就近改归直隶"④。由此，广昌归属直隶管辖属于"会元气于天垣，合龙脉于地轴，顺民情于人和"⑤。之后，易州升为直隶州，广昌隶焉。

清代泰陵选址易州，广昌改归易州管辖，一方面改变了明代以来，所、县一地二治于民事上的种种不便，另一方面也奠定了其后来发展的行政格局。至光绪年间，"国家厚其培，川岳毓其秀，险隘渐开为康庄，沙石渐开为阡陌，商贾日益集，民物日益丰，风气日益上"⑥。对于泰陵而言，则"东西拱卫，左右联属，体统更觉整肃，而保护风水万福攸同，垂之亿祀而愈隆矣"⑦。

四、国家调适与地方诉求

国家主要通过行政手段促动政区向有利于管理方向发展，州县有的新立，有的合并，界址交错变为体统整肃，同时又产生了新的问题。比如：钱粮、学额、仓储、文庙祭祀等实际问题怎么解决？新并和被裁的民人能不能真正合二为一？蔚州志中，当时人的看法证实了州县合并后面临的实际状况："本朝以州县共治一城，今虽并省为一，而语其地则民田屯田之为赋异，语其民则州学县

---

① （清）刘荣：《广昌县志》，第176页。
② （清）刘荣：《广昌县志》，第175–176页。
③ （清）刘荣：《广昌县志》，第176–177页。
④ （清）刘荣：《广昌县志》，第177页。
⑤ （清）刘荣：《广昌县志》，第177–178页。
⑥ （清）刘荣：《广昌县志》，第4页。
⑦ （清）刘荣：《广昌县志》，第179页。

学之占籍异，语其俗则属宣、属云之错居亦异。"① 新问题的产生需要国家进一步的考量和调整，也需要地方在时间和事件之中进一步磨合和适应。

地方的上级归属地发生变化之后，面临的首要问题是地方财政收入的问题。清代财政是中央集权制，地方没有独立的财政，州县财政只是中央财政的一个不可或缺的组成部分。州县存留地方财政收入中属于国家财政支出的部分，其余上交国家。根据各州县志书中关于赋役的记载，列入国家财政开支的项目包括：州县官的官俸、养廉银、差役的工食银、用于祭祀、乡饮酒礼用银、孤老冬衣布花银、驿站用银、一年一办或二年一办的花红酒席等。"地丁银征收是州县官的最重要的职责之一，于是征税成绩就成为上司用以评价州县官政绩的依据。"② 这意味着上交国家财政的钱粮数额多寡，或有没有完成税收目标，是官员考成的一个标准。

李卫作为直隶总督深悉国家和地方财政的实际运作情形。广昌改归易州，对于晋省而言，"或有地方民人有关课额"③。广昌该归易州之后，晋省的财政总收入减少，固定开支不变，官员的考成必然受到影响。所以李卫提出的解决办法是："惟查张家口同知所管口外纳粮地亩，沿边七百余里，包裹晋省大同之外，离归化城八十里方住，土田肥美，如同内地。每年丰收接续，开垦钱粮日见增益。此处在张家口同知所辖，未免道路遥远，不无鞭长难及之势。而于晋省则为必需之区。现在镇臣李如柏奏请添设卫所，前据口北道白石面称，即系此一带地方，若可以分归山西就近管辖。恭候命下之日，彼此差员划定交界，一转移间，两省均属有裨。"④ 雍正十二年（1734），直隶州之张家口厅辖地蔚、丰川卫、镇宁所划归大同府管辖。丰川卫和镇宁所，归大同府管辖，在钱粮租赋上是对大同府失去广昌的补偿。相对于张家口厅来说，解决了管辖地和行政中心之间相距甚远的不便。这样一来国家对地方的管理堪称便利，也协调了政区变动影响下国家与地方之间的关系。

除了财政问题之外，影响政区调整之后地方关系建构的另一个问题就是文

---

① （清）庆之金、杨笃等：《蔚州志》，第1页。
② 瞿同祖著，范忠信等译：《清代地方政府》，北京：法律出版社，2003年版，第220页。
③ （清）刘荣：《广昌县志》，第179页。
④ （清）刘荣：《广昌县志》，第180–182页。

庙祭祀问题。文庙是丁祭的场所，是学子在精神上的最高寄托所在，也是地方文化认同的一个重要标志。政区变革之后的文庙祭祀问题常被地方用来当作寻求国家认同的关键。

蔚州卫改为蔚县之后，祭祀文庙的时候，暂设先圣、先贤的牌位在道宪公署的两廊。名宦乡贤则在临时搭建的席棚之中祭祀。"堂庭狭隘，不勘登降行礼，更且风雨不蔽，每致圣贤纸牌吹仆飘堕污于泥滓。"①每逢此时，致祭的官员无不触目惊心，唯恐对圣贤不敬。蔚县曾经屡次商议筹建文庙。县绅李振藻捐出房屋一所，地基五亩，其余缙绅报捐银四百余两。但是在地方官看来，"所捐房又民间住屋，非高屋大厦，而地基又曾烧窑不堪起建圣庙，且需费无项可动"②。加之修建文庙需要费银万金，所捐银两不及十分之一。既有修建文庙之地，且有众绅士的捐资，修建一座属于该县的文庙应该不是一件十分困难的事情。但是，文庙迟迟未建，恐怕是另有隐情。

在蔚州卫改为蔚县之前，蔚州文庙是州卫共建，前明卫人抚宁侯的宅内，"碑记凿凿可考"③。在蔚州卫改为蔚县之后，"遂为歧视"④。如此，地方官提出的"若县另造文庙，州人应帮一半工费"⑤，只是托辞而已。其真实的情形是，卫改为县之后，州县不能在一庙祭祀，在蔚县地方官看来是州对县的歧视。由此，争得州县在一起祭祀孔子，才是蔚县迟迟不肯修建文庙的真正原因。蔚县生员苏子员等人在郡城参加岁试时，也提出了读书人的建议，"州县一庙祭祀"⑥。

改卫为县，对于国家而言，更多表现为名称的变更，其管辖地域、事务变更甚少。对于地方而言，则是意义非凡。文庙州县共祭一事是地方寻求认同的一种抗争。这种抗争将国家的行政行为作为了武器。"如谓此疆彼界，乃州县各专其责成耳。至于地方皆朝廷之疆域也，故州县可以同城而公治。至圣先师乃

---

① （清）王育榇修，李舜臣等纂：《蔚县志》，第154页。
② （清）王育榇修，李舜臣等纂：《蔚县志》，第154页。
③ （清）王育榇修，李舜臣等纂：《蔚县志》，第155页。
④ （清）王育榇修，李舜臣等纂：《蔚县志》，第155页。
⑤ （清）王育榇修，李舜臣等纂：《蔚县志》，第155页。
⑥ （清）王育榇修，李舜臣等纂：《蔚县志》，第155页。

天下之公师也，岂州县独不可合庙而先后致祭乎？"① 而且地方官还指出已有宣化府、县文庙合祭之先例。所以，蔚州卫改为蔚县之后，文庙祭祀在州、还是在县，其争论的实质关乎蔚县的地方地位。蔚县官员想借文庙祭祀一事，强调自己曾经的地位，并力图取得蔚州的认同，进而在周围州县中寻求自己的生存空间。

综上所述，经历裁卫设县的调整之后，清代以来山西地方的基本格局成型。但是，小规模调整一直存在并影响着地方社会关系的建构。小规模调整主要指马邑入朔州、蔚州改隶宣化府、广昌改归易州等事件。不包括一县之内，或者州县之间，大同府、朔平府和附郭县之间的变动。经历一系列的调整之后，山西与河北之间界线清晰，而且向着有利于地方管理的方向发展。山西长城沿线由军事重地，变成了大同、朔平二府的共辖之地。马邑成为朔州的一个乡。蔚县与广昌的析出，使得河北、山西省界划分清晰、体统整肃。

在山西长城沿线行政区划的调整过程中，既有客观的地理因素，也有决策者的人为考量，地方民众意愿也掺杂其中。各种力量在较量中推动着地方关系的重组。行政区划的变动主要是国家层面的需要，但并不是所有的变动都出于政治目的或者展现出明显的政治意义，其中也夹杂着地方的意愿和民众的声音，尽管这种意愿或者声音有的时候是处于被代表的状态。在此期间，税收的调整、乡学的建立、学额的变动等事件，影响着地方行政区划关系的建构。对于生于斯长于斯的民众而言，在表达行政区划变革中地方社会诉求的同时，也在试图寻求国家或者是周边州县的认同。

第二节 "蒙汉分治"与晋蒙政区变化

清初山西长城沿线行政区划的调整，为清中后期该区域向腹里之区发展奠定了一定的行政基础。"自卫改为县，而昔之军屯皆易以文治。"② 但是，清代

---

① （清）王育榞修，李舜臣等纂：《蔚县志》，第155页。
② （清）洪汝霖、杨笃：《天镇县志》，《中国方志丛书》，台北：成文出版社，1968年版，第3页。

长城沿线民众的意识中,该区域作为边地的历史转折,真正始于口外各厅的设置。即时人所指,"自七厅继设,而昔之边县又同于内郡县"①。之后,武川、五原、陶林、兴和和东胜相继设厅,和七厅一起组成"口外十二厅",成了绥远立省的政区地理根基。根据研究成果综述,已经有学者对蒙汉分治进行了相关研究,② 在此仅通过对口外各厅的设置情况进行梳理,以明确清代山西长城沿线边外地方的行政治理情况。

一、"口外十二厅"和"一地二治"

明朝疆域一度广大,但是中央王权较弱,大青山及河套一带皆不归属中央管辖。长城为边,置卫戍守。山西长城沿线一直处于蒙汉对峙的前沿。满族入主中原之后,长城内外的局势发生了明显的变化。清政府对蒙疆地区开始精心治理和开拓。"口外十二厅"的设立即是对长城中段蒙地治理的明显例证。

"口外十二厅"指归化城厅、和林格尔厅、托克托厅、清水河厅、萨拉齐厅、丰镇厅、宁远厅、武川厅、五原厅、东胜厅、陶林厅和兴和厅。其所辖地域大致包括:土默特左右两翼、伊克昭盟七旗、乌兰察布盟六旗,以及察哈尔右翼地区。因其位于山西杀虎口关外,所以称为"口外十二厅"。

根据民国时期绥远省通志馆馆长郭象伋先生对于绥远历史的研究,口外十二厅设立的时间如次:"归化厅,乾隆二十五年置;托克托厅,乾隆二十五年置;萨拉齐厅,乾隆二十五年置;和林格尔厅,乾隆二十五年置;清水河厅,同治四年置;丰镇厅,光绪十年置;宁远厅,光绪十年置;兴和厅,光绪二十九年置;五原厅,光绪二十九年置;武川厅,光绪二十九年置;陶林厅,光绪二十九年置;东胜厅,光绪三十年置。"③ 口外各厅设立的同时,清廷对于各厅的行政管辖也逐步加强。

雍正元年(1723),"因汉人来口外重地的渐多,蒙汉交涉的事件也渐

---

① (清)洪汝霖、杨笃:《天镇县志》,第3页。
② 何一民、王立华等:《清代至民国初年内蒙古农牧交错带区位变化与城镇发展》,《陕西师范大学学报》(哲学社会科学版),2015年9月。
③ 郭象伋:《绥远地理沿革》(下),《西北论衡》,第五卷第二期,第43页。

繁"①，土默特左翼都统丹津奏请设立"归化城同知"，并获得批准。当时，归化城理事同知厅设在呼和浩特，属山西省大同府管辖。这是归化城土默特地区设置道厅，也是清代大同府边外属地"一地二治"的开始。

雍正十一年（1733）清廷在归化城派出五路协理笔帖式，协助同知办理民事，归化城土默特地区初具行政雏形。乾隆元年（1736）至乾隆四年（1739），和林格尔、托克托、清水河和萨拉齐各设通判一员。乾隆六年（1741），清廷设归绥道即"山西总理旗民蒙古事务分巡归绥兵备道兼管归化城等处税驿"，驻归化城，隶于山西巡抚。此时，归绥道下辖归化、绥远两城通判、同知及萨拉齐、托克托、清水河、和林格尔等协理通判，并监督税务。乾隆二十五年（1760），归化城、萨拉齐、和林格尔、托克托、清水河五厅成为理事厅，合称为"口外五厅"。

光绪十年（1884），以大同府之丰镇同知厅、朔平府之宁远通判厅改属归绥道。归绥道所属归、萨、丰三同知厅及和、托、清、宁四通判厅合称为"口外七厅"。七厅正式成为山西省的政权机构，形同州县。

光绪二十九年（1903），清廷又增设武川、五原、陶林、兴和等四个抚民通判厅。光绪三十年（1904），增设东胜厅。加前设七厅成为"口外十二厅"。

可见，山西对于归绥的管辖，开始于雍正元年（1723），归化城同知的设立。经过将近二百年的开拓，光绪三十年（1904），归化城土默特境内"旗管蒙、厅管汉"的一地二治格局最终形成。

二、晋绥分治：行政上的腹里之区成形

"一地二治"可以说是清中后期山西长城沿线以北地方的实际行政治理状态。不过，在山西管辖的行政范围之外，出现一个与之同级别的行政区划，是在民国初年。民国时期的晋绥分治使蒙汉两族之间的行政界线分明，进而形成了近代山西长城沿线行政区划的基本格局。

关于晋绥分治，目前学者的探讨大多关注于国家对绥远地区蒙古族、汉族一地二治情形的结束和防卫俄罗斯的入侵的意义上面。而这也符合当时的情形

---

① 郭象伋：《绥远沿革》，《长城季刊》，第二卷第三期，第3页。

和当时人对于此事的看法，蒙疆设省"利于国家，利于蒙藩，且利于汉民，所不利者惟俄国耳"①。但若是仔细考察晋绥分治事件之中，中央、地方和个人的举动，其真实状态恐怕和"利国、利蒙、利汉民"相去甚远。

（一）清末晋绥分治的提出

"一地二治"一定程度上解决了蒙汉杂居地的民事问题。但是蒙汉两族无论在语言上、还是文化上，均存在着差异。蒙汉混杂的确给行政管理带来了不便。清末绥远将军贻谷就曾经指出蒙地归山西省管辖的种种不便："省吏管地方而蒙旗不受其约束，将军统蒙旗而地方不受其指挥。每当交涉两难之时……往往厅署不能自主其应理之事，旗署不能自制其受治之人，责无所专，词有可诿。……诉案无结时，盗案无获期，命案无信谳。"② 贻谷，"镶黄旗满洲人"③，"自壬寅岁督垦来边，癸卯复奉命留守绥远"④。光绪壬寅年为光绪二十八年（1902），癸卯年为光绪二十九年（1903）。贻谷的官衔全称为"钦命督办蒙旗垦务大臣理藩部尚书衔绥远城将军"⑤。从贻谷的言论中可以看出，蒙地归属山西省管辖在行政、军事和执法方面存在着交叉管理的状况。

绥远之建威将军，是清代管辖内蒙古地区最高官员。其设置始于蒙古地区满城的修筑和八旗驻防。雍正十三年（1735），为加强西北边防，归化城（呼和浩特旧城）东北另筑满城。乾隆二年（1737）二月动工，乾隆四年（1739）六月竣工。新建的满城即为绥远城，原驻右卫的建威将军移驻。其时，漠南蒙古、归化城、土默特蒙古俱隶绥远将军管辖，并且可以调遣宣化大同二镇绿营官兵。清政府正式授封的绥远将军有79任，首任绥远城将军是旺昌，末任将军为堃岫。民国成立之后，原二十师师长北洋军人张绍曾接任绥远将军职。

绥远将军辖区范围，"一城之外，至于十二厅十三旗之地，东暨于察哈尔，西迄于阿拉善之界，皆将军所辖即垦务所届。盖延袤至数千里之遥已。"⑥ 但

---

① 转引自刘忠和：《试论绥远建省》，《广播电视大学学报》，2007年第3期，第95-98页。
② 转引自牛敬忠：《近代绥远地区的社会变迁》，呼和浩特：内蒙古大学出版社，2001年版，第10页。
③ （清）高赓恩等纂修：《绥远全志》，台北：成文出版社，1968年版，第199页。
④ （清）高赓恩等纂修：《绥远全志》，第1页。
⑤ （清）高赓恩等纂修：《绥远全志》，第5页。
⑥ （清）高赓恩等纂修：《绥远全志》，第61页。

是，正如贻谷所言，绥远将军统辖范围虽大，各厅地方并不受将军的管辖。绥远将军的主要职责是督办蒙地垦务，地方上各厅在光绪十年（1884）前是山西省的派出机构，之后是山西省的等同于州县的行政机构，直接归属山西省管辖。当然，山西省各厅也只管辖辖区内的汉民事务，不署理蒙旗事务。

回顾雍正三年（1725）之前清政府对于山西长城沿线地区的管辖情况，与清中后期蒙古绥远地区的情形颇为相似。行政和军事交错混杂、彼此牵制。这样做的目的，旨在防止地方官吏坐大，发生不利于统治的情形。

清末艰难的时局之下，政府对蒙古地区土地进一步丈量放垦，招徕内地民众耕种。汉民人口日益增多，经济得到了一定程度的发展。原来的"旗管蒙、厅管汉"的一地二治情形，已经不适合时代的要求。于是改厅设县提上了议事日程。民国元年（1912），"十二厅皆改县，设知事"①。设县之后是否建省，朝野上下几乎持相同的态度，即支持设省。设省就意味着绥远从山西分离出去，在行政上脱离其管控。绥远将军对于晋绥分治一事极力支持。但是，贻谷的言论中模糊了一个事实：绥远地区在行政上一直属于山西省管辖。那么，绥远从山西省分离出去有没有必要？

事实上，绥远官吏对于绥远归属山西管辖有着明确的认识。阿·马·波兹得涅耶夫在十九世纪对蒙古进行的考察中，也谈到了绥远的官吏对于绥远地区行政归属的看法，"他们（绥远当地官员）都知道归化城所在的地区以前曾属于蒙古，然而现在他们已不认为这块土地是蒙古的了。这里早已建立起纯粹中国的行政管理机构。这一机构的最高代表就是道台，这里整个地区都设有地方长官。他们全都从属于山西巡抚"②。纯粹中国的行政管理机构，实际上指和清代中国腹地一样的行政管理机构。那么，贻谷支持晋绥分治的真相就显而易见：绥远将军只理军事不理民事，这一情形不甚符合其在蒙地所辖广大区域内应有的职权。贻谷言论中隐含的个人目的不得而知。不过，清末民初的战乱使晋绥分治一事暂时被搁置了起来。

---

① 郭象伋：《绥远地理沿革》（下），第43页。
② ［俄］阿·马·波兹得涅耶夫：《蒙古及蒙古人》，刘汉明译，呼和浩特：内蒙古人民出版社，1983年版，第136页。

（二）民初的晋绥分治

民国初年晋绥分治被再度提了出来。同为绥远将军，贻谷没做成的事情，张绍曾做到了。1913年，民国绥远将军张绍曾召集归绥道所属12县、13盟旗及相关人士成立了"乌伊归绥联合会"，内设行政、评议两部。评议部的主要活动是"上书北洋政府，要求晋绥分治"①。晋绥分治得到了北洋政府的支持。于是，民国二年（1913），"裁观察使副都统，置军政民政两厅，以将军为行政长官，与山西分治，曰特别行政区域"②。1914年1月，绥远特别行政区成立。看来，晋绥得以分治的原因，得从分析绥远将军张绍曾做起。

张绍曾（1879－1928），直隶大城人，家世代务农。1899年毕业于北洋武备学堂。1900年12月，被张之洞选派留学日本。日本士官学校毕业后，在沈阳任北洋陆军第二十镇统制，武昌起义后奉命入关。1912年10月，张绍曾署理绥远将军兼垦务督办。不过，张绍曾带到绥远的兵士只有一个混成营。由清廷的陆军副都统、民国的镇统制，到统领一个混成协的绥远将军，也难怪张绍曾8月接到命令直至10月才去上任。为什么张绍曾能促成绥远分治呢？

先看一下，张绍曾接任绥远将军时的状况。袁世凯任命张绍曾为绥远将军的同时，对其他部门也做了人事调整。民国元年（1912），"大总统袁世凯任命张绍曾为绥远将军，贾宾卿为归化城副都统，归绥道改为观察使，由山西省都督阎锡山任命潘彦礼充任，各厅改县，也由山西人为知事（相当于县长）"③。很明显山西都督阎锡山直接控制了绥远的行政。当然，财政大权也紧握在阎锡山手下的各位县知事手中。以托克托县为例，"民国成立初，设统捐税务局、盐务局、烟酒公卖局、善后局和县府第二科（掌管地方财政和田赋）管理地方税收"④。托克托县县府第二科的上级即为县知事。那么，作为绥远将军的张绍曾，一没有军权，二没有行政权，三没有财权。怎么办？只能积极推动晋绥分治。

再看，晋系和北洋系的较量。关于晋绥分治一事，影响到了阎锡山的利益。

---

① 云瑞祥等：《土默特志》，呼和浩特：内蒙古人民出版社，1977年版，第335页。
② （民国）郑植昌：《归绥县志》，台北：成文出版社，1935年版，第76页。
③ 云瑞祥等：《土默特志》，第350页。
④ 托克托县志编写委员会：《托克托县志》，1984年，第101页。

在自己的地盘上,新立一个省级单位出去,阎锡山自然不乐意。所以当晋绥分治一案被提出之后,阎锡山马上发电文对此事进行反驳,并派两位住在太原的归绥绅士作为归绥代表,到北京参加反对分治的请愿。对山西方面的意见,袁世凯并未直接表态而是将事情交给统帅办事处。之后的结局就是晋绥分治。

晋绥分治之后,阎锡山失去了一个道的辖区,势力撤出口外,实际管控范围被削弱。张绍曾回调北京。袁世凯任命自己的亲信潘矩楹为绥远都统,直接掌握绥远的军政大权。从最终的结局来看,晋绥分治一事中受益最大的是袁世凯。一方面顺理成章地防止了晋系阎锡山势力扩大,另一方面借机拓展了北洋系在蒙疆的势力。

晋绥分治对于近代山西长城沿线地方的发展具有非常重要的影响。绥远设立特别行政区,为民国时期绥远建省奠定了地理基础和行政基础。大同地方行政管辖范围明晰。在行政区划的设置上,实现了山西长城沿线以南的区域由边地到腹里的真正转变。

第三节 职官设置:从督理军政到专理民事

随着行政区划的调整,行政职官的职责也应作适应性的变革。在清代中央集权体制下,地方行政体制具有统一性,但是实际运作过程中地域之间还是存在着或多或少的差异。山西长城沿线的行政职官除了具有时代赋予地方政府的基本特征之外,还应有其地域特性。

一、总督和知府

汉唐以来,山西长城沿线,"或以文职绾兵符,或以武职理民事"[1]。明,"弃丰、胜,而以长城为界,沿边悉治卫所,是止有奋武而无撰文,治理所以不古若也"[2]。山西长城沿线"兵民杂处",在管理上也是界址不清,职责不甚分明。清初大同地方上仍然存在着反叛的情形,在管理上主要是沿袭明代的做法。

---

[1] (清)刘士铭修,王霱纂;李裕民点校:《朔平府志》,第314页。
[2] (清)刘士铭修,王霱纂;李裕民点校:《朔平府志》,第314页。

总督和知府共管的局面一直持续了整个顺治朝。雍正三年（1725）同朔分治之后，山西长城沿线分为大同、朔平两个同级别的行政区，各设知府。知府为最高地方行政长官，兼理司法。知府及以下行政职官设置和内地趋于一致。

（一）宣大总督

宣大总督为清初山西长城沿线的最高军政长官。总督一职设置于明代，起初只是作为巡察地方、协调事务的官吏，没有固定的辖区和僚属。后来为了方便处理地方事务，以尚书、侍郎任总督者，加以都御史衔。明中后期总督、巡抚久任地方，其实质和地方官不二。但直至明末，总督作为地方行政长官并没有得到明确承认。清统治者顺应总督地方化的趋势，用法律的形式将总督为地方官的地位确立起来。总督成为掌控一方军政大权的"封疆大吏"。清初驻镇大同的为宣大总督，顺治十三年（1735）裁撤。

据《清史稿·职官志》载，清代总督的职掌是"厘治军民，综治文武，察举官吏，修饬封疆"。顺治六年（1649），佟养量"擢兵部左侍郎兼右副都御史，总督宣大、山西军务，驻扎阳和"①。佟养量到任之时，正逢姜瓖事变之后，大同地方败颓不堪。针对大同地方的实际情形，佟养量主要采取了如下三方面的措施。

修建祠庙，安抚百姓。面对战后白骨露于荒野的情形，佟养量带领军民掩埋尸骨，并修建抱忠祠，②"祀戊子变一时死事诸臣"③。顺治八年（1651），佟养量组织地方官吏，捐俸重修云冈石窟寺。"惟能出世，方能度世"④，佟养量重修云冈石窟，希望通过此举超度亡魂安抚民众；也希望百姓能树立信心重建家园。

平理刑狱，教化边民。顺治初年，重囚张发死于狱中，"其族牵连多论死"⑤，佟养量仔细检查原案卷宗，"特为省释"⑥。佟养量公正廉明，其门人、

---

① （清）黎中辅：《大同县志》，第191页。
② 《云中郡志》记为报忠祠，道光《大同县志》记为劝忠祠。
③ （清）黎中辅：《大同县志》，第70页。
④ （清）胡文烨：《云中郡志》，第336页。
⑤ （清）黎中辅：《大同县志》，第191页。
⑥ （清）黎中辅：《大同县志》，第191页。

家丁也受到影响。"内丁杨洲玉寓齐生所,获藏镪八百两,呼其子弟至,悉畀之"①。他在任职宣大总督期间,还"修学宫,习礼、教射其中"②。"至如补赔运载之牛车,葬埋死事之骸骨。重修阳和文、武二庙,暨报忠祠,各处捐赀不吝。其劝善兴仁,种种有关风化,凋残之后,造福边民不浅云。"③

奏请减赋,关心民瘼。顺治初年大同面临的首要问题是恢复和发展生产。其时正逢清政府为了增加收入,将卫所屯田按照内地民田例起科。作为总督,佟养量履行自己的职责,如实汇报大同地方的景象,"边地种迟霜早,沙碛相望,加以兵旅之余,荒残愈甚"④。佟养量认为大同新近遭受了战乱,人口流失,兵士死伤惨重,土地荒芜。如果将卫所屯田按照民田之例起科,军民"势必闻风俱溃"⑤。他建议延迟两年对卫所屯田起科。他针对地方上土地抛荒、租赋无出的情形,也提出减免赋税和延迟起科。佟养量的奏请获得了清政府的批准。山西长城沿线生产逐步恢复,民众生活趋于正常。

随着全国局势的稳定和地方生产的恢复和发展,顺治十三年(1656),宣大总督裁撤,设置山西总督驻大同府城。康熙四年(1665)裁山西总督。之后国家防御的重点偏向西北,山西、陕西、甘肃等地的总督和巡抚进一步调整。康熙帝在康熙十一年(1672)的上谕中称:"陕西幅员辽阔,边疆重地,防御宜周,省城有将军满兵驻防,总督衙门应移驻扼要地方,专管陕西,以便控制。其山西省附近京师,应照山东、河南例,令该抚料理。"⑥ 从此,山西不设总督,只设巡抚,巡抚一职总辖山西,驻省府。雍正三年(1725),虽有变动,但是随即仍以山西巡抚总理山西事务。

总督一职,责任重大,沟通和协调着中央和地方之间的种种关系。但地方具体事务仍需大同知府和其他官员一起料理。(表1-3-1)

---

① (清)黎中辅:《大同县志》,第191页。
② (清)黎中辅:《大同县志》,第191页。
③ (清)胡文烨:《云中郡志》,第453页。
④ (清)黎中辅:《大同县志》,第191页。
⑤ (清)黎中辅:《大同县志》,第191页。
⑥ 《清实录》,第3119页。

表1-3-1 顺治《云中郡志》所记大同职官表①

官别	姓名	始任时间	籍贯	功名	升迁	备注
总督	吴孳昌	顺治元年	河南汝宁	进士		
	李 鉴	顺治二年	四川安县	进士	转宁夏	
	马国柱	顺治三年	辽 阳		转江南总督	
	申朝纪	顺治四年	辽 东			
	耿 焞	顺治五年	辽 东			丁姜瓖之变
	佟养量	顺治六年	辽 东			
巡案	张鸣骏	顺治元年	福建龙溪	进士		
	朱廷翰	顺治二年	陕 西	举人		
	高 景	顺治三年	北 直	进士		
	朱鼎延	顺治四年	山东平阴	进士		
	金志远	顺治五年	辽 东			
	刘 达	顺治七年	北直潜县	进士		
	薛陈伟	顺治八年	河南祥符	进士		
户部	王弘祚	顺治元年	贵 州	举人		
	张所珍	顺治四年	华 亭	举人		
	萧 炎	顺治五年	直 隶	举人		
	万尧一	顺治七年	江西九江	恩荫		
	刘国钦	顺治八年	河南金坛	进士		

① 本表依据顺治《云中郡志》，卷五，秩官志绘制。

续表

官别	姓名	始任时间	籍贯	功名	升迁	备注
巡守兵备道	南洙源	顺治二年	山东濮州	进士		阳和道
	童可选	顺治二年	四川	举人		分巡道
	李嘉彦	顺治三年	广平曲州	进士		阳和道
	宋子玉	顺治四年	辽东		死节有传	分守道
	郑伸	顺治三年	辽东	进士		分巡道
	杨璥	顺治四年	北直			分巡道
	王宇春	顺治五年	辽东	进士		阳和道
	徐一范	顺治五年	芜湖县		顺治五年推左卫道	左卫道
阳和兵备道兼分巡道	陈弘业	顺治七年	辽东			
大同左卫兵备道兼分守道	吕逢春	顺治六年	辽东			
提学道	张四教	顺治七年	山东莱芜	进士		七年以本府学政属之，至八年仍属按院

虽然清初大同地方职官设置沿袭明制，但是，随着时代的变化也做了一些适应性调整。明永乐七年（1409）大同设巡抚、都御史；顺治元年（1644），以总督军门兼。宣德元年（1426），御史巡按兼理大同学政；顺治七年（1650），撤回宣大按院，大同府学政归属山西提学道管辖，八年（1651）仍属按院。景泰五年（1455）置分守冀北道驻大同，后移驻朔州，顺治七年（1650），因为姜瓖之乱，归并入左卫。嘉靖二十七年（1548），置大同兵备道驻守左卫，又置分巡道于镇城；顺治七年（1650），并入阳和道。崇祯末年（1644），置监军屯牧道驻蔚州；顺治八年（1651），裁撤。洪熙元年（1425），文臣开始兼理大同地

40

方事务，天顺元年（1457），设置户部饷司郎中，清仍然延续。①

（二）地方知府

清代，"知府总领属州、属县、属厅，掌一府行政、司法、监察下级官吏；同知、通判分掌粮盐督捕、江海防务、河工水利、抚绥民夷等"②。大同知府与宣大总督并无隶属关系。在大同府辖区之内，知府对部分事务有权独自处置，不受宣大总督干涉，部分重大事务则与宣大总督咨商办理。雍正三年（1725）同朔分治之后，地方行政长官的管辖范围随着行政区划的调整缩小。大同知府署理大同府，朔平知府署理朔平府。

大同府驻地为大同城。顺治六年（1649），因姜瓖之变大同城池、衙署毁坏，府治移至阳高卫称阳和府。阳和府官员对府衙、学宫均有建设和整饬。顺治八年（1651），总督佟养量和巡按薛陈伟一起提议将府治仍移回大同。从地理空间上看，府治在大同城较阳高城有利。阳高地理位置偏东，距离大同地方西部的卫所较远，如果遇到紧急事件征调兵马粮草或者日常百姓司法诉讼，皆为不利。大同城设府治则于二者皆为有利。之后府治一直设于大同城。

清代大同府署（见图1-3-1），在"城内西北隅"③。顺治八年（1651），知府胡文烨对府衙进行了修葺，"中为忠爱堂，堂以内左辟门为兵饷库，右辟门为银亿库，堂之东南向三楹为官库、吏房，堂之西南向三楹为支承、科房，堂前少东为快班房，堂前少西为皂班房，房前为月台。再前为甬道，甬道左右站班楼各一，中为圣谕坊，左有惠井，右有廉石，东列吏户礼承发各房，西列兵刑工邮驿各房，以南辟仪门，左为东角门，右为西角门。再前则为大门，匾曰'三晋名邦'，大门之内少东为土地祠，又南为云中郡坊，迤东曰'师帅坊'，以西为'承宣坊'，正南照壁，左右披榜棚各三楹。堂后正北为'思补堂'，束坊在其左，卷坊在其右，稍进而北则宅门也。再进为屏门，正北为清恕堂，东西厢各三楹。又北为内宅，门内为寝室，凡两进各五楹，翼以厢各六楹"④。

---

① （清）胡文烨：《云中郡志》，第206-207页。
② 魏光奇：《官治与自治——20世纪上半期的中国县制》，北京：商务印书馆，2004年版，第22页。
③ （清）吴辅宏修，王飞藻、文光校订：《大同府志》，《中国地方志集成·山西府县志辑（4）》，南京：凤凰出版社，2005年版，第213页。
④ （清）吴辅宏修，王飞藻、文光校订：《大同府志》，第213页。

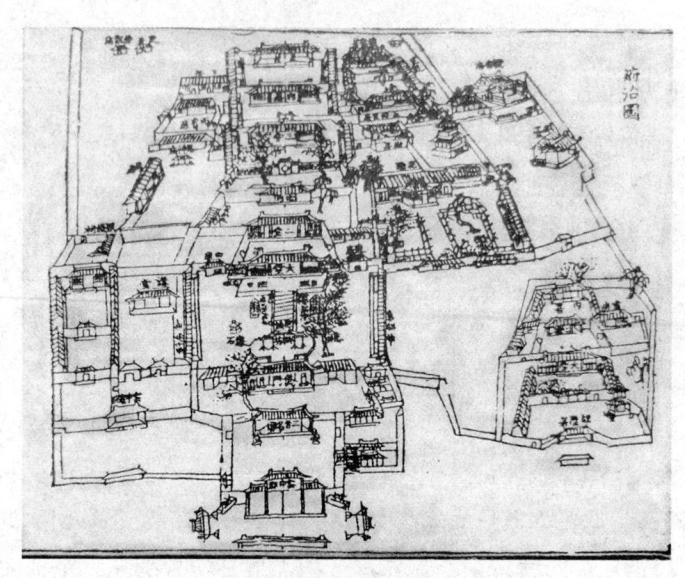

图1-3-1 乾隆时期大同府治图①

  朔平府,设"知府一员"②,驻地右玉城。朔平府选治所于右玉之后,府衙建于城内西南仓街官地。朔平府衙,"自大门、仪门、大堂、后堂以迄内署,共建瓦房百余间"③,之后又建有土地祠、寅宾馆。朔平府衙署的建设规模宏大,耗资四千六百余两,其中两千八百两来源于国家拨款,其余银两出自知府的养廉银。为什么朔平知府对于衙署要如此用心打造?其原因在于朔平处于"边地要冲",是"来蒙古外藩朝觐入贡往来孔道"④,府衙建造宏伟,目的在于"尊朝廷之体统,肃外藩之观瞻"⑤。

  朔平府设立之后,"设守丞牧令,一如中原腹里之制"⑥(表1-3-2)。原设的大同府西路粮饷同知改为朔平府粮饷理事同知。常丰仓大使、常盈库大使、杀虎口户部抽分、杀虎口驿传道、朔州知州、学政、训导、吏目等均保留。因

---

① (清)吴辅宏修,王飞藻、文光校订:《大同府志》,第16页。
② 《清实录》,第6349页。
③ (清)刘士铭修,王霨纂;李裕民点校:《朔平府志》,第1001页。
④ (清)刘士铭修,王霨纂;李裕民点校:《朔平府志》,第1001页。
⑤ (清)刘士铭修,王霨纂;李裕民点校:《朔平府志》,第1002页。
⑥ (清)刘士铭修,王霨纂;李裕民点校:《朔平府志》,第287页。

马邑县旧为大同府属县，其知县、教谕、训导、典吏没有变更。其余卫所改设的县级单位按照县级设置，设知县、典史。雍正七年（1729），山西巡抚觉罗石麟请改山西大同府归化城理事同知，归属朔平府管辖。①

朔平府属区域在没有与大同府分治之前，一直是清代出兵西北的粮草供应地和出关西北的税收之地，鉴于此地的重要性，西路粮饷同知、杀虎口户部抽分和杀虎口驿传道，其职官一般由满洲旗人或者蒙古人担任。满兵初驻右卫之时，右卫为军卫，没有知府和知县办理相关事务，所以设理事同知一职。"遇有满洲、汉人互相争讼之事，将军衙门派出旗员，与同知会审。"② 右玉设县之后，理事同知一职裁撤，因朔平府粮饷同知一职是旗员，"遇有旗民争讼之事，令粮饷同知兼管"③。

表1-3-2　雍正《朔平府志》所记朔平府职官表④

官职	姓名	始任时间	籍贯	功名	升迁	备注
知府	徐荣畴	雍正四年	江南华亭县	贡士	刑部员外郎	新制
	刘士铭	雍正七年	直隶宛平人	举人		
粮饷理事同知	朱允恭		江南苏州府			雍正三年前为大同西路粮饷同知
	唐凯		镶白旗满洲人		升部员外郎	
	迈密达		镶黄旗满洲人		升詹事府中允	
	赛龙阿		镶白旗满洲人		升刑部员外郎	
	鄂齐理		正黄旗满洲人			
	赛明善		正黄旗满洲人			
	塞克图	雍正八年	镶蓝旗满洲人			
钦差巡察归化城	色楞	雍正八年	正红旗蒙古人			新制
	根笃思和	雍正九年	镶红旗蒙古人			
	舒鲁克	雍正十年	镶黄旗蒙古人			

① （清）刘士铭修，王霨纂；李裕民点校：《朔平府志》，第287页。
② （清）刘士铭修，王霨纂；李裕民点校：《朔平府志》，第909页。
③ （清）刘士铭修，王霨纂；李裕民点校：《朔平府志》，第910页。
④ 本表依据（清）刘士铭修，王霨纂；李裕民点校：《朔平府志》，第323-360页绘制。

续表

官职	姓名	始任时间	籍贯	功名	升迁	备注
笔贴式	敏 昌	雍正八年				新制
	马起蛰	雍正九年	正白旗奉天人			
归化城理事同知	多尔济	雍正元年	正白旗蒙古人			新制
	法 保	雍正七年	镶红旗蒙古人			
	永 敏	雍正八年	正白旗满洲人			
协理归化城笔贴式	阿世达	雍正八年	正红旗蒙古人			新制
杀虎口户部抽分	偏 图	雍正元年	满洲人			自顺治七年始设,任期一年。本表只录雍正年间部分官员
	萨齐库	雍正二年	满洲人			
	贡 布	雍正三年	蒙古人			
	三 保	雍正四年	满洲人			
	七 十	雍正五年	满洲人			
	鄂 善	雍正六年	满洲人			
	詹塔海	雍正七年	满洲人			
	祁 山	雍正八年	正黄旗蒙古人			
	赫 德	雍正九年	正黄旗满洲人			
	巴 歌	雍正十年	镶黄旗满洲人			
杀虎口驿传道	柯士图		镶黄旗蒙古人			旧制
	常 临		镶黄旗蒙古人			
	常 度		正白旗蒙古人			
	常 宝		镶蓝旗蒙古人			
	傅 成		镶黄旗满洲人			
府经历司	周 成	雍正四年	浙江绍兴人	监生		新制
府学教授	杨廷栋	雍正三年	平阳府永和县	举人	新制	
	周 琦	雍正七年	汾州府孝义县	举人		
府学训导	唐亮章	雍正四年	大同府应州	贡生		

续表

官职	姓名	始任时间	籍贯	功名	升迁	备注
常丰仓大使	万正芳		江西人		旧制	
	秦玉璋		陕西三原县			
	饶 滋		山东茌平县			
	薛 光		福建福州人			
	张燨麟	雍正五年	浙江绍兴府			
常盈库大使	刘天植		直隶雄县		旧制	
	陈以宽		湖广黄冈县			
	万兴荣		江南淮安府			
	王 基		江南通州人			

从以上情况来看，清初大同地方由总督兼理军政是明代行政体制的延续，也是清政府对于地方的一种控制手段。在经历了顺治、康熙年间相对稳定的发展之后，随着雍正年间裁卫设县的实施，山西长城沿线大同、朔平二府最高长官的设置和腹里之地趋于一致。知府总掌民事的局面，说明山西长城沿线已经进入了相对稳定的发展阶段。这也是长城沿线区域社会趋于稳定在行政设置上的体现。

二、县级行政体系

清代，根据各县所处的地理位置、政务的难易程度、赋税征收情况、民风民情等分为不同的等级，按照不同的政区状况配以不同的职官。雍正六年（1728），广西布政使郭锐提出了应该划分政区的标准，以安置不同的官缺。其理由是："州县地方本有大小之异，而居官才具实有短长之分。以长才而处小邑，固为未尽其能；以要地而畀短才，必致有亏厥职。总缘州县官员大半系初登仕籍，其平日未尝经练故，人与地相当之处未能悬定，一旦凭签掣缺，纵有才能出众者，无由区别，或以庸员而得要地，竟将皇上之人民财赋令其尝试，及至地方废坠不修,始行罢斥,则其贻误已多"①,并且他提出了政区划分,地当孔道者为冲;政务纷纭者为繁;赋多逋欠者为疲;民刁俗悍命盗案多者为难的标准。后来,这一标准就成为地方职官缺分的正式标准。概括而言,冲、繁、疲、难四条俱全的为"最要"或"要缺",具三条的为"要缺",具二条的"要缺"或"中缺",具一条或没有的为"简缺"。② 不过,县的等级和官缺设置并不是一成不变的。

(一)州县正印官

山西长城沿线州县职官的设置基本上符合清代关于州县职官设置的标准。为了明确说明清代山西长城沿线各府州县形势与官缺设置的变化情况,特列表如下(表1-3-3)。

表1-3-3 清代山西长城沿线府州县形势与设官情形③

府州县官	原州县形势	原设官等级	州县形势变化	实际设官情形
大同知府	四达通衢,管辖九属,事务纷繁、赋多逋欠	四最要缺	积欠豁免,节年全完	冲繁难要缺
大同知县	附郭首邑,地当孔道,事务繁多,赋多逋欠	四最要缺	积欠豁免,节年全完	冲繁难要缺
怀仁知县	地当孔道,赋多逋欠	冲疲中缺	积欠豁免,节年全完	专冲简缺
应州知州	临边孔道,事简民淳,积欠难清	冲疲中缺	豁免后,节年全完	专冲简缺
浑源知州	地非孔道,事务简少,赋无逋欠,民俗刁悍	专难中缺		专难简缺
山阴知县	经管在城,岱岳驿站,案牍不繁,赋税无多	专冲中缺		专冲简缺

---

① 刘铮云:《冲、繁、疲、难:清代道、府、厅、州、县等级初探》,载中研院《历史语言研究所集刊》第64本第1分册,1993年3月,第179页。
② 刘铮云:《冲、繁、疲、难:清代道、府、厅、州、县等级初探》,第199页。
③ (清)海宁等辑:《晋政辑要》,卷一,官缺繁简。

续表

府州县官	原州县形势	原设官等级	州县形势变化	实际设官情形
灵丘知县	经管驿站，商税无多，事务颇简	专冲中缺		专冲简缺
广灵知县	地僻事少，赋税无多	简缺		简缺
阳高知县	临边孔道，兼管站马	专冲中缺	政务尚少，治理不难	专冲简缺
天镇知县	临边孔道，管理站马，赋额无多，治理亦易	专冲中缺		专冲简缺
朔平知府	口外冲途，旗民杂处，地瘠民贫	冲繁疲要缺	额赋清完，实不为疲	冲繁难要缺
右玉知县	地当口外，政务纷纭	冲繁难要缺		冲繁中缺
左云知县	地当孔道，兼管站马	专冲中缺	民俗简朴，事件无多	专冲简缺
朔州知州	地当孔道，逋赋不清	冲疲中缺	积欠全完，实不为疲，惟系塘站要路，往来住宿差务颇多，治理非易	冲繁难要缺
平鲁知县	地当孔道，兼理站马，赋少事简	专冲中缺		专冲简缺
马邑知县	地当孔道，逋赋颇多	冲疲中缺	钱粮已无拖欠	专冲简缺

从《晋政辑要》中关于职官设置的记载可见，地方职官设置实际上是按照各府州县的地理位置和经济状况而定。从总体上来看，冲和疲是山西长城沿线各府州县面临的最初的治理状态。府级层面的大同和朔平知府，占据了"冲繁难要缺"。浑源、山阴、广灵、灵丘四县知县不占"冲"缺，其余州县均占。在乾隆朝中期，各州县的经济状况有所改观，通过蠲免或者是豁免的方式，各州县改变了"疲"的状态，官缺设置上有所改观。就国家整体情况而言，此时的

清政府已经进入了相对稳定的发展时期,地方社会的生产、生活状况也得到了改善。

(二)佐贰官和杂职官

清代地方县级行政体系中,除了正印官之外,还有佐贰杂职。山西长城沿线各府州县正印官和佐贰官都有自己的衙署。正印官总览县境内所有行政、民事、财政、教育、教化等职责,佐贰官有具体需要负责的事务。"清代州县的佐贰杂职,包括各直隶州、属州的州同、州判和各县的县丞、主簿、巡检,其性质均不是正印官的副职和下属职能性官员,全都不隶属于以正印官为首的州县主干行政系统。"① 但是遇有正印官不在辖境之时,佐贰官可会同武官裁决一些需要及时处理的事务。"凡州县正印官因公出境,遇有即应正法人犯,理宜即令本州县之佐贰官监决。其应如何定例之处,着查明议奏寻议。凡遇决不待时之犯,部文到日,正印官因公出境,即令同城之州同州判县丞主簿等官会同本城之武职官弁遵查不停刑日期代行监决。"②

大同府佐贰官有中路通判、西路同知、南路通判、推官等,辅助知府管理地方事务。大同府,"国初原设同知,驻扎府城,雍正三年析地置朔平府,改大同西路同知为朔平粮捕同知。雍正十年府城复设粮捕同知。乾隆十五年改阳高管粮通判,为丰镇理事通判,将府城复设粮捕同知移驻阳高。乾隆三十三年改丰镇理事通判为粮捕通判,移驻阳高,改阳高粮捕同知为丰镇理事同知,移驻丰镇"③。"国初原设东路通判一员,驻扎阳高。顺治五年改东路通判为中路通判,康熙五十八年移阳高中路通判来驻府城。雍正十年府城复设粮捕同知,随将移来中路通判改为管粮通判,复移驻于阳高。乾隆十五年改阳高管粮通判,为丰镇理事通判,移驻丰镇,随将府城粮捕同知改驻阳高。乾隆三十三年,又将阳高粮捕同知改为粮捕通判,移驻阳高。"④ 乾隆年间,吏部议准山西巡抚明德的奏折,认为大同府之丰镇通判,朔平府之宁远通判不通晓蒙古语言,应改为满洲蒙古旗缺,办理刑名钱谷及与四旗交涉事件。同时裁撤大同、朔平二府

---

① 魏光奇:《官治与自治——20 世纪上半期的中国县制》,第 23 页。
② 《清实录》,第 6928 页。
③ (清)吴辅宏修,王飞藻、文光校订:《大同府志》,第 203 页。
④ (清)吴辅宏修,王飞藻、文光校订:《大同府志》,第 204 页。

的理事通判。大朔理事通判原设司狱一职，应裁拨丰镇通判。

关于佐贰杂职，清初大同府设有经历、知事、照磨、司狱、教授、训导等。各属州，有吏目、学正、训导等职；各属县，除大同县设有县丞、典史、教谕、训导等职之外，其余属县均设有典史、教谕、训导等职；左卫、右卫、阳高卫、天镇卫只设训导。佐贰杂职有各自的衙署和各自承担的事务。例如：大同县县丞署，在县署东；典史署，在县署东，县丞署之西。县儒学署在大同城西北隅。

除了正印官、佐贰官，在州县辖区内偏远、不便管理之地，还设有分防佐杂官员。这些官员设置的原因各不相同，目的却是一致的，即方便国家对于地方的管理。据《嘉庆重修大清一统志》记载，清代山西长城沿线的巡检司有：大同府浑源州王家庄巡司、应州安东卫巡司、丰镇厅大科庄巡司、丰镇厅张皋儿巡司。朔平府右玉县威远堡巡司、右玉县杀虎口巡司、马邑巡司、左云县高山城巡司、平鲁县井坪城巡司。

上述各巡司中，马邑巡司的设置是马邑县裁归朔州之后，为了方便地方管理而设，其余大多位于地势险要或者是控扼交通之处。右玉杀虎口，"与口外相距不远，旗民杂处"；右玉威远堡，"地广民稀，奸宄易藏"；左云高山城，"地方广阔，实系口外往来要道"；左云助马口，"地临口外，旗庄甚多，最为紧要"；平鲁县井坪城，"途路险僻，民刁俗悍"[1]。

巡检司属于应地而设的官吏，在地方情形发生变化之时，也会相应地调整。例如，高山城巡检，雍正八年（1730），直隶成安人陈裔芝由吏员出任，乾隆四十三年（1778），四川定远人陈际熙由附贡出任。[2] 右玉县威远堡巡检，雍正七年（1729）由山西巡抚觉罗石麟奏请添设。乾隆三十二年（1767），山西巡抚彰宝奏请将其移驻"开垦需员"[3]的大庄科。时隔不久，即在乾隆三十七年（1772），威远堡"烟户繁多，商贾云集。且距右玉县五十里，一切巡缉，印官鞭长莫及"[4]，由原朔平府常丰仓大使，改为巡检一职，仍设巡检于此。

有的巡检存续的时间较长，浑源州王家庄巡检，顺治十六年（1659），顺天

---

[1] （清）刘士铭修，王霨纂；李裕民点校：《朔平府志》，第911-912页。
[2] （清）李翼圣原本，余卜颐增修，兰炳章增纂：《左云县志》，第157页。
[3] 《清实录》，第20485页。
[4] 《清实录》，第20485页。

通州人马正德由吏员出任该职。① 同治十三年（1874）该职仍存，安徽桐城方铭鹤由监生出任。② 应州安东卫巡检，雍正十一年（1733）江西安高人刘瑜昌由吏员出任该职，③ 同治九年（1870），该职仍存。助马口巡检，雍正八年（1730）直隶人王陛珍由吏员出任，道光十一年（1831）由龚可焞（籍贯出身无考）出任。道光十二年（1832）裁撤。④

以上探讨的县级官吏，不管是正印官、佐贰官还是杂职官均是国家职官体系中的官员。此外，在县署还仿照中央政权机构，设立了立、户、礼、兵、刑、工六房：吏房，管理地方人事；户房，管理本县征收、解交国库钱粮及其他财政事项；礼房，管理地方教育、考试、祭祀等；兵房，管理兵役；刑房，管理地方司法、诉讼等事务；工房，管理修建、农业等事项。这些事项由衙署人员具体执行。如此，还有必要对山西长城沿线各州县衙署人员做一分析。

三、衙署人员

清代山西长城沿线各府州县的衙署人员作为地方治理的具体执行者，和全国其他州县一样，并没有被纳入国家行政官职设置之中。衙署人员大多为正印官聘用，其开支也由地方支出。清代《大同县志》《左云县志》的赋役志中，分别列出了大同府、大同县、左云县等府县衙署人员的俸禄情况，由此可见山西长城沿线各府州县中和正印官一起的主干行政系统中的各类人员的设置情况。

大同府知府下属的衙署人员有：守门差役两名，骑马的捕役十名，管缉捕行刑的差役十六名，衙门的差役十六名，管官库的差役四名，管仓场库局的差役六名，轿夫四名，伞扇夫三名。大同府经历下属的衙署人员有：守门差役一名，衙门的差役四名，马夫一名。儒学教授、训导下属的衙署人员有：官学中的仆役三名，管理教官学田和仓库的人员三名，伙夫两名。通判下属的衙署人员有：守门差役两名，衙门的差役十二名，捕役八名，轿夫四名，伞扇夫

---

① （清）桂敬顺：《浑源州志》，第323页。
② （清）贺澍恩修，程绩纂：《浑源州续志》，第546页。
③ （清）吴炳：《应州续志》，第459页。
④ （清）李翼圣原本，余卜颐增修，兰炳章增纂：《左云县志》，第157页。

三名。①

　　大同县知县下属衙署人员有：守门差役两名，衙门的差役十六名，骑马的捕役八名，民壮四十名，捕役八名，看监禁卒八名，更夫五名，伞扇夫三名，管官库的差役四名，管仓场库局的差役四名，轿夫四名。县丞下属衙署人员，守门差役一名，衙门的差役四名，马夫一名。典史下属衙署人员，守门差役一名，衙门的差役四名，马夫一名。儒学教谕、训导下属的衙署人员有：管理教官学田和仓库的人员三名，官学中的仆役三名，伙夫两名。②

　　左云县知县下属衙署人员有：守门差役两名，衙门的差役十六名，骑马的捕役八名，民壮三十二名，捕役八名，管仓场库局的差役四名，管官库的差役四名，看监禁卒八名，更夫五名，伞扇夫三名，轿夫四名。典史下属衙署人员，守门差役一名，衙门的差役四名，马夫一名。儒学教谕下属的衙署人员有：官学中的仆役三名，管理教官学田和仓库的人员三名，伙夫两名。③

　　其余州县衙署人员的设置大致与大同、左云等县相仿。广灵县"县署有三班，快班有马快手8名，管缉拿凶手和随同知县下乡巡视、检查；皂班有皂隶16名，管审讯各事；壮班有民壮22名，管知县出轿的仪仗。此外还有门子2名、更夫5名、伞夫3名、库子4名、斗级4名、捕役6名、禁卒8名、仵作2名。典史手下有门子、皂隶、马夫等6名。儒学有门斗、斋夫、膳夫等8名"④。

　　在现存的碑刻中也可以看见衙署人员捐资助修庙宇的相关记载，亦同时印证了这些衙署职位的实际存在。清咸丰十一年（1861）云冈石窟《重修大佛寺碑记》，碑文中显示此次重修左云县的募化经理人是："户房刘陞，礼房王训、张隆基，工房李缙、姚承虞，仓房刘槐，皂班张淑，石头村李阳、张玺"。⑤

　　为了便于辖区管理，在偏远处的巡检一职，也配有相应的衙署人员。例如：高山城巡检、助马口巡检各有衙门差役二名，弓兵十名。

　　根据以上分析，就职官设置的总体情况而言，清代山西长城沿线地方行政

---

① （清）黎中辅：《大同县志》，第118页。
② （清）黎中辅：《大同县志》，第119页。
③ （清）李翼圣原本，余卜颐增修，兰炳章增纂：《左云县志》，第178－179页。
④ 山西省广灵县志编纂委员会：《广灵县志》，北京：人民出版社，1999年版，第408页。
⑤ 张焯：《云冈石窟编年史》，北京：文物出版社，2006年版，第358页。

51

体系和传统的地方行政体系具有一致性。一是，正印官和佐贰官分属于两个行政运作体系。佐贰官，不是一个常设的、普设的官职。佐贰官有自己的衙署和具体分管的事务，不是正印官的下属职能部门。二是，州县正印官独任制度，使得胥吏、差役承担了几乎全部的行政事务，由此，也引发了职能的缺位和吏治的腐败。

在服从国家整体局势为主的情形下，山西长城沿线各府州县的行政管辖范围和职官设置也适当根据所处的地理位置和实际需要进行了相应的调整。清初山西长城沿线实行宣大总督和大同知府共管的体制。大同与朔平没有分治之前，管理粮草和兵马供应的西部粮饷同知一职，作为大同府的佐贰官存在。朔平府设立之后，朔平承接了大同在西北部的军事职能，粮捕同知一职设驻于朔平府。之后大同虽然设立粮捕同知，却驻扎阳高。同时为了适应对口外蒙汉杂居之地的管理，在丰镇、宁远设立理事同知。朔平地处中原通往蒙古的交通要道，西路粮饷同知、杀虎口户部抽分和杀虎口驿传道一直由满蒙官员担任。

第二章

社会结构：边民的常态化

明代长城沿线征战不断，地方社会结构若以职业而论，军户占据了大部分比例。明蒙关系的时好时坏，使得边民很难进行稳定的生产，时而充军，时而为民，间或小商小贩游走于边界之间。谢肇淛在《五杂俎》中谈到了明代长城沿线的社会结构，认为"燕云只有四种人多：阉竖多于缙绅，妇女多于男子，娼妓多于良家，乞丐多于商贾"。明代大同为代王藩封之地，宦官多于缙绅、妇女多于男子不足为奇。在战争与冲突中，普通军户之家男子多有伤亡，留有随军屯垦的妇女也是正常状况。边界之地往往又是鱼龙混杂之所，自然也不乏妓女和乞丐混迹其中。清雍正时期裁卫为县，民众的生活和生存状态开始向常态化发展。以守战为主的生存方式宣告终结，取而代之的是亦耕亦牧、亦农亦商，间或作工、耕读传家的生存模式。

清末民初长城沿线经济结构发生了明显的变化。大同、朔州二城商业开始逐步兴起，出现了传统经济模式和新兴产业经济相结合的局面。经济结构的改变，使社会结构也发生了变化。大同，"社会分为二等，曰上等社会，下等社会。上等社会为士、为农、为工、为商。凡学界、政界、法界、军界、警界统名为士。农业、水利、蔬圃、森林、蚕桑、瓜果总名为农。皮业、米局、面店、铜铺、银楼、金局、泥匠、木匠、铁匠、油酒果饼、缝纫纺织统名为工。布业、当铺、银行、公司、纸张、绸缎、洋货、山货、药材、杂货，凡属营业皆名为商。四等人民均在上等社会中。……下等社会为市井之寄乱小贫民及夫役、乐户"①。虽然，这是民国初期时人对于大同社会等级的具体阐释，但是，地方社

---

① （民国）厉时中：《大中华大同地理志》，第42页。

会的成长是一个缓慢孕育的过程，从士农工商从事的具体行业中可以略见清代山西长城沿线的社会构成和民众的生存状况。

本章主要以社会结构中的城乡人口结构为中心，探讨清代山西长城沿线的社会构成与常态化运行。具体包括：军户群体的分化、八旗和绿营官兵的生存状况；卫所向村落的转化、农业生产范围的拓展、农人面临的生存环境和生计选择；城镇的类型与分布、城镇的商业和商人生活状况等。

第一节 军户、官兵及其生存状态

一、明末清初的军户

明代山西长城沿线为九边重镇大同镇的辖区。作为九边重镇之一，大同镇屯集了大量的军队，"云中为山右重镇。昔日镇城环之以二十三营路，星罗棋布。而云城居中而驭外，虽与平阳相为犄角，然山川之雄健、关隘之险阻，甲于西北，故云中之兵亦倍于南镇"①。据《三云筹俎考》记载，大同镇的驻军编制为90966人，战马31785匹，还不包括增援部队和临时招募的士兵。明蒙之间战争最紧张的时期，大同的驻军曾达到13万人，时有"大同士马甲天下"之称。万历年间，户部尚书李汝华给官兵请赏的奏报中提到，"大同镇官军八万四千五百三十七名"②，而这一数字并不包括支援辽东战事的兵士。

按照明代兵制，驻防大同的为军户，即一种军役职业群体。军户，一方面要承担繁重的军役，同时还要支应"里甲""均徭"。"卫所军家缴纳的子粒比州县从民户（这里所说的民户包括卫所军家在原籍的军户）征得的税粮要重得多。"③ 军户从其开始驻防之时就逐步地向其他职业群体分化。不过在明蒙紧张的战争和军队纪律的约束下，军户分化的状况不是特别明显。

---

① （清）黎中辅：《大同县志》，第320页。
② 李锋等：《明实录大同史料汇编（下册）》[M]. 北京：燕山出版社，1999年版，第1201页。
③ 顾诚：《卫所制度在清代的变革》，《北京师范大学学报》，1988年第2期。

>>> 第二章 社会结构：边民的常态化

明末清初的王朝更替，军户哗变、逃亡和死伤事件时有发生。万历四十七年（1620）十月，大同总兵焦垣带领的八百名援辽士兵，"至怀安城，夜哗，城几不测"①。崇祯十四年（1641），右玉一带，"军民动辄鼓噪，盗贼所在窃发"②。朔州一带，"平定之初土著寥寥，生息无几，世被边患。自明季迄我国初复罹兵燹，十仄八九"③。对于山西长城沿线地方军户群体挫伤最大的是姜瓖反清事件。一部分军户在战乱中丧生，更多的死于清军屠城。大同城中，何氏军户"家居者靡有孑遗矣"④。类似的还有其他边堡，左卫城，清初遭屠戮之后，"其所遗者不过中心街衢居民数百户而已"⑤。

入清以后，国家以行政手段直接推动旧的军户群体解体。顺治初年，革去山西长城沿线军户群体上层的世职。"洪武初，置大同所属卫、所、指挥、千、百户、镇、抚、总、小旗共八百九十一员。顺治三年，尽革世职。卫之掌篆者由部推，并每卫推千总一二员。"⑥ 顺治十一年（1654），裁卫设县直接化军为民。"裁山西振武卫右中前后四所、镇西卫左右中前后五所、太原左卫中前后三所、太原前卫右中前三所、汾州卫左右中后四所、潞州卫右中前后四所、平阳卫左右二所，又裁汾州卫前所百总一员、太原右卫守备及五所千总。"⑦ 不过，清初山西长城沿线卫所没有大规模裁并，仍留有一定的军户。直至雍正三年（1725）裁卫设县，山西长城沿线地方卫所军户直接变为民户。"设山西朔平、宁武二府。改右玉卫为右玉县。左云卫为左云县。平鲁卫为平鲁县。并割大同府属之朔州、马邑县。俱隶朔平府管辖。改宁武所为宁武县。神池堡为神池县。偏关所为偏关县。五寨堡为五寨县。俱隶宁武府管辖。改天镇卫为天镇县。阳高卫为阳高县。移原驻阳高通判驻府城。俱隶大同府管辖。改宁化所为巡检司。隶宁武县管辖。朔平、宁武、各设知府一员。宁武府、设同知一员。右玉等九

---

① 李锋等：《明实录大同史料汇编》（下册），第1197页。
② （民国）陈廷章修，霍殿鳌纂：《马邑县志》，第295页。
③ （清）汪嗣圣、王霨：《朔州志》，第364页。
④ （清）黎中辅：《大同县志》，第329页。
⑤ （民国）高鼎臣：《左云县乡土志》，左云县县志编纂办公室翻印本，1992年，第458页。
⑥ （清）胡文烨：《云中郡志》，第229页。
⑦ 《清实录》，第2176页。

55

县，设知县九员，典史九员。宁武设巡检一员。裁太原府中路西路同知二员。右玉等卫守备十员。宁武等所千总十三员。"①

通过以上探讨，可以看出清代山西长城沿线旧军户群体在国家政令的推动下逐步住籍为民，成为地方社会的主要构成部分。但化军为民，并没有使军事职业群体退出长城沿线一带。驻防山西右玉的八旗、绿营兵丁，在国家政策的支持下繁衍生息，成为长城沿线驻防地新的军事职业群体。②

二、八旗官兵的生存状态

（一）山西右卫八旗驻防之始

八旗驻防右卫，究其原因是为了防范来自西北蒙古各部的威胁。清顺治朝至康熙帝开始统治的最初二十年，清廷本身的势力还不够强大。在对待蒙古部族的政策上，已经归附的蒙古部族，主要是怀柔和融合，对于尚未归附的西北各部，则是"中立"。"噶尔丹侵青海，如远从达布素瀚海往，则听之。若经大草滩，则令坚立信约，勿扰内地。"③ 康熙二十五年（1686），清廷的态度随着青海的和罗理的归顺发生了改变，决定加强对漠西漠北蒙古的治理：定议蒙古杀边民论死，盗牧畜夺食物者鞭之，私入边游牧者，台吉、宰桑各罚牲畜有差，所属犯科一次，罚济农牲畜以五九。④ 在平定了噶尔丹叛乱之后，康熙开始用大清法制来约束蒙古各部，"喀尔喀全部内附，封爵官制宜有更定，且降众数十万错处，应示法制，俾遵守"⑤。从以"勿扰内地"为原则，到"示法制"，清廷逐步加强了对蒙古各部的管理和控制。具体行动上表现为，在蒙汉交接之地的右卫驻防八旗兵丁。如此，在西北有战事时，则能迅速出兵，内地有叛乱行为时，也能加以控制。

右卫原为清廷军需供应之处，地处要冲，在救济灾荒、军粮补给中占有重

---

① 《清实录》，第6349页。
② 张月琴：《边疆内地化进程中军户群体对社会结构的影响》，《山西师大学报》，2015年第5期。
③ 包文汉整理：《清朝藩部要略稿本》，哈尔滨：黑龙江教育出版社，1997年版，第133页。
④ 包文汉整理：《清朝藩部要略稿本》，第138页。
⑤ 包文汉整理：《清朝藩部要略稿本》，第52页。

要地位。康熙二十八年（1689），"喀尔喀信顺额尔克戴青等六台吉所属之人、饥馑难以度日。应遣官将杀虎口仓内所贮之米给发"①。康熙二十九年（1690），在追击噶尔丹时，上命"运杀虎口仓粟，赴都统额赫纳等军前"②。康熙三十一年（1692），户部尚书马齐、兵部尚书索诺和勘察西北警情，在回复此事的奏折中，马齐鉴于杀虎口在蒙汉交通中的重要性，提出在杀虎口城中驻军的建议，以此缓解归化城的军事压力，并将"杀虎口外迤北五十里、东西五十里内、所有熟荒地亩近者给兵远者给大臣官员"③。议政王大臣的议覆中，认为"归化城之浑津巴尔哈孙无城，右卫见有城，且近归化城，大宜驻兵。……右卫城内所有民房，俱给价购买，安插官兵"④。康熙帝认为将右卫城内的居民移至城外，会给百姓带来不便，若照常居住，营造官兵房屋，又恐城内难容。于是，在城外另建满城驻兵。

八旗军兵，作为一种常驻地方的职业军，有专门的城池，授以田地、草场，平时驻牧、耕田，战时出征。在康熙帝让朝臣考察归化城的驻防问题时，朝臣们对于城池的选址提出了两种方案：一选择归化城附近的右卫城，二在归化城浑津村巴尔哈孙旧城的基址上进行展筑。浑津村巴尔哈孙没有城池、只有基址，所以选择了右卫城。朔平府城，"明洪武二十五年初设定边卫，筑城未几，卫省。永乐七年复设大同右卫，筑完。正统间以边外玉林卫附入为右玉林卫。嘉靖四十五年重修，万历三年砖包，周九里八分，高连女墙四丈二尺，润三丈五尺。国朝康熙年间两次重修。雍正三年省右卫置朔平府右玉县附郭，七、八、九三年重修，内土外砖，墙垣四门楼三，角楼西南角缺，敌台二十八，垛口五百六十四，守铺八，门四，东和阳，南永宁，西武定，北镇朔，门外各有月城，西月城近河新修，南有关厢，南北东门外有八旗营房。城内驻扎将军都统府县参守等官及镶黄正黄两旗官兵，为关外重地"⑤。

---

① 《清实录》，第4431页。
② 《清实录》，第4459页。
③ 《清实录》，第4597页。
④ 《清实录》，第4597页。
⑤ （清）刘士铭修，王霨纂；李裕民点校：《朔平府志》，第163页。

(二) 八旗驻防官军的生存状态

八旗驻防官军,主要分成驻防长官和军士两大部分。八旗驻防长官最高为将军,全称为"钦命镇守朔平等处地方辖满洲蒙古汉军八旗官兵建威将军"。右卫将军,从康熙三十一年(1692)十二月设置,到乾隆二年(1737),调迁于绥远城。随之,右卫驻防城降格为副都统所领。先后共八位将军到任(表2-1-1)。将军之下的八旗官员主要有左翼护军统领、右翼护军统领、左翼副都统、右翼副都统、左翼汉军副都统、右翼汉军副都统等。

表2-1-1 历任右卫建威将军①

姓名	籍贯	始任时间	备注
郗佛	正红旗满洲	康熙三十三年	自京擢用
费扬武	正白旗满洲	康熙三十四年	内大臣安北大将军兼摄
费扬古	正蓝旗满洲	康熙三十五年	由右卫左翼护军统领擢补,后封辅国公
觉罗延寿	镶黄旗满洲	康熙五十七年	由归化城副都统擢补
乌礼布	镶红旗满洲	雍正二年	由右卫右翼护军统领擢补
申慕德	正黄旗满洲	雍正四年	由奉恩将军在京镶红旗满洲都统放补
岱林布	不详	雍正十三年	乾隆元年改为江宁将军
旺昌	不详	乾隆元年	由参赞大臣调任,乾隆二年调驻绥远城

《清史稿》中认为将军的职责是,"镇守险要,绥和军民,均齐政刑,修举武备"②。镇守地方是将军的根本职责。这也符合八旗驻防的初衷。从右卫将军的全称也可以看出,将军的主要职能有二:镇守地方和教养官兵。

八旗驻防,名义上是源于各地土贼窃发,但最主要的根源是平定三藩之乱后,康熙帝清楚地认识到八旗兵和绿营兵对于国家的忠诚有着根本的差别:"凡

---

① 本表依据《朔平府志》和《清实录》相关记载绘制。
② 赵尔巽:《清史稿》,北京:中华书局,1976年版,第3383页。

地方有绿旗兵丁，不可无满兵。满兵纵至粮缺，艰难困迫至死，断无二心。若绿旗兵丁，至粮绝时，少或窘迫，即至怨愤作乱。"① 此语也证实了在康熙帝心目中，"八旗满洲系国家根本"②。于是为了巩固大清的统治，将八旗兵分驻各地。驻防右卫的八旗兵主要是加强对西北蒙古的主动防御，以便有警时迅速地出击。

教养官兵是将军的基本职责。康熙朝《清实录》中曾对将军一职的职责作了记述，"将军之职，以训练军卒，选阅武弁为要"③。嘉庆帝时，更是颁布《御制将军箴》，对驻防将军的职掌做了全面的阐释："将军之职，与古迥殊；八旗禁旅，生聚帝都；日增月盛，分驻寰区；星罗棋布，奕祀良模；旧习常守，汉俗勿趋；国语熟练，步射驰驱；先养后教，心洽诚乎；训尔营队，巩我皇图。"④

八旗官军的收入，分为额定收入和实际收入两种。额定收入即俸禄，是官员们的基本收入。实际收入包括俸禄及其他收入，其他收入主要来源是马干银和封赏。若是建立军功还会获得额外的赏赐。

雍正《朔平府志》中记载驻防右卫八旗军官的额定收入为：

将军一员，每年俸银一百八十五两。每年俸米四十口，内粳米二口，粟米三十八口。粳米每口月支一半本色，一斗二升五合，一半折色，一斗二升五合，每斗折银一钱四分七厘。粟米计口多寡，月支一半本色，一半折色，每斗折银一钱五厘。

副都统二员，每员每年俸银一百五十五两。每员每年俸米三十五口，内粳米二口，粟米三十三口。粳米每口月支一半本色，一斗二升五合，一半折色，一斗二升五合，每斗折银一钱四分七厘。粟米计口多寡，月支一半本色，一半折色，每斗折银一钱五厘。又每员马粮二十名，每名月支银二两。康熙六十一年四月，奉文添设。

协领一十二员，每员每年俸银一百三十两。每员每年俸米三十口，内粳米

---

① 《清实录》，第5633页。
② 《清实录》，第5633页。
③ 《清实录》，第5097页。
④ 希元：《荆州驻防八旗志》，沈阳：辽宁大学出版社，1990年版，第17页。

二口，粟米二十八口。粳米每口月支一半本色，一斗二升五合，一半折色，一斗二升五合，每斗折银一钱四分七厘。粟米计口多寡，月支一半本色，一半折色，每斗折银一钱五厘。

佐领六十四员，每员每年俸银一百五两。每员每年俸米二十口，内粳米二口，粟米十八口。粳米每口月支一半本色，一斗二升五合，一半折色，一斗二升五合，每斗折银一钱四分七厘。粟米计口多寡，月支一半本色，一半折色，每斗折银一钱五厘。

防御六十四员，每员每年俸银八十两。每员每年俸米一十四口，内粳米二口，粟米一十二口。粳米每口月支一半本色，一斗二升五合，一半折色，一斗二升五合，每斗折银一钱四分七厘。粟米计口多寡，月支一半本色，一半折色，每斗折银一钱五厘。

骁骑校六十四员，每员每年俸银六十两。每员每年俸米一十二口，内粳米二口，粟米十口。粳米每口月支一半本色，一斗二升五合，一半折色，一斗二升五合，每斗折银一钱四分七厘。粟米计口多寡，月支一半本色，一半折色，每斗折银一钱五厘。

将军笔帖式四员，每员每年俸银二十八两。每员每年俸米一十二口，内粳米二口，粟米十口。粳米每口月支一半本色，一斗二升五合，一半折色，一斗二升五合，每斗折银一钱四分七厘。粟米计口多寡，月支一半本色，一半折色，每斗折银一钱五厘。

三等阿达哈哈番一员，每年俸银一百六十两。

拜他喇布勒哈番一员，每员每年俸银一百一十两。

拖沙喇哈番十一员，每员每年俸银八十五两。

以上袭职各员，每年俸米一十四口，内粳米二口，粟米一十二口。粳米每口月支一半本色，一斗二升五合，一半折色，一斗二升五合，每斗折银一钱四分七厘。粟米计口多寡，月支一半本色，一半折色，每斗折银一钱五厘。[①]

八旗兵丁的收入，据《朔平府志》载：

领催兵二百七十二名，前锋兵二百名，每名月支饷银四两。马兵三千三十

---

① （清）刘士铭修，王霨纂；李裕民点校：《朔平府志》，第533－535页。

第二章 社会结构：边民的常态化

二名，每名月支饷银三两。以上领催、前锋、马兵每名月支粟米十口，一半本色，一半折色，每斗折银一钱五厘。随兵一十一名，每名月支饷银一两。每名月支粟米三口三分，一半本色，一半折色，每斗折银一钱五厘。铁匠一百一十二名，每名月支饷银二两。每名月支粟米八口，一半本色，一半折色，每斗折银一钱五厘。①

以一名普通的马兵为例，说明一下驻防右卫的八旗兵的收入情况。马兵的月俸为银三两，另外还可以支取粟米十口。粟米一口为二斗五升，折合成银两为三钱七厘五分。粟米十口，就意味着收入增加三两七钱五分。一年中额定的收入为八十一两。若以在衙门办事的普通人员而论，相当于十二三名捕役或者是差役的收入。

除去俸禄之外，八旗兵丁每遇红白事，还会发放赏银。《晋政辑要》载："右卫领催、马兵等红事赏银五两，白事赏银八两，养育兵等红事赏银三两，白事赏银六两。"②

另外，旗兵可以喂养马匹，结余的马干银，可以作为收入的补充。据《朔平府志》记载：

原额马兵三千四名，新添马兵五百名。每名额设马三匹，旧例每名存城马一匹，发往马二匹。今俱存城。喂养草料，仍照发往支给。

每名存城马二匹，春冬二季月支二十日，折草四十束，每束折银二分七厘。月支豆九斗，内一半本色，豆四斗五升，一半折色，豆四斗五升。每斗折银八分五厘，每年四月支给六个月，每月十日本色。草一百二十束，每束折银二分七厘，预行采买。

每名发往马一匹，每匹春冬二季月支十日本色。草二十束，每束折银一分五厘，月支二十日折色。草四十束，每束折银一分五厘。月支豆九斗，内一半本色，豆四斗五升，一半折色，豆四斗五升，每斗折银八分五厘。

随兵一十一名，每名额设马三匹，俱存城。

每匹春冬二季月支二十日，折草四十束，每束折银二分七厘。月支豆九斗，内一半本色，豆四斗五升，一半折色，豆四斗五升，每斗折银八分五厘，每年

---

① （清）刘士铭修，王霭纂；李裕民点校：《朔平府志》，第533—535页。
② （清）海宁等辑：《晋政辑要》，卷六，满营俸饷。

四月支给六个月，每月十日本色，草三百六十束，每束折银二分七厘。预行采买。①

马匹，"存城者，本兵支领豆草，在各该旗喂养。发往则分发各州县喂养"，自雍正四年开始，发往喂养马匹折合成银两，一并由各州县征解藩库，同右卫兵饷一起，"于上年支请，次年四月以前照数支给"②。每名兵士虽然规定了额设的马匹数，但是并不一定按数实际喂养，马干银却是按数发放。多出来的马干银，可以补贴家用。驻防八旗的收入可谓可观。

驻防右卫的八旗官军其住房条件也比较优越。在驻防之初，兵马较多，右卫城中不能全部驻扎，将军府衙建在右卫城中央，镶黄、正黄两旗官兵驻扎在城内，其余分别驻扎在南门、北门、东门之外的营房之中。右卫城驻防官兵的住房情况如下：

设将军一员，衙署一所，坐落本城鼓楼西街路北。计房六十一间，内七檩房八间，五檩房三十七间，四檩房十三间，六檩房三间；狮子一对，旗杆二条，辕门牌楼二座，照壁一座，五檩围房四十三间。……副都统二员，衙署二所。一所坐落本城东街路北，计房二十间，内七檩房六间，五檩房十四间；一所坐落本城鼓楼西街路北，计房三十间，内七檩房六间，五檩房二十四间。……镶黄旗满洲、蒙古坐落本城东街，正黄旗满洲、蒙古坐落本城西街，正白旗满洲、蒙古坐落本城东门外，正红、镶红、镶蓝等三旗满洲、蒙古坐落本城北门外路西，镶白旗满族、蒙古坐落本城北门外路东，正蓝旗满洲、蒙古坐落本城北门外马营河北，镶黄、正黄、正红、正白、镶白、镶红、正蓝等七旗汉军坐落本城南门外路东，镶蓝旗汉军坐落本城南门外路西。所有各旗官兵衙署、房间，俱各随旗地面坐落。协领十二员，衙署十二所，俱各随旗地面坐落，每所各计七檩房三间，五檩房十五间。……佐领六十四员，衙署六十四所，俱各随旗地面坐落，每所各计七檩房三间，五檩房十二间。③

另外印房、库房、教场、税厅、班房、商铺、寺庙、学校、戏台、佛塔等

---

① （清）刘士铭修，王霨纂；李裕民点校：《朔平府志》，第549－550页。
② （清）刘士铭修，王霨纂；李裕民点校：《朔平府志》，第550页。
③ （清）纪昀等修；李洵等点校：《钦定八旗通志》，长春：吉林文史出版社，2002年版，第2016－2017页。

建筑设施，一应俱全。满洲、蒙古旗兵每名配置五檩额房四间，汉军旗兵每名配置五檩额房二间。

随着西北军事的稳定，国家防御力量北移，右卫的八旗兵逐步移驻归化城。至乾隆年间，右卫驻防八旗"共官十一员，兵三百八十名，马六百四十五匹。岁该俸饷等银二万四千六百三十六两一钱五分八厘，粟米五千六百八十九石六斗二升五合，料豆二千三十一石七斗五升"[1]。光绪年间，右卫驻防城仅设守尉1人，防御4人，骁骑校4人，笔帖式1人、兵丁380名。其中领催8名，马甲292名，养育兵80名。驻朔平府右玉县，统属于绥远将军。

三、绿营官兵的生存状态

驻防右卫的八旗兵丁是山西长城沿线在政治上、经济上享有特权的群体。同样是兵士，绿营官兵的生存状态则有不同。

（一）绿营兵

清代绿营兵主要驻扎于全国的城镇、关隘等交通要冲，形成一个严密的控制网络。在各地"随都邑大小远近，列汛分营，立之将帅，授以节制"[2]。绿营兵有着完备的层级体系：标、协、营、汛。驻防于大同的官军包括驻防官员和普通军士。军官包括总兵、副总兵、参将、游击、都司、守备、操守等。军士主要由马兵、步兵和守兵组成。

大同总兵官设置于顺治十一年（1654），驻大同府，"统辖本标三营及分驻之一协二十二营"[3]。顺治《云中郡志》记载清初大同"全镇官兵一万五十四员名"（表2-1-2）[4]。乾隆时期的《晋政辑要》记载，官兵数字为一万五千一百一十五名。这些数字和明代大同镇驻军数字相比有着明显的差距。据明嘉靖间进士霍冀统计："本镇原额马步官军十三万五千七百七十八员名，除节年逃故外，实在官军八万三千八百一十五员名，原额马五万一千六百五十四匹，除节

---

[1]（清）海宁等辑：《晋政辑要》，卷六，满营俸饷。
[2]（清）张廷玉等：《清文献通考》，卷一八二，兵考·四直省兵。
[3]（清）曾国荃、张煦等修，王轩、杨笃等纂：（光绪）《山西通志》，续修四库全书编纂委员会，上海：上海古籍出版社，2002年版，第246页。
[4]（清）胡文烨：《云中郡志》，第276页。

年倒失外,实在马二万三千一百七十七匹。"① 清代长城沿线各级驻军单位驻军人数较少。大同城驻军乾隆年间为2400人,道光年间为1699人。天镇,明代为军卫,"县城额定驻军960人"②;清初"天城营驻马步守兵128人,军站军55人"③。大同地方城镇堡寨驻军级别降低,驻军数目减少。

表2-1-2 清初大同镇常规驻军情况④

驻兵地点	职官驻兵	人 数	驻兵地点	职官驻兵	人 数
督标左营	中军副将	1	右协营	副将	1
	中军守备	1		中军守备	1
	马战兵	600		马战兵	490
	步战兵	400		步战兵	332
督标右营	游击	1	分守道标营	守兵	178
	中军守备	1		中军守备	1
	马战兵	600		马战兵	120
	步战兵	400		步战兵	80
左协营	副将	1	威远路	参将	1
	中军守备	1		中军守备	1
	马战兵	490		马战兵	90
	步战兵	332		步战兵	60
	守兵	178		守兵	150
阳和道标营	中军守备	1	右卫城		
	马战兵	120	云石堡	操守	1
	步战兵	80		守兵	100

---

① (明)霍冀:《九边图说》,明隆庆三年刊本,第147页。
② 天镇县史志办公室编:《天镇县村镇简志》,呼和浩特:内蒙古人民出版社,2005年版,第3页。
③ 天镇县史志办公室编:《天镇县村镇简志》,第3页。
④ 本表数据来源:(清)胡文烨:《云中郡志》。

续表

驻兵地点	职官驻兵	人数	驻兵地点	职官驻兵	人数
得胜路	参将	1	威虎堡	操守	1
	中军守备	1		守兵	100
	马战兵	90	破虎堡	操守	1
	步战兵	60		守兵	100
	守兵	150	杀虎堡	操守	1
宏赐堡	操守	1		守兵	100
	守兵	100	平鲁路	参将	1
镇川堡	操守	1		中军守备	1
	守兵	100		马战兵	90
镇边堡	操守	1		步战兵	60
	守兵	100		守兵	150
拒墙堡	操守	1	大水口堡	操守	1
	守兵	100		守兵	100
聚落城	守备	1	败虎堡	操守	1
	马战兵	12		守兵	100
	步战兵	8	阻虎堡	操守	1
	守兵	180		守兵	100
大同城	操守	1	井坪路	参将	1
	驿兵	100		中军守备	1
新平路	参将	1		马战兵	90
	中军守备	1		步战兵	60
	马战兵	90		守兵	150
	步战兵	60	应州城	守备	1
	守兵	150		守兵	200
天城城	守备	1	怀仁城	守备	1
	马战兵	28		守兵	100
	步战兵	8	山阴城	守备	1
	守兵夫站军	164		守兵	200

续表

驻兵地点	职官驻兵	人数	驻兵地点	职官驻兵	人数
守口堡	操守	1	马邑城	守备	1
	守兵	100		守兵	200
镇门堡	操守	1	将军会堡	操守	1
	守兵	100		守兵	100
镇宁堡	操守	1	乃河堡	操守	1
	守兵	100		守兵	100
瓦窑口堡	操守	1	西安堡	守兵	100
	守兵	100	威鲁堡	操守	1
平远堡	操守	1		守兵	100
	守兵	100	灭鲁堡	操守	1
助马路	参将	1		守兵	100
	中军守备	1	宁鲁堡	操守	1
	马战兵	90		守兵	100
	步战兵	60	保安堡	操守	1
	守兵	150		守兵	100
高山城	守备	1	破鲁堡	操守	1
	守兵夫站军	200		守兵	100

表2-1-3 明清山西长城沿线部分堡寨驻军状况对比表①

项目\堡寨	明代 驻军（人）	明代 马骡（头）	明代 军官	清代 驻军（人）	清代 马骡（头）	清代 军官
得胜堡	2448	1189	参将	286	160	参将、守备
宏赐堡	607	92	守备	61	8	把总
镇羌堡	1053	184	守备	32	6	把总

---

① 本表根据陈正祥《中国文化地理》（香港：生活、读书、新知三联书店，1981年版）、清道光《大同县志》和光绪《左云县志》制作。括号内为明代城堡名用字。

续表

项目 堡寨	明代 驻军（人）	明代 马骡（头）	明代 军官	清代 驻军（人）	清代 马骡（头）	清代 军官
镇鲁（虏）堡	245	47	守备			裁撤
镇河堡	333	7	守备			裁撤
镇川堡	679	70	守备	69	5	把总
拒墙（羌）堡	420	30	守备	73	5	把总
拒门（蒙）堡	487	20	守备	40		把总
助马堡	643	30	参将	240		参将、守备
破鲁（虏）堡	320	29	守备			裁撤

（二）官兵的收入和住房条件

驻防大同地方的军官，其收入主要分成额定收入和其他收入。

额定收入来自国家的俸禄，包括俸薪和养廉银。关于绿营兵的军饷，据《晋政辑要》载，乾隆五十二年大同镇官兵的俸饷："属共官三百一十九员，兵丁一万五千一百一十五名，马四千一百二十七匹。每岁共该俸饷米草折马干等银三十一万一百六十两六钱七分一厘，米四万九千八百八十二石四斗一升七合四勺，豆四千五百六十八石四斗。"[1] 不论官、兵，平均每人每年薪俸为二十两。八旗官军的平均收入为六十三两，是绿营兵的三倍还多。绿营兵的俸薪已经很低，还会以朋扣的名义，扣除一定的数额。"查晋省各营除总镇不扣朋银外，副将以下，千把总以上，各官每月扣银二钱，马兵扣银一钱，步战兵扣银五分，守兵扣银三分，于领饷时照数扣存司库。"[2] 若每月扣二钱，十二个月就会扣除二两四钱之多。

以普通军士中的马兵而论，每年收入为二十四两，如果扣除朋扣银一两二钱，仅为八旗马兵的四分之一多一点。额定收入差距如此之大，更不能谈及其他额外收入。至于红白喜事的赏银，绿营兵也不及八旗兵。绿营兵遇到直系亲

---

[1] （清）海宁等辑：《晋政辑要》，卷六，绿营兵饷。
[2] （清）海宁等辑：《晋政辑要》，卷七，朋扣银两。

67

属的红白喜事，仅仅相当于八旗兵的养育兵，即白事六两，红事三两。

关于绿营兵的住房条件，按照乾隆《大同府志》记载，每名塘汛兵、铺兵住房一般为两间。只有部分驻防兵住房较为宽松。浑源州王家庄铺，"外委一员，步兵四名，守兵二名"，共有"营房二十四间"。① 而且，在一些偏远地方，绿营兵也常常是携带家眷一起戍守。杀虎口至绥远城，二百二十里，一路旷野，为了防止"奸宄出入"，"请于大路设汛拨三十六处，每处设马兵三名，步兵三名，照内地冲汛之例，挈眷久住巡防"②。

通过以上对于山西长城沿线的驻军及其生活状况的分析可以看出，清代长城沿线的驻军规模和民族成分都有了很大的变动。关于职业军人的民族成分，虽然缺乏更多的资料去考证，但是从相关的文献来看，明代汉族和回族职业军人是存在的。入清以后，随着卫所的归并和裁撤，旧的职业军人逐步演变成农商兼营的普通民户，逐步淡出了国家防卫的视野。与此同时，八旗兵丁在国家安危的防卫上开始承担起重要的责任。

第二节 卫所、村落和社会结构

"明代都司、卫、所之建置，本纯为军事之性质，军士皆为世籍，征调则属于诸将，事平则散归各卫，多以屯垦自给，初与普通行政区划不相涉也。其后边境屯防制度日渐破坏，军士人民漫无区别。"③ 通过本章第一节论述可以看出，清代裁卫设县之后，大量军户逐步融入地方社会，改变了驻地的社会结构。加之，清代长城一线已不是重要军事防线，"各卫、所、堡及地方官屯，因长期无战事，务农日多，种地日久，户籍日繁，名虽军籍，实与民无异"④。长城沿线军事移民社会趋于解体，社会结构开始逐步向常态化演变。

---

① （清）吴辅宏修，王飞藻、文光校订：《大同府志》，第317页。
② 《清实录》，第10164页。
③ 顾颉刚，史念海：《中国疆域史沿革》，北京：商务印书馆，1999年版，第194页。
④ 左云县县志办公室编：《左云县县境政区村落演变资料》，太原：山西人民出版社，1993年版，第10页。

一、从卫所到村落

在探讨清代长城沿线村落的社会结构之前，首先需要了解和把握村落的历史和演化情况，进一步明确由边地向腹里转化过程中社会结构向常态化运行的背景。山西长城沿线村落不可能一一论及，下面结合笔者掌握材料，以天镇县为例作一探讨。

（一）天镇建置沿革

天镇，"战国时为赵国延陵邑，秦置延陵县。西汉属阳原、延陵二县。东汉归当城县延陵乡。三国和晋时，匈奴占据。北魏属畿内地，有和堆、石虎、琦城。隋设云内县，唐置天成军。宋初契丹占据，遂属辽金之地，设天成县。元朝因袭。明初，改立天成卫，洪熙元年（1425年）迁来镇虏卫。清顺治三年（1646年）合天成、镇虏卫为天镇卫。雍正三年（1725年）改制天镇县"①。

明代以前天镇行政区划不甚明确。据明正德《大同府志》记载，正德年间有天成、镇虏两卫，天成卫下辖60个百户，43个堡寨；镇虏卫有58个百户，26个堡寨。清初天成、镇虏二卫合为天镇卫。雍正三年改制设县，"下辖5都11里"②。乾隆年间有"361村4号"③。光绪年间天镇县属村落基本和乾隆年间相近，但是有"杜家庄、向家庄、陈家窑、培风堡、油坊湾、背坡窑、摩天岭、柳家寺、杏核嘴、右丰窑、郅家窑子、南沙洼、王家墩、歇马梁、三官庙15村已名存实亡"④。民国七年（1918），天镇县"设4区48编村4编街，辖273个属村，共自然村344个"⑤，民国二十三年（1934）又变为"4区4街106个主村，171个附村，计自然村344个"⑥。

（二）村庄的历史及其演化

仔细剖析天镇每一个村落形成的历史，有的村落历史悠久，至少在战国时期即已存在，如新平堡村。有的是明代洪洞移民站移民迁入，渐成村落，如：

---

① 天镇县史志办公室编：《天镇县村镇简志》，县情概述，第1页。
② 天镇县史志办公室编：《天镇县村镇简志》，县情概述，第1页。
③ 天镇县史志办公室编：《天镇县村镇简志》，县情概述，第1页。
④ 天镇县史志办公室编：《天镇县村镇简志》，县情概述，第1页。
⑤ 天镇县史志办公室编：《天镇县村镇简志》，县情概述，第1页。
⑥ 天镇县史志办公室编：《天镇县村镇简志》，县情概述，第1页。

滹沱店村。有的是清代天镇本地人到尚未垦殖的地方开荒种地，后形成村落。如：三道梁村。有的则是繁荣于近代铁路的修筑或者手工业发展之后，如：谷前堡村。不过，从总体上看大部分村庄是由军事卫所或者是烽火墩兵驻守之地转化而来的。从卫所到村落是清代内长城沿线村落形成的一个重要史实，也是一个突出的特征。下面从分析清代雍正三年（1725）裁卫设县之后天镇城堡、卫所、村落的演化情况开始，以进一步理解长城沿线社会结构变化的具体背景。

天镇在立县之前分属天城、镇虏二卫。天城卫，"元天城县，洪武四年五月改属大同府，县寻废，二十六年置卫。镇虏卫亦二十六年二月置，永乐元年徙治北直畿内直隶后军都督府，宣德元年还旧治，正统十四年徙治天城卫城，与天城卫同治"①。天城卫下辖39寨堡（如果将米薪关、上畔庄、方城、猫儿庄计算在内，应为43个），镇虏卫下辖26寨堡。天镇一地，在明代属大同东路，"明初止设卫所，以置军屯，隶行都司。嘉靖二十五年始设新平路分守参将，驻新平堡四十四年复移东路参将驻天城，分辖城堡，专理兵事，统以阳和道"②。若以其时天镇地方堡寨而论，还应当包括归属新平堡管辖的四堡：新平堡、平远堡、保平堡、桦门堡。

下面看一下清代至民国天镇部分城堡、军屯的居民情况（表2-2-1）。

表2-2-1 天镇城、堡、军屯人口对比表③

城堡名称	明代	清代		民国初年（或1949年）
	驻军	驻军	居民	居民
永嘉堡	307人		168户，1190人	250户，1300人
瓦窑口堡	452人	79		
镇门堡（白羊口村）	302人		55户，300人	65户，287人
新平堡	1642人	201	484户，约3400人	440户，1967人

---

① （清）洪汝霖、杨笃：《天镇县志》，第428页。
② （清）洪汝霖、杨笃：《天镇县志》，第428页。
③ 本表数据来源王士琦：《三云筹俎考·险隘考》，明万历年刊本；天镇县志史志办公室：《天镇县村镇简志》。

续表

城堡名称	明代 驻军	清代 驻军	清代 居民	民国初年（或1949年）居民
平远堡	673 人		105 户，756 人	134 户，601 人
保平堡	321 人		29 户，210 人	38 户，165 人（1949 年）
桦门堡	297 人			
鲍家屯堡		汛兵 5 人	45 户，约 310 人	145 户，830 人
二十里铺		汛兵 10 人	15 户，100 人	147 户，990 人
水桶寺堡				310 户，1100 人
萧墙堡			63 户，约 400 人	89 户，370 人
石羊庄堡			79 户，550 人	99 户，400 人
阴山下堡（下阴山村）			25 户，150 人	53 户，232 人
谷家堡（谷大屯村）			90 户，600 人	150 户，611 人
姜家屯堡（姜前屯村）			57 户，200 余人	68 户，303 人
阴山上堡（上阴山村）			101 户，720 人	149 户，678 人
卞家屯堡			91 户，650 人	130 户，540 人
东马坊堡			42 户，250 人	46 户，230 人
米薪关			50 户，300 人	72 户，336 人
上畔庄			35 户，210 人	30 户，141 人
十里铺堡			43 户，200 余人	67 户，283 人
萧家屯堡（肖家屯村）			80 户，560 人	81 户，477 人
张家庄堡			27 户，140 人	75 户，351 人
王进堡			51 户，300 余人	84 户，464 人

从上述城镇堡寨在清代的情况来看，清代天镇作为"极边"的状况已经不

存在。永嘉堡、瓦窑口堡、新平堡、平远堡、保平堡和桦门堡等堡在明代为军士驻地，新平堡为参将驻地，平远、保平、桦门等堡为新平参将下辖堡寨，永嘉堡和瓦窑口堡归大同东路管辖。清代这些军事城堡的驻军规模明显降低。按照顺治《云中郡志》记载清初新平堡驻参将1员、中军守备1员、马战兵90名、步战兵60名、守兵150名，共计官兵302名。有城堡在失去了其军事功能之后，被逐渐废弃，如桦门堡，"堡址在海拔1735.9米处的梁坪上，明万历九年（1582）筑堡，十九年（1591）包砖，堡为长方形，开东门，周长7分余，高3丈9尺8寸。南北长130米，东西宽55米。东墙筑瓮城，南北长45米，东西宽40米"①。顺治年间，桦门堡仅驻汛兵。民国时期桦门堡没有驻军也没有居民。表中所列鲍家屯、二十里铺等村庄原为明代军屯地。清代只有部分处于交通要道的军屯地驻有汛兵，其余则不见驻兵情况。

裁卫设县后，有的军堡、军屯地逐步发展成为村落，如镇门堡、上畔庄。镇门堡现名白羊口村，"明万历年间称镇门堡，驻大同镇东路旗军302人，马16匹"②，顺治十一年（1654）前，"仍由操守管理，守墩台20座。之后撤驻军，归百户管理。雍正立县后村内设甲，甲长主村事，内分4牌，牌有牌头"③。民国初白羊口村为附村，"设4个闾，有村副1人，闾长4人"④。上畔庄，"明初为军事戍堡，设操守，后为屯垦堡寨之一。嘉靖年间堡内设堡长，下设队长，组织民壮战时为伍，平时农耕。清初，纯为民堡，设甲"⑤。

有的城堡逐步发展成为周边村落的经济贸易中心。如明代新平路参将驻地新平堡。新平堡，"清朝以来，仍留有和边外贸易的传统，为方圆数十里商品贸易集散地。堡内七成人家经商，乾隆年间，仅牙税银定额收缴10两6钱，为全县第一。雍正九年（1731），仅当铺就4家。清末民国年间，堡设商务会。较大的布庄、棉布杂货铺有义记（刘氏）、永厚德、吴记布庄、兴隆长、日昇成（吴氏）、忠源永（郝氏）等，绸缎庄有合义源（侯氏）。干货铺有源远德（郝氏）、

---

① 天镇县史志办公室编：《天镇县村镇简志》，第2332页。
② 天镇县史志办公室编：《天镇县村镇简志》，第394页。
③ 天镇县史志办公室编：《天镇县村镇简志》，第399页。
④ 天镇县史志办公室编：《天镇县村镇简志》，第399页。
⑤ 天镇县史志办公室编：《天镇县村镇简志》，第672页。

王记干货铺等。药铺有刘药铺、吴药铺、云集堂"①。

除了军事城堡和军屯地演化而成的村落之外，还有一些地方明代只有烽火墩兵驻守或者余丁垦殖，裁卫设县之后居民逐渐增多也发展成为村落。如榆林口、董家沟。榆林口，"明初，至少设边墩1个，驻军7至10人。居民状况不知。嘉靖年间，由镇宁堡操守领兵且管民事。万历年间，有蒙古部落俺答率5000人，从正沟'拆墙而入'，抢掠甚重。清时，村内设甲，甲长主村事。乾隆年间下设5牌，有5个牌头。同治年间，个别户在山中种罂粟，光绪初禁绝。民国初年为附村，属水磨口主村，有5个闾约23个邻。18年（1929）后为主村，有村长1人，村副2人，闾长5人，村警1人。"②董家沟，"明代有余丁屯垦。清初为村，余丁为平民。民国初村内设甲，有甲长1人，还有牌头1人"③。

雍正三年（1725）裁卫设县之后，山西长城沿线地方进入了相对平稳的发展阶段。在随着人口增加，在原有的村落之外，又逐步开拓出一些新的村落。这些村落可以分为两类型：一类是富户庄子，一类是移民村落。

富户庄子一般以窑或者是伙房命名。窑指其住地为名，伙房意味着初时只有临时搭建的做饭房屋。大多数庄子中，只有临时为了种地搭建的窝棚，耕种土地的民人春天播种时候来，秋收后即回原住地。如下湾村，立县后该地"建有临时种地瓦舍三间，俗称王家伙房。道光年间同堡逯发隆购入是村部分耕地，始于正沟建屋立村，称逯家湾"④。任家窑村，"咸丰年前，为石羊庄任姓庄子。由庄主任氏主村事，仅为农忙时伙房。后任氏将庄子转卖给本村贺氏。张四子流落为贺氏佣耕，其妻帮锅，仍为庄子。道光初年，张四子艰苦自立，以300吊小钱买贺氏鱼洼山12亩耕地，又以60吊小钱买贺家山泉1眼。民国7年为附村，仍属羊石庄。村内无行政设置"⑤。后来随着种地民的人口增多和土地归属的变化逐步建房盖屋住了下来，慢慢庄子也成了村落。（表2-2-2）

---

① 天镇县史志办公室编：《天镇县村镇简志》，第2194页。
② 天镇县史志办公室编：《天镇县村镇简志》，第341页。
③ 天镇县史志办公室编：《天镇县村镇简志》，第1438页。
④ 天镇县史志办公室编：《天镇县村镇简志》，第1948页。
⑤ 天镇县史志办公室编：《天镇县村镇简志》，第872页。

表 2-2-2　《天镇县村镇简志》所见庄子①

庄子名称	时间	简况
刘家沟村	同治年间	阳原县井氏庄子
西赵家窑村	同治、光绪年间	下罗窑刘氏庄子
东化林村	同治至光绪初年	谷大屯吕氏庄子
西阳坡村	乾隆年间	天镇城赵家庄子
东阳坡村	同治年间	天镇任家全庄子
韩家梁村	嘉庆年间	谷大屯耿家庄子
盆儿窑村	清末	县城商户"德恒兴"为庄主之一
西化林村	清中叶	阳原县景家庄子之一
大烟村	乾隆年间	安小屯安家庄子
丁袁窑村	清初	丁家烟村丁姓庄子
下湾村		永嘉堡王姓庄子
榆林沟村		白舍科田姓庄子
贾家山村	清末	县城任家庄子
刘家房村		新平堡富户庄子
四方墩村	光绪以降	新平堡吴家庄子
达家窑村	光绪年间	天镇城任姓庄子
狼窝沟村	光绪三十一年（1905）	永嘉堡董氏庄子
碾儿岭村	清末民初	天镇城任姓庄子
拐子沟村	光绪年间	怀安县阎家沟王姓庄子
平远头村	清初	平远堡大户庄子
石家庄村	光绪五年（1879）	陆家窑武举任润庄子
三道梁村	同治年间	县城董家庄子
崔家窑村	光绪初年	天镇任家的"半个庄子"
东长砑村	清末	为富户庄子
鸡窝沟村	清末	张姓家庄子

---

① 本表依据天镇县史志办公室编：《天镇县村镇简志》相关记载绘制。

续表

庄子名称	时间	简况
魏家窑村	光绪年间	水桶寺曹家庄子
王家山村	光绪年间	西沙河村高存善庄子
杨家屯村	乾隆年间	慈云寺庄子之一
任家窑村	咸丰年间	石羊庄任姓庄子
盛家堡村	光绪年间	南河堡村吴克义、天镇城耿忠庄子
张本窑村	乾隆年间	孤峰山张氏庄子
西罗窑村	明代	天城罗氏庄子
孙家嘴村	光绪年间	为半庄子村
崔家山村	清初	永嘉堡王家庄子
罗老庄村	康熙后期	天镇城罗家庄子
罗家沟村	清末民初	阳原县西城王家庄子
鱼儿洼村	清末	将军庙王广云庄子
罗下庄村	乾隆年间	天镇罗家庄子
赵家山村	民国初年	庄子
刘家山村	道光年间	永嘉堡王姓，绰号三侉子的全庄子，后转卖天镇城任齐为庄子。

当然这些庄子也并不是同军事毫无关系，有的村庄在成为庄子之前，确切地说在明代，有烽火墩兵驻守。如：西罗窑村，在明代称罗桂庄，"有明一代，有守烽火墩兵士至少3-5人或家属3-5户居住"[1]。

除了庄子之外，还有一些军地、驻牧场、山林地、寺庙地、采石场逐步有移民迁入成了村落。如：田家湾，"清初为军地，后为宣家塔周家的耕地。咸丰年间有县城马姓来村佣耕，不久，白舍科田姓迁入并购得村内大片耕地，遂称田家湾"[2]。吴家湾村，原是朱家沟村袁姓地主山林，"道光二十五年前后护林长工定居于此，渐成村落，名吴家湾"[3]。曹家湾，"道光年间，由常胜山村曹

---

[1] 天镇县史志办公室编：《天镇县村镇简志》，第1066页。
[2] 天镇县史志办公室编：《天镇县村镇简志》，第2107页。
[3] 天镇县史志办公室编：《天镇县村镇简志》，第1900页。

彬在村址搭屋看树木，后举家迁入，遂称曹彬湾，后来称曹家湾"①。贾家山村，"最初为寺院管辖"，"寺院废毁为邻村朱家沟栖牧耕殖"，"清末转为县城任家庄子"②。石场沟村，修城修庙采石场地之一。"光绪年间，有孙姓1户，在此佃种宋家的庄子地100余亩。民国初年有广昌县刘姓母子3人，从三道梁迁入是村，租种县城任家土地。斯时，是村属三里屯附村"③。

（三）民众对农业生产方式的认同

以上对天镇县村落在清代至民国时期的演化历程作了分析，可以看出裁卫设县之后，山西长城沿线的军堡逐步转为民堡或者是村落，人口的增加又促使村民寻求新的土地去耕种，在原有的村堡之外形成了新的村落。在此过程中，农业成为民众的主要生产方式，农业生产范围得到拓展。那么，民众是如何建立起对农业为主的生产方式的认同的呢？关于这个问题，笔者试结合遍布于山西长城沿线各府州县的以农业为主的庙宇（表2-2-3）进行探讨。

表2-2-3　乾隆《大同府志》各州县与农业相关的庙宇一览表④

州县	庙宇	庙宇所在地点	建立或重修时间	备注
大同	先农坛	城南门外迤东	雍正五年建	二月二祭祀
	龙王庙	镇署西	雍正五年建	
	河神庙	玉河西	乾隆四十六年建	
	马王庙	旧在北关，后建于猪市口	康熙八年改建；康熙四十二年、雍正十三年、乾隆六年重修	

---

① 天镇县史志办公室编：《天镇县村镇简志》，第2312页。
② 天镇县史志办公室编：《天镇县村镇简志》，第1974页。
③ 天镇县史志办公室编：《天镇县村镇简志》，第203页。
④ （清）吴辅宏修，王飞藻、文光校订：《大同府志》，第283-301页。

续表

州县	庙宇	庙宇所在地点	建立或重修时间	备注
怀仁	先农坛	县南门外二里	雍正五年建	
	龙王庙	县东关外迆北	明万历三年建;乾隆十八年重修	
	火龙王庙	县治东南		
	马神庙	县西关	明万历四年建;乾隆二十二年重修	
		东门外迆北	乾隆十三年重建	
山阴	先农坛	城东门外	雍正五年建	
	龙神庙	城南门外	乾隆十一年和乾隆三十六年重修	县北黄花岗和县西南辛寨村均有
	风神庙	城南十五里忠州古城西北隅		
应州	先农坛	州东门外	雍正五年建;乾隆三十四年重修	
	马神庙	东关瓮城	乾隆十八年重修	
	古龙王庙	南关	唐建,明万历二十五年重建	
浑源州	先农坛	城南一里	雍正五年建	
	龙王庙	西门外顺城街		
	马王庙	州治南		
	霜神祠	城东	乾隆二十五年建	
灵丘	先农坛	城东门外	雍正五年建	
	龙王庙	南关街南		
	黑龙王庙	县西四十里黑龙谷		
	马王庙	县治西	顺治十七年修,乾隆三十七年重修	
	八腊庙	南关街北		

续表

州县	庙宇	庙宇所在地点	建立或重修时间	备注
广灵	先农坛	城东北里许	雍正五年建	
	龙神庙	社台山（龙母神祠）	明成化间修；康熙十八年重修	北关东门外、台山北均有
	黄龙神祠	县西二十里黄龙山		
	马神庙	县治东		
	八腊庙	城西		
阳高	先农坛	东门外三里	雍正五年建	
	龙王庙	南关内	明天启五年建	
	马神庙	瓮城	乾隆十八年重修	三将府有庙一
天镇	先农坛	东北城外	雍正五年建	
	龙神庙	关帝庙西	明宣德间建	
	马王庙	城南街	康熙二十三年重修	
		城东北隅	明时建，乾隆二年重修	
	霜神祠	南洋河北培凤堡	乾隆年间建	有山神、河神庙、八腊庙、雹神祠
丰镇厅	龙王庙	城东南隅	乾隆七年建	高庙子、张皋儿、四美庄、大科庄有，均系新建
	大王神祠	厅治之东南	乾隆二十四年移建	城东二里小元山上旧有小庙，庙右侧有灵泉，旱祷辄应
	八腊庙	城内东南	乾隆二十六年建	
	湖神庙	城内东南隅		
	风神庙	城内东南	乾隆三十八年建	
	霜神祠	城内东南		
	白龙王庙	城东八十里八楞山		

上表数据来源于乾隆《大同府志》，志书中记录的为各州县较大的庙宇，至于乡间村堡与农业相关的小庙宇还有很多。在古人的传统观念中，龙王是主管降雨的神灵。农业生产的发展离不开降雨，还要保护牲畜、防止病虫害，所以即便是不被列入正祀，民间也会供奉龙王及其他与农业相关的神灵。这些庙宇的兴建是体现了长城沿线各州县官方和民人对农业生产方式的选择。

首先，先农坛的建立代表了国家层面对农业生产方式的认同和推广。先农坛为祭祀神农炎帝而设。山西长城沿线各府州县先农坛均建立于雍正五年（1727）。这显然和当时的国家政策有着密切的联系。雍正四年（1726）九月，礼部对于设立先农坛进行了讨论，认为"皇上躬亲胼胝之劳，岁行耕耤之典，嘉禾叠产，异瑞骈臻。今复行令地方守土之官，俱行耕耤之礼。仰见皇上敬天勤民、重农务本之至意。宜恪遵上谕，通行直省督抚、转行各府州县卫所，各择洁净之地，照九卿所耕田数，设立先农坛。于雍正五年为始，每岁仲春刻日，率所属恭祭先农之神。照九卿例、行九推之礼。所收米粟，敬谨收贮，以供各处祭祀之粢盛。于国计民生、大有裨益"①。于是雍正五年（1727），在全国各地普遍设立先农坛，各府州县官仿效天子亲耕的籍田之礼，于农历二月初二日祭祀神农炎帝。

雍正五年（1727）在全国范围内广建先农坛，一是说明了清代的统治者逐步接受了农耕文化，开始重视农业的发展。自顺治十一年（1654）恢复对神农的祭祀开始，顺治帝、康熙帝都有籍田亲耕之举，即便是自己不能亲自到位，也会遣官至祭。雍正帝更是其中最为典型的代表。雍正帝在位十三年，除了元年，其余十二年均举行籍田礼。二是先农坛的广泛建立是农业发展的社会需求在信仰层面的表现。经历了顺治至康熙年间的发展，国家人口增殖，面临的首要问题就是如何养活众多的人口。面对耕地有限和粮食不足的局面，雍正帝认为只有尽力发展农业生产，才是唯一的出路。"朕自临御以来，无刻不廑念民依，重农务本。但我国家休养生息，数十年来，户口日繁，而土田止有此数，非率天下农民，竭力耕耘，兼收倍获，欲家室盈宁，必不可得"②。而且在雍正

---

① 《清实录》，第6573-6574页。
② 《清实录》，第6126页。

五年（1727），他进一步表示，"农为天下之本务，而工贾皆其末也"①。雍正帝对农业重视的观念表现在信仰层面，就是倡导各地建立先农坛和官吏亲行籍田之礼。

大同府的先农坛，"正殿五间，中供先农神牌，东西配房各一间，殿前为坛，广二丈五尺，高二尺一寸，围墙二十四丈，高八尺。各坛制同。坛前藉田四亩九分"。每年的二月亥日至祭，"各官穿朝服。祭品羊一、豕一、帛一、铏一、筵豆各四、簠簋各四。祭毕易蟒袍补服，知府秉耒，佐贰执青箱，知县播种，九推九返，农夫终亩。官率耆老望阙行三跪九叩首礼。籍田米黍收贮正房西间，以供各祭祀粢盛之用"②。天镇县祭祀先农时也要举行籍田之礼，其时"正官佐贰各以耆老二人执箱播种，一人牵牛，农夫二人扶犁，各九推九返"③。大同府州县祭祀神农炎帝的礼仪基本仿照天子躬耕籍田之礼，只不过在祭品和祭礼级别上有所不同。当然，这样做符合封建的等级制度。作为一种官方倡导的仪式，地方上各府州县的极力推行，一方面传达了森严的等级观念，另一方面表达了"敬天勤民"之意。先农坛的建立在某种程度上表达的是官方的意志，此举说明了满族在入关之后，已经接受了以农耕为主的生产方式。而且，在官方的倡导之下，将农业在全国范围推广开来。

其次，与农业相关的其他庙宇的兴建，是观念层面上对农业生产的认同在现实上的反映。以龙王庙为例，雍正七年（1729），"世宗宪皇帝以龙神风伯久已"准予各地建立龙王庙，这意味着龙王庙的兴建和龙神信仰得到了官方的认同。清代的山西"地乏水利，专恃雨泽，故民间奉祀龙神最虔，岁时祈祷。遍及井泉"④。在官方的视野中，崇祀龙王可以有利于农业生产的发展。雍正五年（1727），大同府在镇署西建立了一座龙王庙。大同各州县的龙王庙也很多，几乎遍及每个村落，即便是没有龙王庙的村堡也会在其他的庙宇中合祀龙王。有的村落，还建立主管降雨的其他神灵的庙宇或者祀奉能降雨的神灵。

---

① 《清实录》，第6721页。
② （清）吴辅宏修，王飞藻、文光校订：《大同府志》，第283页。
③ （清）洪汝霖、杨笃：《天镇县志》，第449页。
④ （清）曾国荃、张煦等修，王轩、杨笃等纂：（光绪）《山西通志》，史部·地理类·秩祀略序。

>>> 第二章 社会结构：边民的常态化

灵丘县，龙泉寺，"先有龙王庙，庙后有泉，名龙泉，又建寺，名龙泉寺，诓意代远年湮，寺庙倾颓，徒有名而无实，此有心者所为历其地而叹息也，爰是众善人等捐资修葺，重修佛殿三楹，又重修龙王庙一，所以及各庙彩妆补葺，未及数月工已告成"①。天镇，"三晋边陲，广六十四里，袤百七十三里，计一万五百户，为村二百五十九。村皆建龙神庙"，至于龙母则"云朔边氓村村祀之，以祷雨泽者也"②。广灵县，"小灵关旧有龙神庙，在河之东，近年为野水所啮，冲塌倾圮，神用弗康。贡生杨馨，生员张清修暨本乡公直杨清泽、武生杨耿焯与其里人庀材鸠工，改筑于河之西。为时，率作数月方竣；为工，五十余人；为屋，三楹；为钱，数万缗"③。左云县，在县令孙塔的倡导下，各方人士积极捐修老龙王山龙王祠，"若缙绅，若士庶，若农工商贾，靡不输将，以襄厥工"④。左云东岗龙王祠，年久失修，"有米粟店牙行不忍坐视，几年来屡年修葺，未然璀烂。奈工程浩大，捐助欠缺。恭认社首募化雅塑金身，重修殿宇，彩画歌台，补葺焕新，璨然可观"⑤，碑阴文中可见捐修经理人为天合店、复成店、天德店、四胜店、天义店等商铺。平鲁乌龙山洞有一龙王庙，不知建于何时。雍正"甲寅岁之夏，平邑大旱，邑侯张公率万民祷雨，于是立降甘霖，遂发愿增修，廓其庙宇。至于朔、马、偏、老所属，以及口外等地，无不于是祷雨，乌龙神之为灵昭昭矣"⑥。朔州东坪乡山中有一洞，名为乌龙洞，"岁遇旱魃为灾，远近取水祷雨，必沛甘霖。土人以其灵妙，鼎建殿宇，劳筑精舍，为焚修藉赖"⑦。除了乌龙神之外，该庙还配祀其他与农业相关的神灵。据乾隆五年（1740）《乌龙洞山新建玉清虚宫记》中所载，"左曰白雨，右曰蚱蚂"⑧，白雨是为了防冰雹灾害，蚱蚂是为了防止病虫害。

除了龙王庙内配祀其他农业相关的神灵之外，与农业相关的其他单独祭祀

---

① （清）雷棣荣、严润林：《灵丘县补志》，第231页。
② （清）吴辅宏修，王飞藻、文光校订：《大同府志》，第573页。
③ （清）杨亦铭：《广灵县补志》，第218-219页。
④ （清）李翼圣原本，余卜颐增修，兰炳章增纂：《左云县志》，第238页。
⑤ 闫荣主编：《三晋石刻大全·大同市左云县卷》，太原：三晋出版社，2012年版，第102页。
⑥ 范和平：《平鲁石刻图志》，太原：三晋出版社，2009年版，第34页。
⑦ 范和平：《平鲁石刻图志》，第24页。
⑧ 范和平：《平鲁石刻图志》，第34页。

81

某一神灵的庙宇也可以看到。如：风神庙、霜神庙、八腊庙、雹神庙等。在这些庙宇里，官员们常常祈求神灵，保佑一方风调雨顺。民众也祈祷神灵保佑农作物不要遭受风雨霜雹之灾和病虫害。浑源州知州桂敬顺任职浑源期间，看到浑源"居省会之北鄙，其土瘠、其味卤、其气劲而寒"①，"谷稻不生，惟菽麦生之，即果蔬药石之产性，亦与神农书少别"②，他认为霜神"在于他所，司金令佐秋官，其功止于肃杀，在边塞必且祈其伺气候敛威柄"③，于是在永安寺为霜神立祠。在天镇县，知县张坊建立了一个综合性的专门祭祀与农业生产相关神灵的场所，"中殿为雹神祀狐突，左为山神殿，右为河神殿，东院为霜神祠，八腊在其前，西院为龙神祠，关帝在其前，又有王母殿、观音堂在其左侧"④。雹神，"稍慢之，则硬雨为灾，秋稼必受其害"⑤，所以人们"奉之不敢不虔"⑥。左云县，"乾隆二十三、四年，饥馑荐臻、虫灾迭至"⑦，知县李公玳馨，改建了风雨八腊庙，"嗣是而年谷屡登，虫不为灾"⑧。

山西长城沿线各州县先农坛的兴建和对神农的祭祀，表明此时官方在倡导民众选择以农耕为主的生产方式。山西长城沿线村村供奉龙王，并且建有其他与农业生产相关的庙宇，庙宇的修建得到了各个阶层的积极支持，以及为了农业生产的正常进行举行各种各样的祭祀仪式⑨，这些都反映了普通民众对农业生产方式的广泛认同和接受。王建革在研究清代内蒙古地区的农业与社会时指出："农牧交错带的结构形成过程，从总体上就是旧有结构的复制、转化、选择和重组的过程。"⑩ 这一论断基本也适合山西长城沿线社会经济结构。入清之后，长城沿线区域向农业社会发展，但是现实的地理环境决定了其不能像腹里

---

① （清）桂敬顺：《浑源州志》，第384页。
② （清）桂敬顺：《浑源州志》，第384页。
③ （清）桂敬顺：《浑源州志》，第384页。
④ （清）洪汝霖、鲁严光修，杨笃撰：《天镇县志》，第458页。
⑤ （清）洪汝霖、鲁严光修，杨笃撰：《天镇县志》，第458页。
⑥ （清）洪汝霖、鲁严光修，杨笃撰：《天镇县志》，第458页。
⑦ （清）李翼圣原本，余卜颐增修，兰炳章增纂：《左云县志》，第238页。
⑧ （清）李翼圣原本，余卜颐增修，兰炳章增纂：《左云县志》，第238页。
⑨ 详见张月琴：《仪式、秩序与边地记忆——民间信仰与清代以来堡寨社会研究》，科学出版社，2012年。
⑩ 王建革：《农牧交错与结构变迁：清代内蒙古地区的农业与社会》，《中国历史地理论丛》，2002年第3期。

社会一样建立一种"纯粹"的"男耕女织"的生产模式。于是，一方面裁卫设县之后大量军户变为民户，军地、民屯和二者之外其他土地得到开垦，农业生产模式被一而再地复制。另一方面则由于受到恶劣的生产和生活环境的影响，民众为了生存又向其他行业寻求生路。这样一来，山西长城沿线地方民众在生计选择上就呈现出一种特征：以农业为主，认同并接受其他生产方式。

二、村庄的社会结构

从前述分析可以看出，从卫所到村落的转变过程中，农业成了长城沿线地方的主要生产行业，农民是地方社会的主要构成。但是为了生存，农民逐步向其他行业分化，大同地方社会的职业结构也开始丰富起来。

表 2-2-4　清代至民国时期天镇县部分村落简况

村名	立村年代	人口 清代	人口 民国	手工业、副业和商贸概况
鲍家屯村	无考	45户，310人	145户，830人	油坊；旅店业
石家庄村	无考	35户，250人	25户，130人	无工副业
三道梁村	乾隆		10户，70人	无工副业
石场沟村	光绪		2户8人	向为庄子
滹沱店村	无考	45户，316人	171户，809人	铁器作坊、席坊、豆腐坊、柳编作坊
夏家山村	嘉靖	7户，50人	36户，180人	豆腐坊
南园子村	无考		76户，378人	居民多租地种菜
西园子村			48户，219人	种菜
崔家窑村	无考		14户，68人	无工副业
三里屯村	无考	35户，250人	46户，227人	坐碱坐硝
李家庄村	元代	52户，360人	112户，560人	瓦窑1处
葛家屯村	元代	72户，500人	174户，1054人	粉坊、醋坊、油坊；编柳、坐碱
唐八里村	元代	39户，270人	78户，473人	豆腐、冷碱、砖瓦业；商贸业以旅店业和卖碱为长项

83

续表

村名	立村年代	人口 清代	人口 民国	手工业、副业和商贸概况
谷前堡村	无考	55户，300人	260户，690人	宣统三年（1911）置火车站后，副业和商贸渐趋发达
张家庄村	无考	27户，140人	75户，351人	皮坊、豆腐坊；车马店
榆林口村	无考	55户，300人	118户，563人	缸房、面铺、布庄
沙屯堡村	元代	49户，300人	70户，300人	仅有豆腐坊
东马坊村	元	42户，250人	46户，230人	仅有豆腐坊；个别冷碱卖碱
水桶寺村	北魏		310户，1100人	豆腐坊、铁匠铺、油坊、车马店、酒铺
白羊口村	无考	55户，300人	65户，287人	豆腐坊；席匠、铁匠、木匠、皮毛匠
化皮庙村	乾隆		18户，86人	豆腐坊1处
袁才庄村	元代	53户，370人	110户，460人	豆腐坊、铁匠铺、车马店
袁治梁村	同治	7户，40余人（同治）	17户，100人	豆腐坊1处
谷后堡村	元代	48户，300人	120户，445人	豆腐坊3处，醋铺1处
十里铺村	元代	43户，200人	67户，283人	豆腐坊、茶坊、车马店
水磨口村	无考	96户，600人	1092人	油坊、豆腐坊
卅里铺村	无考	78户，546人	291户，1069人	熬碱业
西马坊村		6户，40余人	62户，285人	制碱
卞家屯村	辽代	91户，650人	130户，540人	煮碱熬盐业
刘家庄村	万历	60户，430人	137户，646人	熬碱制盐
兰玉堡村	元代	92户，644人	206户，1078人	熬盐制碱业
肖家屯村	明初	80户，560人	81户，477人	尚耕作，重碱业
二十里铺村	永乐	汛兵10人；15户，100人	147户，990人	熬碱制盐；油坊、豆腐坊、
小辛庄村	元代	45户，315人	128户，598人	铁匠2人、皮匠2人、木匠4人
范家庄村	明代	35户，225人	95户，310余人	碱业
孙家店村	无考	20户，142人	195户，980人	碱坊、油坊、醋铺、车马店

续表

村名	立村年代	人口 清代	人口 民国	手工业、副业和商贸概况
白小山村	无考	20户，142人	60户，296人	豆腐坊、醋坊
魏家窑村	明初	5户，30人	17户，82人	豆腐坊
高墙框村	无考	27户，192人	70户，337人	瓦窑、粉坊、豆腐坊、油坊
康小屯村	无考	26户，180人	32户，179人	豆腐坊
高家店村	无考	95户，705人	166户，833人	有制碱作坊、豆腐坊、缸房
沙沟村	无考	31户，180人	20户，109人	豆腐坊二三处
王家山村	无考	3户22人	27户134人	豆腐坊一二处
范家屯村	无考	26户，185人	56户，220人	豆腐坊二三处
李芳山村	无考	60户，426人	94户，446人	油坊、豆腐坊、商业小店铺1户
阳和塔村	无考	50户，356人（道光）	114户，464人	当铺、油坊、醋坊、店铺2家
南河堡村	无考	95户，600人	254户，1317人	酿醋、酿酒、豆腐加工、榨油及编柳、苇席、皮革鞣制作坊；有砖瓦场；布店、杂货店、中药铺
王进堡村	元代	51户，300人	84户，464人	碱坊、砖瓦窑、豆腐坊；粮食加工作坊1户
冯家山村	明末	13户	18户，96人	豆腐坊
侯家窑村	明末	18户	51户，253人	豆腐坊；油坊1处
上畔庄村		35户，210人	30户，141人	醋坊1户，豆腐坊2户
坨子村	光绪	2户，10多人（光绪）	10户，50多人	豆腐坊
季沙河村	万历	33户，200人	88户，382人	瓦窑1座
顾家湾村	无考	56户，300人	163户，885人	制盐、碱业
上吾其村	元朝	106户，600人	182户，943人	制碱、冷碱
张家伙房	光绪	3户，6人	3户，20人	无工副业
沙沟寺村	唐代		15户，61人	豆腐坊1处
魏家山村	明末	11户	14户，80人	豆腐坊、缸房

续表

村名	立村年代	人口 清代	人口 民国	手工业、副业和商贸概况
下窑村	明末	15户，80人	21户，89人	豆腐坊
薛辛窑村	明末	65户，315人	93户，436人	豆腐坊
东沙河村	万历	44户，300余人	300户，1300人	缸房、油坊、砖瓦窑、席坊、醋坊、豆腐坊；有木匠、铁匠；有"义诚厚"货庄
东宋家厂村	宣统三年	10户，50人（宣统）	43户，207人	泠碱业
西宋家厂村	元代	13户，80人	41户，186人	泠碱业；豆腐坊、裁缝铺、铁匠、染坊；有宋姓毡匠、染匠、皮匠，有陈姓木匠
路八里村	无考	31户，200人	30户，160人	豆腐坊、粉坊、醋坊、石匠、铁匠、皮匠
黄家湾村	嘉庆	1户	25户，110人	醋坊、木匠、毡匠、毛毛匠、车匠、裁缝等
吴家园	道光		20户，吴姓	糖匠、饼匠、毛毛匠、锭锅匠、木匠、染匠、毡匠等
于八里村	无考	65户，400人	97户，473人	粉坊、醋坊、苇席坊；有画匠、铁匠、石匠、饼匠、毡匠、毛毛匠
杨家屯村	无考	29户，200人		豆腐坊
赵小堡村	无考	3户，20人	42户，199人	扫碱熬碱
七里墩村	辽金	汛兵5人	17户，88人	制碱业
西沙河村	无考	91户，646人	70户，367人	醋坊、豆腐坊；编筐、席坊、毡匠、泥瓦匠、木匠、银匠、风匣匠
季冯窑村	万历初年	27户，190人	160户，834人	瓦窑、油坊、缸房、面坊、豆腐作坊、铁匠铺。另有木匠、毡匠、钉锅、钉鞋、染匠、皮匠
米薪关村	西汉	50户，300人	72户，336人	面铺、缸房、铁匠、豆腐坊、车马店、干货铺、杂货铺、生肉铺。另有木匠、画匠、泥瓦匠。
油坊窑村	明中叶	15户，90人	193户，926人	油坊、豆腐作坊、粉坊

续表

村名	立村年代	人口 清代	人口 民国	手工业、副业和商贸概况
任家窑村	清朝中期	道光1户4人	10户，49人	豆腐坊1处，仅在春节前使用。
孤峰山村	无考	明朝有10多户，清85户	141户，646人	砖瓦窑、粉坊
盛家堡村	无考	3户，20人	10户，45人	有豆腐磨1合
王家烟村	清初	5户，30人	22户，88人	豆腐坊
金家烟村	明中叶	28户	30户，178人	烧窑
陆家窑村	清初	15户，100人	39户，194人	豆腐坊
滑家沟村	无考	60户，400人	66户，332人	豆腐坊
胡家屯村	无考	53户	175户，912人	油坊、豆腐坊、砖瓦窑；有木匠、钉锅匠、毛毛匠、毡匠、饼儿匠
石羊庄村	无考	79户，550人	99户，400人	皮毛加工；有小手工补锅、钉碗匠、黑皮匠、白皮匠、毡匠
下阴山村	无考	25户，150人	53户，232人	豆腐坊
张本窑村	明末	2户，12人	13户，71人	无
白家烟村		10户，70人	22户，108人	豆腐坊和石料加工
师家梁村	无考	25户，170人	98户，460人	豆腐坊，皮革鞣制作坊
上阴山村	无考	101户，720人	149户，678人	豆腐坊、油坊、醋铺、干货铺、铁匠铺；有木匠、泥匠、钉锅匠、毡匠、毛皮匠、画匠等
过家屯村	无考	35户，230人	58户，294人	豆腐坊、砖瓦窑
张新窑村	明末	8户，48人	34户，146人	豆腐坊；有木匠、毡匠、毛绳编织匠人等。
贾家屯村	无考	91户，600人	180户，831人	砖瓦窑、醋坊、油坊、席坊、银匠、麻绳匠、磨坊
王家窑村	无考	6户，30人	10户，58人	醋坊、豆腐坊、面铺

续表

村名	立村年代	人口 清代	人口 民国	手工业、副业和商贸概况
季家寨村	无考	18户,120人	23户,124人	豆腐坊、油坊(兼饼铺)
楼子疃村	无考	48户,300人	119户,585人	酿造、豆腐坊、干货铺、布庄
袁家窑村	无考	29户,160人	61户,278人	酒坊、砖瓦窑、豆腐坊、车马店、干货铺
塔儿村	无考	26户,170人	80户,391人	醋坊、豆腐坊、石匠、铁匠铺。
夏家屯村	无考	95户,600人	179户,860人	豆腐坊、油坊、醋铺、面铺、糖坊、有钉锅匠10余户
渠家沟村	无考	3户.10余人	12户,60人	豆腐坊
红土窑村	无考	6户,30余人	25户,106人	豆腐坊
西罗窑村	无考	31户,200人	36户,190人	豆腐坊、缸房
孙家嘴村	无考	8户,50人	19户,91人	豆腐坊、白铁匠
李二烟村	无考	23户,160人	80户,485人	豆腐坊2家,黑皮鞣制3户
将军庙村	无考	35户,240人	103户,541人	豆腐坊、白土窑
北冯窑村	无考	3户,20人	29户,168人	豆腐坊、醋坊;毡匠、木匠
贾家窑村	明初	26户,180人	23户,158人	豆腐坊
崔家山村	无考	14户,99人	10户,52人	有砖瓦窑遗址
武家山村	无考	7户,40人	13户,66人	个别户掏"白土",农闲零卖
南冯窑村	无考	3户,20人	39户,185人	豆腐坊
杨家窑村	无考	24户,150人	70户,350人	豆腐坊、缸房、榨油坊、泥炭窑
印子嘴村	无考	3户,20人	12户,59人	无
罗老庄村	无考	15户,107人	38户,150人	豆腐坊、醋坊
罗家沟村	无考	2-3户	3户	垦殖、放牧
鱼儿洼村	无考		3户,20人	无
左家屯村	明朝后叶	62户,440人	89户,412人	采泥炭;有酿酒作坊、面铺;木匠
罗下庄村	无考	15户,100人	28户,124人	豆腐坊

续表

村名	立村年代	人口 清代	人口 民国	手工业、副业和商贸概况
袁家河村	无考	25户，170人	47户，250人	豆腐坊、铁匠、石磨作坊、砖瓦窑
赵家山村	无考	13户，90人	6户，28人	无
刘家山村	无考	7户，30人	11户，51人	无副业，无匠人
谷大屯村	无考	90户，600人	150户，611人	豆腐作坊、油坊、面铺、缸房、铁匠铺
赵家沟村	无考	51户，350人	107户，471人	豆腐坊、瓦窑、铁匠铺、油坊
南高崖村	无考		68户，280人	无商铺
张西河村	无考	61户	180户，809人	缸房、豆腐坊、油坊、砖窑、糖坊、铁器作坊、糕点铺
下湾村	道光		11户，60人	豆腐坊、油坊、粉坊
宣家塔村	元代	28户，140人	34户，133人	豆腐坊、旅店业
新平堡村	战国	484户，3400人	440户，1967人	小作坊发达
大营盘村		30户，213人	239户，1102人（1949）	擀毡、柳编、苇编；村民70%从事此业。

注：本表数据来源《天镇县村镇简志》，其中关于人口的统计，除了有特殊标注外，清代一般是乾隆十八年（1753）数据，民国时期为民国元年（1912），原文中有"约"字，为概数。表中所指手工业、副业、商业情况主要时间是清末至民国初年。

上表所选村落大部分为现在天镇县城关镇（不含天镇城和东北、东南、西南、西北四街村）、谷前堡镇、卅里铺乡、孙家店乡、南河堡乡、东沙河乡、米薪关镇、贾家屯乡、将军庙乡所属村落。谷大屯村、赵家沟村、南高崖村、张西河村、下湾村、宣家塔村、新平堡村、大营盘村分别为谷大屯乡、赵家沟乡、南高崖乡、张西河乡、下湾乡、宣家塔乡、新平堡乡、大营盘乡政府所在地。下面结合表2-2-2《天镇县村镇简志》所见庄子，对清代至民国时期天镇县农村的社会结构进行分析。

89

（一）业农者

业农者是天镇农村人口的主要构成。"明代屯田26.2万亩。清初耕地639783亩，光绪末年达955694亩。民国年间，25年（1936）粮田73.2万亩。"① 表2-2-2中的各村庄大部分为农业村落，村中居民以业农者居多，很少见到从事其他行业的人（表2-2-5）。村中常见的作坊为豆腐坊，一般一年中仅在春节开一次，供全村人改善生活之用。盛家堡，"传统有豆腐磨1合，为公磨。春节前，村人联合在1户内磨十数天豆腐，即卸磨"②。偶见缸房、白铁坊、醋坊等手工作坊。

表2-2-5 庄子的农业、手工业和副业情况

村庄	农业 人口（户、人） 1912年	农业 人口（户、人） 1949年	耕地（亩）1949年	手工业和副业
石家庄村	25户，130人	37户，195人	1450	向无工副业
三道梁村	10户，70人	16户，104人	852	向无工副业
石场沟村	2户，8人	4户，11人	135	向为庄子
崔家窑村	14户，68人	22户，99人	783	向无工副业
东长畛村	1户，2人（同治）	8户，40人	210	无
鸡窝沟村	1户，6人（道光）	6户，23人	71	无
魏家窑村	17户，82人	26户，120人	1177	豆腐坊
王家山村	27户，134人	41户，196人	1224	豆腐坊一二处
杨家屯村	29户，200人（乾隆）	68户，307人	2220	豆腐坊、卖瓜
任家窑村	10户，49人	15户，71人	340	豆腐坊1处
盛家堡村	10户，45人	14户，66人	580	传统有豆腐磨1合，为公磨
张本窑村	13户，71人	19户，104人	720	无
西罗窑村	31户，200人	59户，278人	3368	豆腐坊、缸房
孙家嘴村	8户，50人	29户，133人	1226	豆腐坊、白铁匠

---

① 天镇县史志办公室编：《天镇县村镇简志》，县情概述，第7页。
② 天镇县史志办公室编：《天镇县村镇简志》，第887页。

续表

村庄	农业		耕地（亩）1949年	手工业和副业
	人口（户、人）			
	1912年	1949年		
崔家山村	14户99人	16户, 77人	781	有砖瓦窑遗址
罗老庄村	15户, 107人	60户, 221人	1550	豆腐坊、醋坊
罗家沟村	2-3户	4户, 20人	81	垦殖、放牧
鱼儿洼村		8户, 43人	240（1990年）	无
罗下庄村	15户, 100人	36户, 181人	1080	豆腐坊
赵家山村	13户, 90人	9户, 41人	300	无
刘家山村	7户, 30人	15户, 74人	615	无副业, 无匠人

注：本表中关于人口的统计，原文中有"约"字，为概数。表中所指手工业、副业、商业情况主要时间是清末至民国初年。

（二）手工作坊主或工人

除了业农者之外，在天镇县村落中还有一部分手工作坊主或者是手工工人。这些人也是农村社会构成的一部分。他们有的专业从事手工作坊生产，有的是农闲时所为，其数目无法统计，但是可以从农村中手工作坊的情况略见其种类。每一种作坊，就意味着有一种从事此种手工生产的人。

从表2-2-4天镇县部分村落简况中，可以看出清代至民国时期天镇农村中常见的作坊有豆腐坊、油坊、缸房（酿酒作坊）、席坊、粉坊、醋坊、染坊、冷碱作坊、皮革鞣制和铁匠铺等。如：新平堡村，"清末民国年间，先后有缸房4处，保德泉、双城泉、和裕泉、李氏缸房……磨面铺5处，较大的复成德、杨记、李记、王记面铺。糖坊1处，醋坊2处，油坊2座，制酱、豆腐加工等。有冯记、任记木匠铺，铁匠炉2户，擀毡、制鞋、染坊、缝纫、柳编、席坊、砖瓦制作等"[1]。东沙河村，"'大生德'油坊1处，缸房、醋坊各1处；另有多缸的醋坊1处，富姓；油坊1处，李姓；缸房1处，佘姓。清至整个民国，均有豆

---

[1] 天镇县史志办公室编：《天镇县村镇简志》，第2193页。

腐坊 10 多户"①。石羊庄村，"清末民国年间，村民擅长皮毛加工。有皮革鞣制印染 1 户，白皮鞣制 8 户，擀毡，制毡帽、靴 5 户"②。

天镇物产，"南川多盐，县川多碱，悉煎土而成，村民以为专业"③。在天镇农村手工作坊中受地域环境影响而存在的作坊主要是泠碱作坊（包括硝、碱、盐的生产等）。兰玉堡村是天镇农村中生产盐碱比较多的一个村庄。兰玉堡村，"表层土壤属潮土类中苏打盐化潮土。在民国年间有碱地 1149 亩，盐滩 983 亩"④。1941 年，"以是村为主生产的曹达销往天津，收入 7.8 万元"⑤。1948 年，该村总户数为 312 户，其中"碱户 150 余家、盐户 62 家"⑥。东宋家厂村土壤状况和兰玉堡村相似，在该村流传着一首歌谣："春天白茫茫，夏天水汪汪，秋天粮仓空荡荡，只听蛤蟆叫，不闻五谷香"⑦，"七成村民春秋以小锅坐碱，数量无考"⑧，"村民多担'碱坯子'，到外村或卖或换粮，个别户用车拉到兴和县一带"⑨。天镇县有很多类似土壤状况的村庄存在。有的村庄泠碱成了主要的产业，如西宋家厂村，80% 家户制"碱坯子"。七里墩村，"传统有制碱业，一半村民小锅熬碱出售。村内牛家坟、水沟碱池泠的碱，三伏天不化，在商都、化德、康保一带享有盛誉"⑩。有的村庄泠坯熬碱，以碱卖钱买粮或者换取粮食，以度灾年。卞家屯村，"光绪三十一年（1905）遭洪灾，庄稼仅收二成。次年村民泠坯熬碱销售。一块碱 300 公斤，价银元 30 至 40 元，换粮 750 到 1000 公斤；全村产碱约 5 万公斤，灾年无流离者"⑪。不过，天镇"往返京畿"之商人"皆来自汾太"，"县人无此重资也"，"惟刮土淋卤，稍得工值，余润所及，差免冻馁"⑫。

---

① 天镇县史志办公室编：《天镇县村镇简志》，第 747 页。
② 天镇县史志办公室编：《天镇县村镇简志》，第 933 页。
③ （清）洪汝霖、杨笃：《天镇县志》，第 56 页。
④ 天镇县史志办公室编：《天镇县村镇简志》，第 497 页。
⑤ 天镇县史志办公室编：《天镇县村镇简志》，第 500 页。
⑥ 天镇县史志办公室编：《天镇县村镇简志》，第 500 页。
⑦ 天镇县史志办公室编：《天镇县村镇简志》，第 759 页。
⑧ 天镇县史志办公室编：《天镇县村镇简志》，第 759 页。
⑨ 天镇县史志办公室编：《天镇县村镇简志》，第 760 页。
⑩ 天镇县史志办公室编：《天镇县村镇简志》，第 820 页。
⑪ 天镇县史志办公室编：《天镇县村镇简志》，第 483 页。
⑫ （清）洪汝霖、杨笃：《天镇县志》，第 514 页。

天镇农村中的作坊一般为小作坊，为家庭生产。有的作坊规模稍大，雇佣人工。于八里村，"有醋坊1户，杨姓开办，兼营粉坊，雇长工1人，短工10多人"①。上吾其村，"开有碱坊3座（李姓、王姓、石姓），各有大、小锅1口，一般日产4泠碱，360公斤，共1080公斤"②。如此规模的生产一般不是一人能独立完成，常雇佣人工。

在漫长的历史发展过程中，村落中的手工作坊也是时兴时废，种类也有所变化，从总体上把握天镇农村中手工作坊从业人员的多少有较大的难度。不过，单就某一村落而言，手工作坊户在村庄户数中所占比例还是可以做一大致推算。比如刘家庄村，"清末民国时有大碱池1个，熬碱户6家，年产土碱约3万公斤；豆腐坊3户；有油坊1户；铁匠铺1家，称'刘铁'，当地小有名气，从业3人；有2家木匠铺，从业4人；有醋铺1户"③。民国元年（1912），刘家庄村有137户，熬碱和手工作坊共14户，占总户数的10.22%。在表2-2-4庄子的农业、手工业和副业情况中，庄子中除了豆腐坊以外，其他类型的手工作坊较少见，手工作坊户在村庄总户数中所占的比例要大大低于刘家庄手工作坊户在村庄总户数的比例。

（三）匠人

除了手工作坊工人之外，天镇农村中还存在着一定数量的匠人。匠人实际上就是手艺人，在一定程度上和作坊有着密切的联系。如：缸房的酿酒师、染坊的染匠等。此外还有饼匠、毛毛匠、锭锅匠、木匠、毡匠、席匠、铁匠、皮毛匠、画匠、石匠、泥瓦匠、银匠、风匣匠等。这些种类的匠人在天镇农村中均可看到。季冯窑村，"铁匠2户，吴、冯姓烘炉各1盘。另有木匠3户，毡匠3户，钉锅4户，钉鞋1户，染匠1户，皮匠2户"④。于八里村，"较有名气的有于家木匠，于姓画匠，另有铁匠、石匠、饼匠、毡匠、毛毛匠占全村一半，每年秋冬到内蒙古等地做皮货"⑤。其中具有地域特色的匠人是毛毛匠。

---

① 天镇县史志办公室编：《天镇县村镇简志》，第796页。
② 天镇县史志办公室编：《天镇县村镇简志》，第706页。
③ 天镇县史志办公室编：《天镇县村镇简志》，第491页。
④ 天镇县史志办公室编：《天镇县村镇简志》，第836页。
⑤ 天镇县史志办公室编：《天镇县村镇简志》，第796页。

毛毛匠，是与牲畜皮毛加工，如：皮毛鞣制、皮衣制作、皮靴制作、擀毡等相关的一系列匠人的总称。包括白皮匠、黑皮匠、毡匠、毛绳编织匠、靴匠、皮口袋匠等。天镇农村民户除了耕作之外，还兼事畜牧。畜牧业的发展也滋生了与之相关的皮毛行业。石羊庄村，"清末民国年间，村民擅长皮毛加工。有皮革鞣制印染 1 户，白皮鞣制 8 户，擀毡，制毡帽、靴 5 户"①。天镇北邻内蒙，内蒙古地区畜牧业发达，有大量的皮毛需要加工。每逢冬季，毛毛匠多出口外皮庄打工。于八里村，"一丁姓毛毛匠民国年间曾在兴和县开皮庄；另一丁姓毛毛匠在内蒙古商都县的 200 多个村做工，人称'丁毛毛'"②。

以上对入清之后天镇农村社会结构的变化作了初步分析。可以看出，雍正三年（1725）裁卫设县之后，山西长城沿线地方军堡和军屯地逐步演化为村落，军户转为民户，社会结构向常态化发展。农业为长城沿线民众的主要生产行业。但是受生产环境的影响，为了生存，民户也接受并从事其他行业。光绪《天镇县志》中也记载到"男十岁上下，先入蒙塾略识字，成童后视才所近，各执一业"③。由此也可知在由边地向腹里社会转化过程中，长城沿线民众在生计选择上受到了环境的制约。

三、生存环境和生计选择

明末清初的战乱，"兵戈扰壤"，"边方之苦，不惟当事者确知"④。清代的大一统，使山西长城沿线地方免受战乱之扰，生产和生活进入相对稳定的状态之中。但是，民众却仍面临着地瘠土寒的生存环境。

从地理环境而言，山西长城沿线多沙地、盐碱地。大同，"在雁门以北，其地沙碛、其泉硷、其山童、其居土屋、其人日再食，无田桑之饶，陶植之利；又多凶旱水溢之苦"⑤。阳高，"地处北塞，砂迹犹甚，高土黄沙满目，低土坚

---

① 天镇县史志办公室编：《天镇县村镇简志》，第 933 页。
② 天镇县史志办公室编：《天镇县村镇简志》，第 796 页。
③ （清）洪汝霖、杨笃：《天镇县志》，第 513 页。
④ （清）刘士铭修，王霨纂；李裕民点校：《朔平府志》，第 884 页。
⑤ （清）黎中辅：《大同县志》，第 313 页。

□难耕。是以地虽阔而居民稀，土虽多而耕者少"①。灵丘，"地土沙碛，阪田硗确"②。应州的土地，"腴饶难种麦麻，斥卤皆成盐碱，上地仅收十之五六，下地只获十之二三"③。朔州、马邑，"地多荒碛浮砂，种迟霜早，天时地利两无所恃"④。

从气候上讲，此时期山西长城沿线气候特征表现为寒冷。左云，"天气极寒，江南桃李花谢，此地草木方萌，七月陨霜，八月降雪。……昔人云，雨过三日飞白雪"，即便是夏天，"少穿葛纱，早辰夜暮不离棉衣"⑤。灵丘，"先秋陨霜，深春积雪……四时多风埃，入夏草木始萌，七月即黄落"⑥。大同，直至道光年间气候才出现了转暖的趋势，"近年地气渐暖，虽隆冬冱寒，亦与雁门以南无异"⑦。但是光绪时期，处于北部边缘的天镇县仍是"奇寒酷冷"⑧。

由于受地理位置和气候环境的影响，气候性灾害在山西长城沿线较为普遍。如：旱灾、风灾、雹灾等。康熙十八年，广灵、灵丘发生了旱灾，其他州县虽然没有明确发生旱灾的记载，但是，大同在这两年的灾害是"饥"。这次饥荒的出现和当年的旱灾应该有明显的联系。风灾，在长城沿线地方也比较普遍，毁坏屋宇、影响交通的狂风也常常见到。左云，康熙五十七年（1718）七月二十二日，"旋风自东南来，将城南门东巷居民于姓者，刮起数十丈，掷地骸骨如绵"⑨。光绪五年（1879），左云，"大风飞沙，白昼如夜，城内居民张灯"⑩。诸如此类的记载，屡屡现于山西长城沿线各府州县志书之中。

除了气候性灾害之外，蝗灾也是长城沿线地方比较常见的自然灾害，通常在旱情发生时候并发。顺治四、五年（1647、1648）和道光十六年（1836）是

---

① （清）房裔兰、苏之芬：《阳高县志》，《中国方志丛书》，台北：成文出版社，1976年版，第73页。
② （清）宋起凤、岳宏誉：《灵丘县志》，第88页。
③ （清）吴炳：《应州续志》，第441页。
④ （清）刘士铭修，王霭纂；李裕民点校：《朔平府志》，第472页。
⑤ （清）李翼圣原本，余卜颐增修，兰炳章增纂：《左云县志》，第133页。
⑥ （清）宋起凤、岳宏誉：《灵丘县志》，第88页。
⑦ （清）黎中辅：《大同县志》，第106页。
⑧ （清）洪汝霖、杨笃：《天镇县志》，第513页。
⑨ （清）李翼圣原本，余卜颐增修，兰炳章增纂：《左云县志》，第136页。
⑩ （清）李翼圣原本，余卜颐增修，兰炳章增纂：《左云县志》，第136页。

山西长城沿线遭受蝗灾比较严重的年份。顺治四年（1647）的蝗灾为秋蝗，大同、广灵、怀仁、左云、朔州、阳高、天镇等地均有发生。到了第二年，即顺治五年（1648），广灵和朔州又发生了春蝗，并对农业生产造成了极大的破坏。广灵，"蝗子炽盛，损田严重"①；朔州，"蝗蝻为灾，夏秋禾苗食尽，又饥"②。道光十六年（1836），怀仁、广灵、浑源州爆发蝗灾。一般情形蝗灾之下会连年爆发，如上述顺治四年（1647）发生了秋蝗，五年（1648）之时继而爆发春蝗。蝗虫之盛，使治理蝗灾成为守土长官的重要任务。乾隆时期广灵县令郭磊针对蝗灾爆发之后，虽然已经扑灭，但是，"难保无遗种于地中为来年之害"，发布《预除蚂蚱余种以图善后事》。③ 他以自己的生活经验详细叙述了蚂蚱的生活习性，并提出了针对性的预防措施。

所以在上述地瘠、天寒、灾多的生存环境之下，山西长城沿线以男耕女织为特色的传统小农经济并不常见。塞北诸郡，"但知有耕，不知有织，天寒地冻，不能树桑养蚕，固其所耳！而棉布亦以粟易"④。尽管地瘠天寒，农业仍是长城沿线村民首选的生计，不过农业发展的真实状况是种广而收薄。

据雍正《山西通志·赋役》载，大同府所辖 2 州 8 县，共有民田 5424900 亩，而民户仅有 45220 丁，每丁平均可种 120 亩土地，加上官田、公田、耕种数目更多。朔平府的朔州、马邑、左云、右玉、平鲁等县，官民屯田 250 多万亩，人丁 20600 多，每丁平均经营土地 100 多亩。⑤ 可见，至雍正时期山西长城沿线地方人丁平均占有耕地在百亩以上。清代中期，大同府 2 州 8 县，共有民田 5424900 亩，而民户仅有 45220 丁，每丁平均可种 120 亩土地（这一计算，包括少量的工商户），加上官田、公田，耕种数目更多；朔平府的朔州、马邑、左云、右玉、平鲁几县，官民屯田 250 多万亩，人丁 20600 多，每丁平均经营土地 100 多亩。⑥ 这种地广人稀的状况，一直延续至民国时期，在大同朔县、右玉及

---

① （清）郭磊：《广灵县志》，第 10 页。
② （清）汪嗣圣、王霨：《朔州志》，第 289 页。
③ （清）郭磊：《广灵县志》，第 41－42 页。
④ （清）洪汝霖、杨笃：《天镇县志》，第 512 页。
⑤ （清）觉罗石麟等监修，储大文等编纂：《山西通志》，《景印文渊阁四库全书》（0543），台北：台湾商务印书馆［1983－1986］影印本，第 794 页。
⑥ 李三谋：《清代晋北农业概述》，《古今农业》，1998 年第 1 期，第 10 页。

左云一带,"人口与土地分配情形却与此相反,此一带耕地,以五亩为一计算单位,拥有土地两三顷之家极为普遍,其在耕作方面,颇类似新开发国家"①。

至于收获,灵丘,"岁丰,亩不满二斗,稍歉则籽粒半失"②。浑源州,"地处沙漠,即家中殷实亦鲜盖藏"③。朔县地多盐碱,农民生活异常困苦。"盐碱滩,真荒凉,盐碱滩里不长粮。春天一片白茫茫,夏天一片水汪汪。烧圪针针,吃碱葱,到了黑夜不点灯。男人离乡走口外,女人在家挑苦菜。"④

耕作面积大,收获量反而少。分析其原因主要涉及三个方面:农作物种类、农业生产技术的应用推广和农田水利建设。

山西长城沿线地方农作物多为耐旱、耐寒的低产作物。顺治《云中郡志》中所记农作物为:"谷属:黍、稷、高粱、稻粟、大麦、小麦、荞麦、油麦、黑豆、黄豆、绿豆、豌豆、扁豆、豇豆、科麻、胡麻、蚕豆、苦荞、架豆、小豆、茶豆、龙瓜豆。"⑤左云,"境内种莜荞麦者居多,粟谷一项不过带种十之二三"⑥。朔平,"在山西极北,节气得迟,右玉、平鲁西北临边,寒早暖迟,所种惟莜、荞麦、胡麻;左云东接大同,朔州、马邑南临关内,稍觉和暖,麦、谷、豆、黍种植尤多"⑦。康熙年间,威远堡人郭传芳在《大同守道曹秋岳侍郎去思碑记》中谈到,"边人弯弓为业,椎鲁老弱间事田畴,而委力龙沙止生寒黍,山陬夫妇,尝不知六谷有粳稻"⑧。高产作物山药在大同地方的引进时间大约是在乾隆年间。乾隆十六年(1751)陕西汉中府沔县人严庆云出任浑源州知州。他从家乡购买圆形山药,教民在沙地试种。乾隆五十二年(1787),大同地方遭受旱灾之后,收获甚少,但是浑源"惟山药大熟,民资济饥",之后,山药的种植得到推广,至道光年间受灾后,"小民藉山药存活不可数计"⑨。

农田水利建设在长城沿线亦极不发达。土地贫瘠,又多盐碱地和坡地,并

---

① 祁之晋:《"土地村有"下之晋北农村》,《国闻周报》,1936 年第 11 期,第 21—26 页。
② (清)宋起凤、岳宏誉:《灵丘县志》,第 88 页。
③ (清)贺澍恩修,程绩纂:《浑源州续志》,第 577 页。
④ 《盐碱滩,真荒凉》,《朔县歌谣集成》,内部刊印。
⑤ (清)胡文烨:《云中郡志》,第 176 页。
⑥ (清)李翼圣原本,余卜颐增修,兰炳章增纂:《左云县志》,第 227 页。
⑦ (清)刘士铭修,王霭纂;李裕民点校:《朔平府志》,第 38 页。
⑧ (清)刘士铭修,王霭纂;李裕民点校:《朔平府志》,第 985 页。
⑨ (清)贺澍恩修,程绩纂:《浑源州续志》,第 576 页。

不适合渠道的兴修。从地理和气候条件来看，大同县，"气寒土瘠""乏水田，尽待雨露""岁无再获之地"；① 浑源州，地土"硗确""寒早煖迟""风高气冽"；② 应州，"地卤""水碱""天寒"；③ 怀仁县，"综山川之田合较之，沙麟去其一，荒芜去其一，山林川泽去一"④。即便是兴修渠道以后，所用之水多是夏季的雨水、山洪等，加上气候寒冷，四月开始播种，八月收获结束，大量的资金投入得不到回报，不利于大规模的农田水利建设。从官方和民众的态度来看，官方对于该地区水利事业的漠视，主要认为地处边远地方、土地瘠薄，不利于发展水利。山西长城沿线地方，"瘠薄之区，不比沃饶，未足以言水利"⑤。清大同府所属的各州县志书中，关于田赋征收的记载一项，看出该地只有按土地的等级起科，几乎缺少按水起科的现象。这说明，该地的水利建设不甚发达，并没有引起官方的重视，民众更是不知灌溉之法。乾隆时期应州知州吴炳亲自教民学习灌溉的方法。他组织民众"择河势转弯流急处试挑一渠，已于八月底引水到地，乡民聚观，渐知激水之法"⑥。不过，吴炳的努力并没改变山西长城沿线地方的整体状况。

在农业发展受到地理环境和气候条件的制约的情况之下，山西长城沿线农民把牧业作为了农业之外的另一种重要谋生手段。"阳高，其风朴略，其俗径遂，勤耕耘，务牧养；天镇，地临边塞，人情朴鲁，男务耕牧，女不绩纺，天寒地瘠，民贫俗俭"⑦。大同县，"徐疃村民刘绪妻，有容色，绪以牧羊为生，常居村外破窑"⑧。家中丧失男性劳动力的农户，母子为人牧放牛羊以维持生计。天镇李永清妻阎氏，"年二十五而孀，茹荼守志，抚子林儒以长，母子为人牧畜糊口"⑨。广灵县，郑遇之妻董氏，夫亡后，"家贫采野菜煮粥以食，子幼

---

① （清）黎中辅：《大同县志》，第94页。
② （清）张崇德：《浑源州志》，第161页。
③ （清）吴炳：《应州续志》，第438页。
④ （清）李长华修，姜利仁纂；汪大浣续修，马蕃续纂：《怀仁县新志》，第295页。
⑤ （清）黎中辅：《大同县志》，第53页。
⑥ （清）吴炳：《应州续志》，第508-509页。
⑦ （清）吴辅宏修，王飞藻、文光校订：《大同府志》，第131页。
⑧ （清）黎中辅：《大同县志》，第294页。
⑨ （清）洪汝霖、杨笃：《天镇县志》，第509页。

为人牧畜"①。直至民国时期，大同地方各州县仍然是耕牧结合，"地多沙碛，宜于畜牧，如骆驼、山羊、骡马之属，均为出境货品之大宗，乡人业此致富者甚多"②。

在农牧业之外，农民们还挖煤卖炭。大同，"冬春之时，天寒需煤，而田家事少，农民相率到矿，暂作窑工"③。在大同一带流传着"东村买粪不贫，西村卖炭不富"④的俗语。虽然这句俗语是劝农人回归本业，但是也反映了西乡一带冬季煤炭的开采和售卖，已经成为农人谋生的一种方式，而且这种方式获利微薄。左云，"农隙以后，有往煤窑服苦者，亦有以养车营生者。……有水地者，谓之园，种菜与麻，取利甚薄"⑤，而且稍有不慎还可能招致牢狱之灾。嘉庆年间，"五台县民高顺义在左云县瓦垄窑做工，靠卖煤度日。因左云县民安马银欠其一百五十文钱没还，高索要债务引发冲突，双方互伤，山户白光元主张报官，而受安马银阻止，结果安马银八日后因伤死了，最后判高顺义绞监候，白光元因听安马银受伤之时叮嘱未报官，依私和公事律，笞五十"⑥。尽管如此，到煤矿劳动仍是农民农闲时养家糊口的另外一种职业。

在出产盐碱的州县，农民还可能从事盐碱的生产。清代，"应州，山阴等处出小盐，丰镇出大盐，即煎盐、捞盐之别。碱，一名花盐，土多斥卤，土人刮而炼之，既成锭，又鬻贩西方，大同业者颇多众"⑦。天镇县诸多村落的村民以泠碱为业，如：兰玉堡村、东宋家厂、西宋家厂、卞家屯村等。

在农闲时，为商人赶马拉车或者出外作工也是另一种谋生手段。左云，"邑之民，牵车服贾于口外，为两大宗"⑧。应县民人以务农为主，"糊口四方者，

---

① （清）杨亦铭：《广灵县补志》，台北：成文出版社，1976年版，第171页。
② （民国）《山西风土记》，职业篇·第三，山西省史志研究院编，任根珠点校，《山西旧志二种》，北京：中华书局，2005年版。
③ 大同矿务局党史矿史征编办公室：《大同煤矿史》，北京：人民出版社，1989年版，第20页。
④ （清）黎中辅：《大同县志》，第94页。
⑤ （清）李翼圣原本，余卜颐增修，兰炳章增纂：《左云县志》，第136页。
⑥ 杜家骥：《清嘉庆朝刑科题本社会史料辑刊》，天津：天津古籍出版社，2008年版，第592页。
⑦ （清）吴辅宏修，王飞藻、文光校订：《大同府志》，第135页。
⑧ （清）李翼圣原本，余卜颐增修，兰炳章增纂：《左云县志》，第137页。

画工最多。凡归化城、张家口、杀虎口、和林格尔、托克托诸处及陕西之榆林、宁夏沿边一带蒙古，居人多崇释教，绘佛像饰寺宇者，皆应州工人为之。……每有出门数年而即拥厚赀而□者"①。

尽管农民在务农之外，或畜牧，或采煤，或熬盐碱，或为商人赶马拉车，生活依然困顿。一遇荒歉，农人甚至卖妻鬻子，背井离乡，奔赴他处寻找生路。广灵，"秋成稍歉，即悬罄堪忧"②。阳高，"一遇荒歉，流离不堪，而输赋孔难矣。凋疗易而抚养难"③。康熙三年（1664）大同地方发生了饥馑，人口买卖盛行，"父母鬻男女，丈夫鬻妻子"，"豪猾倡优之为奸者，援结门户，肥金厚货，易美女、秀男者，车马络绎于道"④。光绪《广灵县补志》卷十《艺文》中收录的朱休度《拟古诗为满洞子妻作》中记述了乾隆五十五年（1790）的灾荒中，"父鬻其女，夫鬻妻，三百五百，得钱便相随彼略卖人者"⑤。灵丘发生灾荒，则"挈家就食邻郡"⑥。流行于广灵的一首民歌，将灾荒发生之后的农村景象描绘得淋漓尽致："大清国，是条龙，咸丰皇帝把基登。头年二年没下雨，三年四年旱得宽，五年六年年景好，又起蝗虫罩满天。集市粮谷数颗卖，河里杂草上秤称。头等人家卖骡马，二等人家卖庄园，三等人家没得卖，手拉儿女送人家。"⑦

以上所述为清代山西长城沿线村庄社会构成和民众面临的生存环境以及生计选择。可以看出，卫所成为村落之后，随着人口增加，人们不断在原先居住的村庄之外寻求新的生存之地。新的土地被开垦，春耕秋收时临时搭建的伙房、军地、驻牧地、采石场、寺庙地、山林地等处，进一步形成了新的村庄，农业生产方式也得到了拓展。从清代长城沿线其他地方发展的事实来看，农业生产方式已经越过长城，逐步拓展到了长城以北的蒙古草原。在清代人的游记、著述、日记中对于长城以北区域进行农业生产已经有了描述和记录。康熙年间，

---

① （清）吴炳：《应州续志》，第426页。
② （清）杨亦铭：《广灵县补志》，第219页。
③ （清）房裔兰，苏之芬：《阳高县志》，第73页。
④ （清）刘士铭修，王霨纂：李裕民点校：《朔平府志》，第984页。
⑤ （清）杨亦铭：《广灵县补志》，第225页。
⑥ （清）宋起凤、岳宏誉：《灵丘县志》，第88页。
⑦ 山西省广灵县县志编纂委员会：《广灵县志》，第640页。

法国人张诚的日记中对塞外的农业发展情况进行了描述:"出了张家口深入蒙古草原后,看到零星驻扎的蒙古人的帐篷,又看到一个中国流放者居住的小村庄,……住在此地的中国人已开垦了几小块土地。从这几块土地可以看出,这儿的山丘和平原是易于耕种的,而且很可能会高产。我们听说酷寒会妨碍粮食作物成熟,但经验证明结果正好相反。"① 然而,通过对山西长城沿线村落和农业发展状况的分析可以推测,真实的情形并不一定和张诚想象的一样。清代山西长城沿线农业普遍不发达,民众为了谋生不得不四处寻求生存的途径。

第三节　城镇、商业和商人

清代山西长城沿线区域城镇主要包括历史时期的府州县、厅旗盟城及以下小城镇(主要指具有商业意义的贸易集散中心地)。

一、中心城市:大同和右玉

大同作为明代大同镇城和清代大同府驻地,其经济发展水平明显高于其他县级城镇。明代,"大同地方广袤数百里,僻州山县,士农之家人尚勤俭,有古之遗风。其郡城内,藩府有常禄之供,将士有世禄之养,商旅辐辏,货物涌。虽曰穷边绝徼,迨与内郡富庶无异,而奢靡过之"②。如遇节日,消费更是超乎寻常,"宗藩、官宦或婚姻之家,彼此往来颇为扰费,如中秋市瓜者,总计值银三二千两",在穿着打扮上更是迤逦,"衣服以锦绣为常","贫家妇女必得纱罗,人乃不笑"③。明代大同为王室子孙的藩封之地,加之军士屯集,历史展现出的另一场景是大同城内繁华不下江南。

清代边境线和民族交易线北移。因军事需求和民族贸易而带来的繁华和富庶,渐渐随着大同的边镇地位丧失。清初大同城市经济回归至内地一般城镇的

---

① 张诚:《张诚日记》,《清史资料》(第五辑),北京:中华书局,1984年。
② (明)张钦:(正德)《大同府志》,《四库全书存目丛书》,史部一八六,济南:齐鲁书社,1996年版,第221页。
③ (明)张钦:(正德)《大同府志》,第222页。

水平。甚至因农业的不发达，商业也深受影响。雍正《朔平府志》中对于雍正时期大同地方商业的总体状况做了描述："惟右玉杀虎一口通道北蕃，为牛羊驼马皮革木植之所出，商贾称络绎焉。"①

清中后期大同城市经济逐步恢复和发展。乾隆三十四年重修云冈石佛寺时，大同城内捐资助修的各商行有布行、当行、钱行、杂货行、缸行、皮行、帽行、干菜行等。除了城内的商行之外，大同也有在外经商颇有成就之人。乾隆五十二年（1787），大同发生了灾荒，在宁夏经商的大同人申君昭，"发船输粟百余石运至家，分给亲族，一时宗党赖以全活"②。咸丰十一年（1861）重修云冈石窟大佛寺时，捐资助修的各商行店铺有：太和当、万源当、义利源、万盛兴、义贞源、万荣店、义聚源、天顺店、义盛店、永丰店、义成源、万昌店、福成魁、万溢店、源成店、广昌店、天义店、宝兴店、天盛店、天泰店、天合店、永合公、天顺德、德厚店、天兴功、万涌泉、万和义、万盛店、德丰远、万和泉、庆泰店、鼎兴恒、永成当、永德当等。③ 当然这些商号中有的是周边县城的，但是由此可见其时大同一带商业较为兴盛。道光时期"城中四角街巷一百三十六条，房舍比栉，毫无隙地"④。大同城中"泥瓦木作，实繁有徒"⑤，"其他工作技艺，亦日用之常，通都大邑无以异也。外间竟传大同出铜器，如火碗之类。然率皆朴素浑坚，求如西洋之精奇则相逊远甚，攻金之工不过能此而已。其匠艺之最众者，尤有毛袄匠、口袋匠十倍于他处云"⑥。

朔平设府之后，府治选在了交通便利、相对富庶的右玉城。直至京绥铁路通车之前，经由杀虎口前往绥远、外蒙古的商路是大同通往外埠的一条重要路线，右玉城经济因此而略显繁华。当时右玉的社很多，有的以行业结社，有的以籍贯结社（表2-3-1）。铁路开通后，右玉县"杀虎口，在县北二十里，昔为归化市要冲，设税关监督，今监督虽仍旧，名已移驻丰镇，往来客货遂

---

① （清）刘士铭修，王霨纂；李裕民点校：《朔平府志》，第498页。
② （清）黎中辅：《大同县志》，第263页。
③ 张焯：《云冈石窟编年史》，第358页。
④ （清）黎中辅：《大同县志》，第94页。
⑤ （清）黎中辅：《大同县志》，第94页。
⑥ （清）黎中辅：《大同县志》，第94页。

稀"①。

表2-3-1　清代至民国时期右玉的结社情况表②

祁县社	祁县在右玉做买卖的商人组成
代州社	代县在右玉做买卖的商人组成
崞县社	崞县右玉做买卖的商人组成
鲁班社	铁匠、木匠组成
鲜果社	杂货商人组成
灶君社	厨师组成
文化社	读书人组成
金龙社	农民组成
永安社	有牛车的人家组成

二、县城和厅、旗城

除了大同、右玉两个中心城市，山西长城沿线其他城镇大致可分为三种类型。

（一）历史悠久的县城

在山西长城沿线区域内，广灵、灵丘、浑源等城修筑时间较早，虽然经历朝代更替，城池多次修补，但是至清代时已经具有一定规模的集市。广灵县城修筑于"唐同光二年"，市廛"在南关一处，三六九日集"③。灵丘县城建于"唐开元年间"，市集有"东关集、西关集、三山村集（城东二十四里）、东河南集（城西三十里）、赵壁村集（城西四十五里）、上寨村集（城南七十里）、下关镇集（城南九十里），集期东西关双日而市村镇二五八、三六九不等"④。浑源（州）城"每月逢二日东门集，逢四日州门前集，逢六日西门集，逢八日

---

① 林传甲：《大中华山西省地理志》，商务印书馆，1919年，第219页。
② 右玉政协文史资料编纂委员会：《右玉文史资料》（第2辑），1987年，第34页。
③ （清）郭磊：《广灵县志》，台北：成文出版社，1984年版，第54页。
④ （清）雷棣荣、严润林：《灵丘县补志》，第248页。

西门外顺成街集，逢十日西关集"①。

（二）卫城转变成的县城

清顺治七年（1650）十月，清政府对大同地方卫所进行了裁并，高山卫和阳和卫基础上建立了阳高县；镇鲁卫和天城卫是天镇县的前身；云川卫和左卫之上成立了左云县。雍正三年（1723）裁撤天镇、阳高和左云卫，改为县治，与此同时三卫城改为县城。原属宣化府的蔚县县城也属于此例。蔚县，清初因明制，康熙三十二年（1693）改卫置蔚县（县名自此始），隶属宣化府。乾隆二十二年（1757）蔚县归入蔚州，州县合治，蔚县县城进入了新的发展时期。从卫所到州县的改变，不仅是称呼上的更改，重要的是城市职能的变换，城镇的军事职能减弱，政治职能和经济职能加强。

（三）厅城和旗城

明朝疆域一度广大，但是中央王权较弱，大青山及河套一带皆不归属中央管辖。长城为边，置卫成守。清代长城内外的局势发生了明显的变化。清政府对蒙疆地区开始精心治理和开拓。"口外十二厅"的设立即是对长城中段蒙地治理的明显例证。"口外十二厅"中属于山西长城沿线区域逐步发展起来的城镇有：丰镇、兴和和凉城等。丰镇，乾隆十五年（1750）由丰川、镇宁二卫合并成丰镇厅。兴和厅，光绪二十九年（1903）置，也证实了兴和城的发展。1913年宁远厅改称凉城。不过，这些城镇大部分兴起较晚，其发达程度远不如长城沿线以南的城镇。

三、市镇（或商品集散地）

（一）蒙汉边市贸易兴起的堡城

清代外长城沿线的堡寨，仍有驻军和衙署，驻军人数减少和衙署级别降低，部分堡寨起着周边村落及蒙汉之间的物资交流市场的作用，如：得胜堡、助马堡、拒墙堡等。其他临边堡寨也在蒙汉经济交往过程中发展起来，如新平堡，"清末民国年间，先后有缸房4处，保德泉、双城泉、和裕泉、李氏缸房……磨

---

① （清）张崇德：《浑源州志》，第161页。

面铺5处，较大的复成德、杨记、李记、王记面铺。糖坊1处，醋坊2处，油坊2座，制酱、豆腐加工等。有冯记、任记木匠铺，铁匠炉2户，擀毡、制鞋、染坊、缝纫、柳编、席坊、砖瓦制作等"①。

（二）俄蒙边境贸易兴起的市镇

1728年，中俄签订《恰克图条约》，晋商的活动区域逐渐发展到塞外的张家口、归化（民国后称归绥，今内蒙古自治区呼和浩特）、多伦、恰克图等地，开辟出东西两口（东即张家口、西即杀虎口）过外蒙古入俄境的商路，杀虎口逐渐由军事重镇演变为边贸中心。据《绥远通志稿》记载："绥为山西辖境，故经商于此者多为晋籍。其时贩运货物，经过杀虎口交纳关税后，至归化城行销无阻。"随着中俄边境贸易的发展，杀虎口盛极一时，住户多达5000户，人口突破5万，商贾云集，集市繁荣，店铺林立。

可见入清之后，长城以北内蒙古南部区域成为了内陆腹地，政治上的统一为城镇的兴起提供了条件。清初内蒙古南部的城镇主要是为了西北安危和协调民族矛盾而设，大多为功能单一的卫所城镇。之后，中原和南部局势的稳定、西北噶尔丹叛乱的平定，长城沿线城镇军事功能逐步弱化，经济功能不断增强，从军城向治城和商城转变成为该区域城镇发展的主要轨迹。但是，由于历史地理的原因城镇发展均受到了不同程度的限制。

四、商人及其地位

山西长城沿线各州县的富商大贾多来自山西中南部，本地人为商者也有不少。大同"邑之懋迁者太原、忻州之人固多。而邑民之为商者亦不少"②。仝有恒，"字乐田，孝子仝勋之子也。家贫，服贾养亲，往来燕赵间，积十年渐致饶裕。性慷慨，喜别恤"③。申君昭，"幼以贸易废学。乾隆五十二年，岁大祲，君昭经商宁夏，发船输粟百余石运至家，分给亲族，一时宗党赖以全活。初君昭在归化城恒丰号，财伙十家，生业中败，负人者甚多。君昭每以是为耿耿。

---

① 天镇县史志办公室编：《天镇县村镇简志》，第2193页。
② （清）黎中辅：《大同县志》，第94页。
③ （清）黎中辅：《大同县志》，第262页。

十余年后，复至归化，贴报单于通衢，令当年受负者各持券至，如数偿之。至今佗为美谈"①。萧威，"天性孝友，年十三，母见背。事继母刘，先意承志。刘氏尝语人曰：'儿孝如此！奚必出腹，子哉！'服贾养父母，不有私财。抚小弱弟成立。同居共爨终其身。乾隆二十三年，举乡饮"②。黄印，"字临川，少贫，喜读，苦无资，遂为商贾业"③。

除了在本地经商的，也有远去绥远、归化城、包头、宁夏一带谋生的。"塞上商贾，多宣化、大同、朔平三府人，甘劳瘁，耐风寒，以其沿边居处，素习土著故也"④。张师孔，"有祖遗生业在绥远城，年久废坠，其伯叔委之师孔，不数年生业增盛，仍平分亲属不少私"⑤。也有人远去沈阳贸易的。孙光正，"年二十，父母并殁，让田产于兄，而自佣贩缯家。既而往来沈阳，经营贸易者十余年，积资渐饶。而贩缯家中落，亏董姓母金盈千，光正慨然偿之，人服其义"⑥。有远在乌里雅苏台经商者，大同县重修关帝庙时，"突有持二百余金从外募来者，询之，则贩运百货，岁与乌里雅苏台交易之人王镒也。郡人义之，以为帝君屡显灵异，普天俱感。虽在殊域，尚有念故乡之神威，而谋所以报之者，我辈实赧焉"⑦。在大同县志烈女传中记述了几位在外经商的大同人的妻子。杨氏，"王世魁妻，世魁贸易辽阳，杨妇代子职，事舅姑最孝"⑧。张氏，"阎昌绪妻。年二十二绪贸易卒于外"⑨。李氏，"王功普妻。功普远贾不归，有传其凶耗者。时李年二十四，子甫一岁，伶仃孤苦，惟缝纫浣濯自给，鞠子成立，年近七十"⑩。

由于各州县所处的地理位置不同，民众对商业的认知程度不一，商业发展

---

① （清）黎中辅：《大同县志》，第263页。
② （清）黎中辅：《大同县志》，第259页。
③ （清）洪汝霖、杨笃：《天镇县志》，第259页。
④ （清）纳兰常安：《受宜堂宦游笔记》，乾隆十一年刻本。
⑤ （清）黎中辅：《大同县志》，第259页。
⑥ （清）黎中辅：《大同县志》，第261页。
⑦ （清）黎中辅：《大同县志》，第335页。
⑧ （清）黎中辅：《大同县志》，第280页。
⑨ （清）黎中辅：《大同县志》，第285页。
⑩ （清）黎中辅：《大同县志》，第286页。

也呈现出不同的状况。怀仁县,处于较平坦的盆地,较山路崎岖,商贾难至的州县,商业较为繁华,但"无大贾亦无奇货,聚于市者,不过通有无而已。邑中富商不过数家"①。左云县,"土著之民合伙贸易于邑城者,甚少,大半皆往归化城开设生理或寻人之铺"②。秋收之后,"入城贸易者,大率皆以粜谷为完粮还债之用,多则二三石,少或四五斗,从来概无大宗"③。天镇县,"奇寒酷冷,地瘠民贫,变产难售,称贷维艰,室家鲜保门户,罔顾舟车,商贾不同"④。

有的州县商业活动频繁,浑源州,"每月逢二日东门集、逢四南门前集、逢六西门集、逢八日西门外顺城街集,逢十日西关集"⑤,但是这种集市只是一些满足日常所需的活动,是小商小贩所为。有的县,在一年之中的商贸活动仅存于一年一度的庙会上。灵丘县,"六月三为南岳府君圣诞,士民祭祀为谨,四方商贾皆至,邑之人终岁日月所需以及男女婚嫁钗裙衣中之饰皆于此日置办,市易三日毕,居民各归农业,商贾亦行,岁以为常,后延长惟十日"⑥。有的县以农业为主,广灵,"居民专务农业,应童子试者,不过百余人,诸生入则横经,出则负耒,士亦农也,又其性恋土怀乡,不能牵车服贾"⑦。

在以农为本的社会,大同地方商人的总体地位并不高。但是,大同地邻蒙古,又是军粮的重要转运地。清前期,大同商人与官府的关系比较密切,商人有向官府借米粮的行为,并承接官府的粮食运输任务。有的州县,从商者的行为举止,影响到了当地社会风尚。大同,"俗尚勤俭,有陶唐氏之遗风。近颇奢侈其端,始于富商嫁娶,衣饰一切务期丽都。居者阛阓翕然效之,多有不称其家者。绅衿家间有力矫其弊,崇尚节俭;而反窃笑之。然唐俗素俭,长民者示以俭为美德,未有不可渐复其初者也"⑧。有的州县,商人远徙他乡,影响到了

---

① (清)李长华修,姜利仁纂;汪大浣续修,马蕃续纂:《怀仁县新志》,第296页。
② (清)余卜颐、兰炳章:《左云县志》,第137页。
③ (清)余卜颐、兰炳章:《左云县志》,第227页。
④ (清)洪汝霖、杨笃:《天镇县志》,第513页。
⑤ (清)张崇德:《浑源州志》,第161页。
⑥ (清)宋起凤、岳宏誉:《灵丘县志》,第88页。
⑦ (清)郭磊:《广灵县志》,第25页。
⑧ (清)黎中辅:《大同县志》,第95页。

当地的财税征收。左云县，商人"往往二三年不归，以致征粮之际，或偕实以行，或家无男丁，有司不能过而问焉。且有以贸易迁居，大半与蒙古人通交结，其利甚厚，故乐于去故乡而适他邑也"①。

---

① （清）余卜颐、兰炳章：《左云县志》，第137页。

第三章

社会治理：从治军到治民

明初统治者以移民和驻军的方式加强对长城沿线的管控。经历了明清之际的宋起凤曾经在其著作《稗说》中有关于甘肃风土的记录："甘肃为九边之一，地处西北，逼临黄河皆水田。……人家皆平屋，施筒瓦，类官司衙署。然以地近边，边多风且劲，凡瓦不能敌斥。男女皆操吴音，盖明初高帝徙秣陵人戍此，至今语不易，妇饰亦如吴宫髻，长衫，但不纨绮。家各蓄弓矢鹰犬，数事猎。"① 可见，长城沿线移民戍边是一种常态，山西也是如此。

洪武初年，"上以山西弘州、蔚州、安定、武、朔、天城、白登、东胜、丰州、云内等州县，北边沙漠，屡为胡虏寇掠，乃命指挥江文徙其民居于中立府，凡八千二百三十八户，计口三万九千三百四十九"②。洪武七年（1374），置大同前卫。洪武二十六年（1393），"置大同后卫及东胜左右、阳和、天城、怀安、万全左右、宣府左右十卫于大同之东；高山、镇朔、定边、玉林、云川、镇虏、宣德七卫于大同之西，皆筑城置兵屯守"③。明代州县和卫所并存，军事和民政交错的结构，使得守土之官，"有事则料敌制胜，决策于帷幄之中，无事则桑土绸缪，徙薪于曲突之际"④。

清代卫所裁撤和设县之后，行政结构和社会结构的变动对社会治理提出了新的要求。军事长官兼理民事的现象逐步退出大部分区域，但是仍然存在于军民混杂、旗民混杂的村堡和长城以北蒙汉混居地区。大同地方的官吏要秉承国

---

① （清）宋起凤：《稗说》，谢国桢编：《明史资料丛刊》，1980年6月，第23页。
② 李锋等：《明实录大同史料汇编》（上册），北京：燕山出版社，1999年版，第11页。
③ 李锋等：《明实录大同史料汇编》（上册），第23页。
④ （清）刘士铭、王霨：《朔平府志》，第410页。

家的意志，加强对地方社会的控制和管理，向地方社会宣传国家政治制度、法律体制、儒家伦理，并对乡村社会的恶习陋俗进行纠正和废止。

本章拟接续前两章的内容，探讨地方行政管辖范围和社会结构的变动之后，山西长城沿线基层控制、社会秩序和社会问题治理状况，并以此来观照社会治理中在长城沿线由边地向腹里社会的演变。

第一节 基层控制：保甲到巡警

马克斯·韦伯在谈到传统时代的中国社会治理时说，"正式的皇权统辖只实行于都市地区和次都市地区。出了城墙之外，统辖权威的有效性便大大地减弱，乃至消失"①。清代山西长城沿线地方社会的运转和治理，在一定程度上依赖州县官和其衙署人员，但由于所涉地域广袤，大同一府"东至保安州深井界三百六十里，西至右卫黄土山墩二百五十里，南至雁门关二百四十里，北至长城一百四十里"②，而且交通条件极为落后，地方官员很多时候鞭长莫及，这就使得地方官在进行社会治理时，必须依赖一定的地方社会组织。

清代国家对于乡村基层社会的控制，是在明代里甲制的基础上进一步推行保甲制。在赋役征收时主要按照里甲制，在社会治安方面凭借保甲制度。顺治元年（1644）颁行保甲制度，其法："县城乡十户立一牌头，十牌立一甲头，十甲立一保长，户给印牌，书其姓名、丁口。出则注其所往，入则稽其所来。寺观亦给印牌，以稽僧道之出入。其客店，令各立一簿书，寓客姓名、行李、牲畜及往来何处，以备稽察。"③ 之后，直隶总督又呈请，"凡属军宅屯庄，不拘乡村城市，概入保甲。一人为盗，九家连坐"④。顺治六年（1649），局势初定之后，又颁布上谕，将保甲制度推行至全国。"凡各处逃亡民人不论原籍别籍，

---

① 马克斯·韦伯：《儒教与道教》，南京：江苏人民出版社，1993年版，第110页。
② （清）胡文烨：《云中郡志》，第14页。
③ 《清通典》，食货九，户口丁中。
④ 《清实录》，第1617页。

必广加招徕编入保甲，俾之安居乐业"①。

康熙四十七年（1708），保甲制度得到加强。"一州一县城关各若干户，四乡村落各若干户，户给印信纸牌一张，书写姓名、丁男口数于其上，出则注明所往，入则稽其所来，面生可疑之人，非盘诘的确，不许容留。十户立一牌头，十牌立一甲头，十甲立一保长。……无事递相稽查，有事互相救应。保长、牌头不得借端鱼肉众户。客店立薄稽查，寺庙亦给纸牌，月底令保长出具无事甘结，报官备查，违者罪之。"②保甲之法，在于方便国家对地方的管理，其制度不仅约束民众，而且对于保长、牌头也有一定的约束。

乾隆二十三年（1758），保甲之法进一步完善。"凡绅衿之家，与民一体编列，听甲长稽查。其余往来商贾、盐场、煤窑以及旗民杂处村庄、苗疆寄籍内地者，俱令同土著一体编入保甲稽查约束。"③保甲范围从城乡四处，扩展至往来客商、盐场、煤窑及旗民杂处村庄、苗疆寄籍内地之人，都一体编入。

清代山西长城沿线可以看见里甲制的推行情况。顺治时期大同府属各县依据人口多寡分为不同的里数。大同县编户二十六里，怀仁县编户九里，浑源州编户一十一里，应州编户二十里，山阴编户七里，朔州编户八里，马邑编户八里，蔚州编户一十六里，广灵县编户八里，广昌县编户四里，灵丘县编户一十里。④康熙时期的广灵邑令李焕斗在《编审缺额详文》中就曾经提到，他"顺里顺甲，逐户严查"⑤，力求对本邑户口和土地的状况有一个详细的了解。至乾隆年间，天镇县已经建立起来非常完备的保甲体系，保甲制度推行至县属每一个村落，而且之后建立的村庄也逐步纳入保甲体系，如南园子村，乾隆年间，"村内多为菜园子，看菜小屋"。光宣年间，"有乡约，设6个牌"⑥。不过，长城沿线村落中实施保甲的情况并不一样。有的村庄，设有多甲，有甲长共主村事。如：新平堡村，"乾隆十八年前后，设5甲，下分48牌，有甲长5人，牌

---

① 《清实录》，第1840页。
② 张廷玉等：《清文献通考》，卷二十二，职役二。
③ 《清通典》，食货九，户口丁中。
④ （清）胡文烨：《云中郡志》，第17-19页。
⑤ （清）郭磊：《广灵县志》，第36页。
⑥ 天镇县史志办公室编：《天镇县村镇简志》，第238页。

111

头48个，由甲长5人主村事"①。有的村庄甲长、牌头管理村落事务，如永嘉堡村，"清初设甲，有甲长主村事。同光年间设保长，由薛、宋、李、王四大姓轮流充任，每四年一任"②。有的村庄为富户庄子，甲长、牌头和庄头一起管理村庄事务。如：上水冲口村，"康熙中期村内设1牌，有牌头1人。时属牌头、庄头主村事"③。有的村庄，明代为军堡，清代仍有驻军，在村庄管理上一直是军民分治。如：瓦窑口村，"嘉靖年后，额设旗军舍宇468名，马21匹，军官里屯政兼管民事。清初仍为军堡之一，设操守1人，马步战守兵78人，操守兼理民事。康熙五十八年改把总为千总，带兵兼理民事。雍正立县后，增设分汛，乃为军堡，千总，又外委把总1人。兵民分治，平民设甲，甲头主村事。咸丰十一年裁千总仅设把总1人。堡民设甲，下分10牌。光绪年间，仍设外委把总1人。村民乃由甲头管理"④。有的村庄分属长城内外，在组织上也分属不同的甲管理。八墩村，"有清一代，至中华民国，以长城为界，南北村民各有所属。光绪年间，长城外属东乡，八墩甲公所；长城内亦设牌，属平远堡甲。民国初年，长城外属第三区；内则属平远堡甲公所，设3个闾"⑤。

道光时期大同县令黎中辅强调："养民之政，固首在农桑；而安民之道，莫先于保甲。"⑥他任大同县知县时，修订了大同县保甲之法，令每户悬挂门牌，"门牌即古之图籍也，岂专记户籍乎哉，共此比邻而居，而十户中月增岁减，观于积善余庆，而长其子孙，不善余秧，而覆其宗祀，安可以小善为无益而不为，以小恶为无伤而不去哉？惟父诏其子、兄勉其弟，无蹈匪僻，无□宴安，姻俗尚敦宠，而家兴仁让矣。此立牌之重也夫"⑦。保甲门牌有两种，一种是总牌，每相邻的十户为单位，编为一总牌，每户按日轮流悬挂。寺院僧尼户牌和民牌不编在一处。鳏寡孤独者不按一户计算，列在牌后。另一种是户牌，每户悬挂一牌（图3-1-1）。

---

① 天镇县史志办公室编：《天镇县村镇简志》，第2202页。
② 天镇县史志办公室编：《天镇县村镇简志》，第1992页。
③ 天镇县史志办公室编：《天镇县村镇简志》，第1509页。
④ 天镇县史志办公室编：《天镇县村镇简志》，第2178页。
⑤ 天镇县史志办公室编：《天镇县村镇简志》，第2382页。
⑥ （清）黎中辅：《大同县志》，第379页。
⑦ （清）黎中辅：《大同县志》，第379-380页。

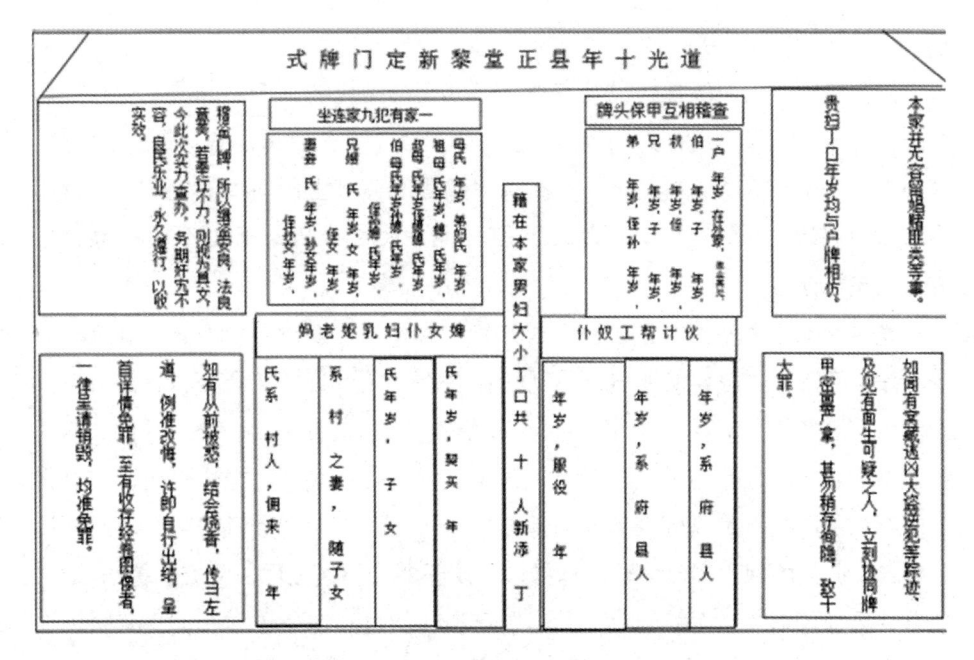

图 3-1-1　道光十年县正堂黎新定门牌式①

保甲的基本职能，是维护地方治安。"牌头保甲互相稽查，一家有犯九家连坐"，在保甲的门牌上，写明"本家并无容留娼赌匪类等事。男妇丁口年岁均与户籍相符。如闻有窝藏逃凶大盗逆犯等踪迹及见有面生可疑之人，立刻协同牌甲密禀严拿，甚勿稍存徇隐，致干大罪。如有从前被惑，结会烧香，传习左道，例准改悔，许即自行出结，呈首详情免罪，至有收存经卷图像者，一律呈请销毁，均准免罪"②。保甲之法遍行城乡各处。至于大同城中，黎中辅还添设巡夜更夫，每月支给工食，每日的米粮油炭也充足供应。在大同城分为四角，各街各巷设置更夫、巡役，"每人身挂腰牌，填注姓名并所管街巷段落，以备查点"③。为了防止巡夜的更夫和巡役偷懒，还采用了传递更筹的方法。巡役传红筹，更夫传绿筹，每夜传两次，"如有怠惰停留者，则筹往下递之时，更点早

---

① 笔者据（清）黎中辅《大同县志》第379页图《道光十年县正常黎新定门牌式》绘制。
② （清）黎中辅：《大同县志》，第378页。
③ （清）黎中辅：《大同县志》，第379页。

过，次早无所逃责"①。

同治年间，山西巡抚鲍源发布了《举办守助谕》张贴于各州县，要求民间"办守助，以安闾阎"②，其中包括立团总、挑壮丁、执旗械、备梆锣、安栅栏、齐心志、练胆气等条。这些条目是在保甲章程的基础上因时而制定的，并且提出"如有因地、因时应行变通之处"，各团总、团长"共同商议"，并"禀请地方官察核详办"③。

晚清巡警作为一种国家控制方式开始引入中国，以代替保甲，成为维护城乡秩序的新制度。巡警的职责，囊括"维秩序，诘奸宄，正风俗，化莠民，以及卫生交通大政"④ 等。山西，"西、南连陕、豫，北界蒙部，地面辽阔，向为盗贼出没之区。近年边外垦务渐兴，汉蒙、民教错居杂处，嫌衅易生，非有得力防营扼要屯扎不足以资震慑而靖地方"⑤。光绪二十七年（1901），山西开始办警务，原先的保甲局改为巡警总局，下设五个分局。之后，又成立警务学堂，招募警员进行训练。巡警的设立，其职责和功能也和保甲不尽相同，有防护地方安全的职责，也有和地方协同服务近代城乡的意味。大同城警察随时纠正旅店、妓院、澡堂等处的卫生，并保证这些公共场所的安全。警察还责成商会负责商号门前的街道清洁和太平水缸的设置，和学校、商会、街道一起，动员学生、商人、住户消灭蚊蝇。

从整体上讲，国家逐步推行保甲制度，力图将大同地方每一乡村都纳入整个保甲制度体系之中。但是，事实上长城沿线各村落住民驻军情况不一，村落设闾甲的情况也不相同，在一村中不同区域的具体归属情况也存在着差异。所以，清代山西长城沿线的基层控制实际上一直处于交错混杂的状态，个别村落还处于军民分治、长城南北分治的情形之下。

---

① （清）黎中辅：《大同县志》，第379页。
② （清）杨亦铭：《广灵县补志》，第96页。
③ （清）杨亦铭：《广灵县补志》，第98页。
④ （民国）王谦：《大同县志》，政治志·警察。
⑤ 中国第一历史档案馆：《光绪朝硃批奏折》（第35辑），北京：中华书局，1996年版，第497页。

<<< 第三章　社会治理：从治军到治民

第二节　乡约与地方社会

"乡约与保甲相表里，保甲弭盗之善策也，然乡约实行则盗不用弭，何也？先有所化之也。"① 下面就清代山西长城沿线的乡约和乡村社会秩序作一探讨。

一、乡约的资料

目前关于清代山西长城沿线乡约的相关资料，主要有三大类：一、清代山西长城沿线各府州县志中有关各州县推行乡约的情况，即所记各州县宣讲康熙时"上谕十六条"和雍正时宣讲"圣谕广训"之事。二、地方碑刻资料中所记乡村自定的自我约束的村规。三、散见于方志碑刻或者是民间资料中的乡约和民规的记载。这些资料或多或少为了解清代山西长城沿线乡约的实行情况提供了一些支撑。

志书所记乡约的情况。志书所记多为清代山西长城沿线各府州县设立讲约所，宣讲上谕十六条和圣谕广训之事。

碑刻资料中的乡约、民规。此类资料，目前较少见到，但是并不证明没有此种碑刻中所立的乡规民约，就没有推行乡约制度或者村庄中没有乡约。现举两例如下。

其一，怀仁县里八庄乡里八庄村光绪六年（1880）《重修三圣庙碑记》碑阴所记，立阖村乡会公议村中规矩事：

照得村中老幼知悉，均不准过犯。如有不遵者，定行罚数，绝不姑宽。今将所禁止迭件事开列于左，以垂戒诸人：

第一件，凡庙中新旧公物不准暂借当。如犯者，罚钱十千文。

第二件，凡庙中议论公事不准添言语。如犯者，跪□一日。

第三件，凡庙宇砖瓦墙壁不准□损坏。如犯者，罚油五斤。

第四件，凡庙中桌椅板凳不准轻瞒昧。如犯者，罚钱一千文。

---

① （民国）陈廷章修，霍殿鳌纂：《马邑县志》，第152页。

第五件，凡村中老幼打闹不准混撞钟。如犯者，罚油十斤。

第六件，□中场面老幼不准掘坑取土。如犯者，罚钱二吊。①

其二，广灵县作疃乡作疃西堡村处理碾渠纠纷碑所记"使水用磨"事（1909）。兹将碑文照录如下：

尝思理之所在，何必恃强而争也；义之所在，亦非因人而胜也。本村人谭得有水碾一处，居西堡戏楼之东，渠水绕戏楼之南。宣统元年二月间，此戏楼中将演戏酬神，忽然渠水将戏场道所冲，男女不能行走。因思此渠向年来未曾冲脱，一旦溃泄如此，或系碾主不能勤修自溢，或系碾主故意拆水害人亦未可知。村正李树、村副王坡等，即与典碾人魏养理较冲道之事，伊反出不逊之言，乃与会首人等逞凶。如此危险，难以办理神戏。情出无奈，只得禀控。普天案下，批候饬差弹压，传安讯究。差役执票到村，未经堂讯，经同乡人梁飞鹏、宋加、魏江、王尚成等妥处，让伊等狂徒不与较论，将渠道补修后，又补戏酬神，两家息和，具结完安。自今以后，碾主勤修碾渠，谨防水患。至于掌碾使水一事，仍从古制而行。先以养育生灵，次以灌溉种植，终以馀水碾动。其于磨面，先磨于本村，然后及于外村，不许碾主令外村人占磨，亦不许日后增价。仍从旧日，磨粗面者，每一斗大钱五文；磨细面者，每一斗大钱十文为限。从此遵明前情，村正李树等从宽免究，两家仍敦前好，俱愿息讼。故勒石为记，以备后人遵守焉。

石匠　马利　大清宣统元年四月上旬谷旦立 ②

其他资料中所见乡约、民规。这类型的资料大多数为一些相关的记载。例如官员在发布告示或禁令之后，往往会加上类似于让乡约人等配合实施的话语，如："着令各乡约、里长、庄头不时稽查。"③ 在民间保留至今的契约和诉状中也有"乡约"字样和乡约在乡间的活动情况。附笔者于2015年9月26日田野调查收集的相关契约和诉状如下：

大清嘉庆十三年（1808）立合同推军粮地文约：

---

① 王鹏龙：《雁北明清剧场及其演剧研究》，北京：中国戏剧出版社，2013年版，第342页。
② 王鹏龙：《雁北明清剧场及其演剧研究》，第350页。
③ （清）郭磊：《广灵县志》，第40页。

立合同推军粮地文约人张春喜春发春有春仁四人，今将自己祖遗军粮地亩同人说合情愿出推于张典福名下各分承接，中同众言明，荒熟各段、地亩、窑院、场面、树株、菜地内等一切在内，典福各接一半承种，永远为业。内带西余里银两豆内随得胜堡军租麦石七斗或升言明两家每年上柜赴仓火交完纳，还有十三年欠该银两米豆军租两家亦火交纳。粮地坐落张铁窑村张布代沟村大东台，军地坐落十对地，一切差事出与小官窑村。知给期内，如有亲族人等争夺，现有原主四人一面承当，恐口无凭，立推接军粮地合同一样二张各执，永远为照用。大清嘉庆十三年九月二十二日。乡约闫孝；闫□□、马□□、任□□、张□□中□人

道光十四年（1834）左云县张氏立推军粮地文约：

立推军粮地文约人张崇法张崇有张崇亮张要张成父子五人，今将自己军粮祖遗地亩同人说合情愿出推于张玉张喜二人名下，军粮一所坐落张铁窑村，又随代水泉沟坡南半困出地二十五亩与本主堡路东粮地以□旧□经祖神钱，得胜堡军租一石斗二升，一应全出，路西十对地坡军地经祖神钱官产应出一半种一亩应出半，□水泉沟坡地不□小官儿窑村无干，唱戏管饭情张门无干，十对地坡地卢家窑村出差一半，又随代大东台粮地一段，坐落张布袋沟村，又随代杨何粮□一□，二人永远承种，欠钱粮日子二年米豆三年所完粮钱一十五千文，恐口无凭，立约存照用。道光十四年四月二十六日。乡约陈的元、马有、马天喜；陈福、史开元、智有时，同人；雷金差议。

道光年间（约1834年前后）左云县卢家窑村张喜诉状：

诉状人张喜，年三十一岁，系左云县属卢家窑子村，据案六十里。

为串欺无厌、藉公妄断祈恩鉴原质究事。缘小的与案属小官窑村系为邻乡，情由张铁窑张春发弟兄于嘉庆十三年间，因施粮无措，将伊粮地并军地推与小的父名下承接，完交西余里钱粮、供纳并军租。切此村因旱年遭荒，外窜无人，其村一应差事，已归小官窑儿村经办，至小的照议应差，经年并无迨。至道光十三年间，讵该村闫孝、闫润欺窥小的各村懦弱，控诉有案，旋经□妥，立有合约各执，俟□遽今。闫广嗣，本月初八日，控以惯抗逼讼致公莫抵等情，妄禀小的并伯兄张玉在案，蒙批准差追，至乡约既轮张玉兄弟充当，着该村耆老人等，另行投票举保可也。金批明镜，宜合诉明。且查闫广嗣诬小的弟兄勒掯

117

驴头差草等语，窃伊村上年，虽云被灾，将钱粮恩宽，即供驿草驴头等事已向小的摊去大钱四千钱零，至今无短欠。又称小的轮挨乡约不当，且小的村系坐落左云县属，本为各所，即便碍难办公，似此明系闫广嗣效尤闫孝、闫润故谋诈害，若不恳请添传并究，小的弱农委难安妥。此据实诉明。伏乞大老爷恩准鉴原添传质究，除诉安良施行。诉被闫广嗣、闫孝、闫润　新添传　证　各约
　据候验。"

上述各类资料提供了不同类型的乡约。志书中的乡约记载最多，由此我们可以看出清代大同地方推行乡约的情况。碑刻资料中的乡约，类似于村规或者是告示，是当时村民面临的实际问题和具体的解决办法。契约、诉状中的乡约虽然只有只言片语，但是也可窥见村落生活中的乡约。

二、资料所见乡约形象

清代乡约设立，主要是为了宣讲圣谕，"国朝顺治九年，颁教民孝顺父母、尊敬长上、和睦乡里、教训子孙、各安生理、勿作非为六谕"①，于每月朔望在固定的地方向官吏和民人讲训。顺治十六年（1659），设立乡约制度，讲解圣谕原文。各州县设立约正、约副，一般由生员担任，若无生员，即以有德望，年龄相当的平民担任，"每遇朔望，进行宣讲，并徵别乡人善恶表现，登记簿册，分别奖惩"②。

志书所记，山西长城沿线"凡府、州、县城内，及各大乡村，均择宽间洁净之所，设为讲约之处"③，"于举、贡生员内，择学行优者为'约正'"④，定期宣讲"上谕十六条"和"圣谕广训"。浑源州讲约所，"（旧）在州治门外旌善亭、申明亭，后因塌损移永安寺城隍庙"⑤，"每月朔望令约正、约讲在所振铎讲训，官吏、士庶咸集拱听"⑥。马邑县讲约所，在城两处，"崇恩寺、西关

---

① （清）桂敬顺：《浑源州志》，第300页。
② 常建华：《明清山西碑刻里的乡约》，《中国史研究》，2010年第3期。
③ （清）李翼圣原本，余卜颐增修，兰炳章增纂：《左云县志》，第149页。
④ （清）李翼圣原本，余卜颐增修，兰炳章增纂：《左云县志》，第149页。
⑤ （清）桂敬顺：《浑源州志》，第300页。
⑥ （清）桂敬顺：《浑源州志》，第300页。

龙王庙",在乡四处,"东羊圈头、西新磨村、南霍家营、北吉家庄"①,"(在城)每朔望日知县率众会讲",在乡"每月每乡教谕训导分行赴讲两次"②。左云县讲约所,在"县治西关帝庙","每月朔望有司率属会讲"③。如遇讲约所废颓,讲约之事不能顺利进行,州县官会重新选择地方,继续讲训,桂敬顺任浑源州知州时,"慎修二典,各当其人,勿敢苟且因循,略为故事,使州之人士咸自勉励,用慰前贤复古之意焉"④。桂敬顺所指"二典",即为乡饮和乡约。

康熙十六年（1677）冬,山西巡抚噶礼"以印官在城讲解,乡村不能遍及,责令州县卫教职官员沿村遍讲",每人颁发新印的乡约全书,在诸生内选择声音洪亮者,"于本属四境村庄遍行讲说"⑤。所讲圣谕十六条为:"敦孝弟以重人伦,笃宗族以昭雍睦,和乡党以息争讼,重农桑以足衣食,尚节俭以惜财用,隆学校以端士习,黜异端以崇正学,讲法律以儆愚顽,明礼让以厚风俗,务本业以安民志,训子弟以禁非为,息诬告以全良善,诫窝逃以免株连,完钱粮以省催科,联保甲以弭盗贼,解雠忿以重身命。"⑥乾隆三年（1738）,山西巡抚觉罗石麟奏称:"晋省村庄,无分大小,俱设有乡约。"⑦

清初山西长城沿线地方的乡约或者是讲约所,每州县只有两三处或者是四五处。嘉庆年间左云县的推军地文约,至少证明在嘉庆十三年（1808）以前大同地方的乡村中就有乡约。现修的《天镇县村镇简志》中记述了天镇县的村庄在光绪年间普遍有乡约一职。鲍家屯村,为汉代延陵县辖村,明代时驻有烽火墩兵,清光绪后期"村内有乡约、社首等"⑧。张家庄村,立村无考,明代亦有墩兵驻守,光绪变法后,"仍有乡约"⑨。一畔庄村,"光绪年间,仍为天城营管

---

① （民国）陈廷章修,霍殿鳌纂:《马邑县志》,第153页。
② （民国）陈廷章修,霍殿鳌纂:《马邑县志》,第154页。
③ （清）李翼圣原本,余卜颐增修,兰炳章增纂:《左云县志》,第149页。
④ （清）桂敬顺:《浑源州志》,第301页。
⑤ （民国）陈廷章修,霍殿鳌纂:《马邑县志》,第153页。
⑥ （民国）陈廷章修,霍殿鳌纂:《马邑县志》,第153－154页。
⑦ 中国第一历史档案馆藏档案:《朱批奏折（内政类·保警）》,乾隆三年九月初六日山西巡抚觉罗石麟奏,转引自段自成:《清代北方官办乡约组织形式述论》,《中国社会历史评论》2006年第7卷,第293页。
⑧ 天镇县史志办公室编:《天镇县村镇简志》,第179页。
⑨ 天镇县史志办公室编:《天镇县村镇简志》,第331页。

辖分汛之一，村内设乡约"①。二十里铺村，光绪后至宣统年间，"有乡约3人"②。

乡约既为乡村职务，又是村内约定的规范。前述光绪六年（1880）怀仁县里八庄乡里八庄村《重修三圣庙碑记》和宣统元年（1909）广灵县作疃乡作疃西堡村处理碾渠纠纷碑中所刊立的内容，可以看作是一种村规，是民间为了解决事务纠纷而立的一种约定。怀仁县八里庄村《重修三圣庙碑记》中明确有"立阖村乡会公议村中规矩事"，可以看出村中规矩的订立是经过了乡约一类人等的会议决定的。

民间的契约、诉状中的乡约，是不经意间留下的证明，虽然是无意之举却提供了乡约在村落中的一些状况。在契约中乡约只是事件的见证人。在诉状中的乡约是一个怎样的形象呢？

左云县卢家窑村民张喜的诉状中讲到了一个事件：闫广嗣以"惯抗"的罪名将张玉、张喜诉于官衙。通过契约和诉状，现将事件作一简单的还原。

嘉庆十三年（1808）九月二十二日，张铁窑村张春喜、春发、春有、春仁四人，将自己祖遗军粮地亩，通过中间人的说合推于张喜之父张典福名下。在契约中详细地书写了所推地亩的地段、窑院、场面、树株、菜地内等一切情形，并且明确规定了张典福可以将承接的地亩永远为业。其中有一条和诉状内容密切相关，即张典福在种地的同时也承接了土地上的租税。"内带西余里银两豆，内随得胜堡军租麦石七斗（或升），言明两家每年上柜赴仓伙交完纳，还有十三年欠该银两米豆军租两家亦伙交纳。"道光年间，张铁窑村因为灾荒没村民逃窜，村中无人。张喜所承种的地亩应纳的钱粮归小官窑村管理。张喜每年照交不误。在道光十四年（1834）订立的文约中，张喜只承担租税，不出摊派，即文约中所说"唱戏管饭情张门无干"。但是闫广嗣仍以不轮当"乡约""勒揩驴头差草"等由，将张喜诉于官衙。

在张喜的申诉中，对于轮当乡约一事，张玉提出的处理办法是，"乡约既轮张玉兄弟充当，着该村耆老人等，另行投票举保可也"。由此可以看出村落中的乡约是由村户"轮当"，而且乡约还需要村中耆老人等的认可。上述契约和诉状

---

① 天镇县史志办公室编：《天镇县村镇简志》，第365页。
② 天镇县史志办公室编：《天镇县村镇简志》，第517页。

中对于轮当乡约一事也可以互证。在嘉庆十三年（1808）的契约中，有明显的"乡约闫孝"的字样。在张喜的诉状中也提到了闫孝："道光十三年间，讵该村闫孝、闫润欺窥小的各村懦弱，控诉有案"和"似此明系闫广嗣效尤闫孝、闫润故谋诈害。"虽然没有直接的证据证明契约和诉状中的两个闫孝是同一人，但是从张喜是张典福之子，可以做一大致推断，两个闫孝同为一人，且闫广嗣是闫孝、闫润的子侄辈。闫孝、闫润、闫广嗣所属的闫家可能为小官窑村中的大户。闫家在嘉庆年间轮当乡约。道光年间，至少在道光十四年（1834）左右，按照诉状中所讲情形，乡约一职应当由张喜一家轮当。所以才有张喜"轮挨乡约不当"的说法。

三、乡约与社会秩序

从推行乡约的本意来看，主要是规范基层社会秩序，将国家的意志通过官员或者村中有学识、品行良好的人传播于乡间。清代长城沿线各府州县地方志书中所记乡约内容，大多为各州县设立讲约所，宣讲"圣谕广训"和"上谕十六条"。在官员发布的文告中，普通的生员或者是乡中有德行之人，一旦赋予"乡约"一职，即成为基层社会的管理人员。其作用不仅是在于宣传国家的政令法规，而且带有规范他人言行或者是示范的作用。各类文告中，对于乡约、会首一类人若触犯所告诫之事，必然会受到加倍于普通民众的惩罚。朔平知府在发布《申严赌博示》时，就明确表示若有乡地违反告示，他将"尽法痛处，决不宽贷"①。

从乡约的内容来看，乡约的主要作用就是规范基层社会秩序，这种秩序是人为塑造的，以服务"本业""本乡"为其核心内容。广灵县作疃乡作疃西堡村碾渠条约中关于使用碾渠的规定中关于使用水一事的规定即遵从此例。关于用水的秩序是："先以养育生灵，次以灌溉种植，终以余水碾动。"② 关于磨面的秩序是："先磨于本村，然后及于外村，不许碾主令外村人占磨，亦不许日后增价。仍从旧日，磨粗面者，每一斗大钱五文；磨细面者，每一斗大钱十文为

---

① 刘士铭修，王霨纂；李裕民点校：《朔平府志》，第 938-939 页。
② 王鹏龙：《雁北明清剧场及其演剧研究》，第 350 页。

限。"① 但是，这种规定看似人为，实际上也是传统农业社会生存的准则。在用水上，先以养家糊口为首要事，即约中规定"先以养育生灵"，然后是灌溉，此后才是"余水碾动"。在维持生命的前提下，农业用水被放在磨坊用水的前面，可见开磨坊虽能获利，但是在农本思想下，还是被放在了次要的位置。先本村、后外村，看似规定的是用磨的先后，实际上划定的是村庄的范围，表达的是订立条约人潜意识之中的乡村秩序。

乡约内容体现基层社会处理事务的基本准则是"约"与"罚"并存。约，即为约定，是乡规民约中明确指出的不能触犯的内容。这些内容一般不涉及刑事处罚，是民间自定的约束性条文，主要靠村民的自觉遵守来执行。一旦有违约的现象，那就涉及了处罚。"罚"的内容视违约的事件和轻重而定。处罚的内容有钱两、油等物，也有罚跪等类体罚。前述怀仁县里八庄乡里八庄村《重修三圣庙碑记》碑阴所记对于违反规定的村民就处以不同类型的"罚"。同时碑记中也反映了村中的三圣庙是处理公共事务的中心，类似于该村乡约所。

在村庄具体事务处理的过程中，乡约充当着村落权威人士的作用。前述道光十四年（1834）左云张氏所立的推军地文约中乡约陈的元、马有、马天喜等就充当了村落中的权威人士之作用。他们代表着村落这个小空间中的官方，伙同中人一起将推卖军地这一事件肯定了下来，从某种意义上表明推卖军地事件的发生具有一定的不可更改性。诉状中的乡约说明乡村中乡约一职由村落中的大户轮当。

常建华研究表明，"清代山西乡约普遍存在，在乡村、市镇制定规约、办理寺庙有关事宜、整顿集市、充膺甲役，并与官府有互动关系，较为有效地维护社区秩序，是官府控制下的基层社会自治组织"②。清代山西长城沿线各府州县的情况正如此，普遍实行乡约制度，一方面是国家行政力量通过官员将国家的政策法规向民众宣传，另一方面，乡村也出现了自律的行为，各乡村因地制宜、因事制宜制定了有利于乡村社会运行的乡规民约。"乡约"一职，是官方力图树立维护乡村秩序的典范，在官方与民众的沟通中起着一定的作用。

---

① 王鹏龙：《雁北明清剧场及其演剧研究》，第350页。
② 常建华：《明清山西碑刻里的乡约》，《中国史研究》，2010年第3期。

第三节　告示与地方社会

明代大同镇主要承担的是军事职能，官方关注的重点是守战的结果，而不是社会治理。清代长城沿线地方社会向常态化运行的过程中，社会问题日益突出，怎样才能将朝廷的意愿传达于民众，在地方建立起社会正常运行的秩序成为各官员关心的重点。告示在沟通官民的过程中的意义就突显出来了。

一、告示的基本情况

在山西长城沿线，府州县衙门是拟定和发布告示的主要机构。各府州县长官是发布告示的主体（见表3－3－1）。告示的对象是生活在发布告示衙门所管辖的地域范围的人们，也有一些告示针对专门的人群。朔平知府刘士铭就专门针对朔平地方的士子发布了《劝士要言十条》。

告示一般张贴于通衢大道、衙门前、集市等公共场所。有的告示涉及内容很多，知府就将告示内容刊印成册，"通行各属城市、乡村、遍为晓谕"[1]。有的需要长期告诫，官员就将其刻于石碑立于乡间，以警民人。同治六年（1867），广灵县正堂马兆科颁布的禁止赌博告示，并刊立的"告示"碑，碑文如下：

钦加同知衔特授广灵县正堂加五级随带加一级纪录十次马

为严禁赌博以靖地方事。照得人务赌博，必废正业。富者始则藉以消闲，继成荡产倾家；贫者冀得人财，终则受害不浅。且囊赀输空，自萌盗贼之思；正务一失，即忘羞耻之念；事犯公庭，身罹法纲。赌之为害，莫此为甚。除饬差查拿外，合行出严禁。为此，示仰堡村会首、保甲、居民人等知悉。自示之后，如有不法棍徒，在村开始赌场、引诱赌博者，许会首、保甲、阴佑人等，指名具禀，以凭拘案，按法究处。倘敢徇情容隐，一经访闻，或被告发，定即并惩罚不待。务宜凛遵毋违。特示[2]。

---

[1]（清）刘士铭修，王霨纂；李裕民点校：《朔平府志》，第922页。
[2] 王鹏龙：《雁北明清剧场及其演剧研究》，第160页。

有的告示张贴于人口较为密集、人们往来频繁的村庄。光绪三十三年（1907）左云县威鲁堡就张贴了一张关于征收戏捐的告示。兹照录如下：

告示

花翎五品衔署理左云县正堂加五级纪录十次廖

为再行出示晓谕事照得

本县莅任以来，查有前卷业经晓谕几次，今已年终，合再出示晓谕。为此示仰阖邑绅、商、乡、社人等一体知悉：嗣后凡遇城乡社会演戏、耍哈、秧歌，每一台按三十三年捐钱二千文均归社首抽收，陆续送城，以便作为学堂、巡警经费。各宜慷遵，毋得隐匿，违玩干咎，切切特示。

右仰通知

光绪三十三年十二月十六日[1]

表3-3-1　清代山西长城沿线府县志中的告示[2]

发布时间	发布人	告示名称	来　　源
康熙年间	李焕斗	禁轻生示	乾隆《广灵县志》
康熙年间	李焕斗	禁越讼示	
康熙年间	李焕斗	戒赌示	
康熙年间	李焕斗	劝学示	
康熙年间	李焕斗	节俭示	
雍正时期	刘士铭	劝士要言十条	雍正《朔平府志》
雍正时期	刘士铭	化民告示；化民浅语十八条	
雍正时期	刘士铭	力劝开垦晓谕	
雍正时期	刘士铭	申严赌博示	
雍正时期	刘士铭	收埋婴儿骸骨告示	
雍正时期	汪嗣圣	禁止抛弃婴骸示	雍正《朔州志》
雍正时期	汪嗣圣	禁夜戏示	

---

[1] 山西省左云县志编纂委员会：《左云县志》，北京：中华书局，1999年版，第975页。
[2] 本表依据乾隆《广灵县志》、雍正《朔平府志》、雍正《朔州志》、乾隆《广灵县志》、道光《大同县志》、光绪《广灵县补志》、光绪《广灵县补志》及相关资料绘制。

续表

发布时期	发布人	告示名称	来源
乾隆年间	郭磊	禁哭节示	乾隆《广灵县志》
乾隆年间	郭磊	禁异姓乱宗示	
乾隆年间	郭磊	力劝备荒岫族条约	
乾隆年间	郭磊	禁投匿名文书告人罪示	
道光时期	黎中辅	谕邑人习纺织告示	道光《大同县志》
同治三年		禁栽种罂粟示	光绪《广灵县补志》
同治六年	马兆科	禁止赌博告示	告示碑
同治十一年		又劝诫吸食鸦片烟谕	光绪《广灵县补志》
同治十三年		举办守助谕	
光绪三年		又禁种罂粟示	
光绪三年		十条教养示	

从告示的内容上看。有的告示简单，是针对具体事项而发布，比如上述朔州知州汪嗣圣发布的《禁止抛弃婴骸示》、大同知县黎中辅发布的《谕邑人习纺织告示》、广灵知县郭磊发布的《禁投匿名文书告人罪示》等。有的告示内容细致，几乎涉及地方民众生活的每一个方面。存于光绪《广灵县补志》中的光绪三年（1877）山西省颁布的《十条教养示》，其内容包括：砥砺士习、克敦伦理、勤修祀事、申禁停厝、勤习筋力、和睦邻里、讲求蚕利、增种棉花、勤习女红、预谋山林之利等。

二、告示与社会问题治理

前述告示所指皆为地方社会存在的问题，包括轻生、越讼、赌博、轻学、浪费、哭节、异姓乱宗、投匿名文书告人、栽种罂粟、吸食鸦片、弃婴等。下面就告示的内容、告示发布期间国家的政令和地方社会的实际情况，来探讨一下官员是如何针对这些社会问题进行治理的。

125

（一）倡导生计，劝民备荒

"牧民之道，厚生为先"①。山西长城沿线地方地瘠气寒，民众生活处于艰难之中。身为地方的父母官，倡导生计是其首要的任务。官员们为了解决民众的生计问题，主要采取了劝勉耕织、教民备荒、禁种罂粟等措施。

朔平府初立之时，知府刘士铭看到，朔平"疆界辽阔，延袤千里，可耕之土，到处皆有。所谓可惜者，游惰之民，不知开垦耕种，唯恐衣食无资。甚至有将现在成熟田亩，弃置荒芜，躲避差粮，宁可口外佣工。此所以野多旷土，人有余力，衣食之源未开，无惑乎富庶之象未觏也"②。对于愿意开垦荒地却无力耕种之人，刘士铭"即许禀官，量借牛种、籽粒、银两、待地亩成熟，交还原银，五六年后，升科报垦"③。但是，朔平府出示告示之后，竟然没有一人认垦。于是，刘士铭再次发布告示，招民垦种。他指出，"凡在朔平境内，无论土著、外来之户，但有愿行开垦者，许即拣择可以耕种成熟地亩，指出条段坐落，禀明州县，认地开垦"④。对于无力耕种之人，仍准借种籽、耕牛。他劝导百姓，"尔等处此边方偏僻，谋生之计，难于他郡，坐食必致饥寒，营运苦无资本，为开垦一事，不费分文价值。……宜以勤农力本为务，毋再游手游食"⑤。康熙年间，广灵邑令李焕斗任职期间，"多方张示，苦心招徕，借给牛种，休养安息，逃民渐次复业还家者甚多"⑥。

除了招民耕种之外，官员们也认识到了大同地方妇女不习纺织，所用衣物皆需购买，是地方贫穷的原因之一。"塞北妇女自古不知纺织，尺布寸缕，皆买之市肆。而市廛估客，远购于直隶威唐等处，其价甚昂。民间稼穑登场，半以易布。此衣食所由交困也。"⑦他们积极寻求解决的办法，甚至从他乡聘请会织布的妇女教民纺织。黎中辅任职大同期间，实地考察大同土地、民情，认识到

---

① （清）刘士铭修，王霨纂；李裕民点校：《朔平府志》，第921页。
② （清）刘士铭修，王霨纂；李裕民点校：《朔平府志》，第936页。
③ （清）刘士铭修，王霨纂；李裕民点校：《朔平府志》，第936页。
④ （清）刘士铭修，王霨纂；李裕民点校：《朔平府志》，第937页。
⑤ （清）刘士铭修，王霨纂；李裕民点校：《朔平府志》，第937页。
⑥ （清）郭磊：《广灵县志》，第36页。
⑦ （清）黎中辅：《大同县志》，第378页。

"闾阎生计本艰,而野多旷土;俗不习织,衣食之源更形匮乏"①。"是以家室饶裕,诚以民生在勤。故劳则思,思则善心生。沃土之民,尚恐其佚而忘善,今以瘠贫之区而不知自勤于衣食,其敝不可胜言。"② 于是,他从寿阳县雇请两家懂得纺织的人,教习城乡妇女。他在大同城中广贴告示,号召合邑妇女学习纺织,并希望妇女之间互相传习,"将来穷檐小户皆可衣由自织"③。

劝民耕织的同时,官员们还教民备荒。康熙十八、九年(1679、1680)广灵县发生了饥馑,"饿殍载途,流离满目"④。"若积谷,父子可以保聚,夫妻不至流离。一日积谷则保一家一日之生命,一年积谷则保一家一年之生命。"⑤ 郭磊认为,"天下者一家之积也,家知仁让则雍和之俗成,家有储蓄则阜财之风著",于是与民颁布《劝备荒恤族条约》⑥。

官员们种地、纺织、备荒之余,还力保农田规模不致缩小。官员们针对日益扩大的罂粟种植面积,多次发布禁止栽种罂粟的告示。同治三年(1865)的《禁栽种罂粟示》认为,"自洋药弛禁以来,小民无知,因见栽种罂粟之利较五谷稍厚,遂视为利数。始而山坡水湄偶尔播种,近则沃土肥田种植日广,以致粮食渐缺粮价日增"⑦。如果丰收之年,种植罂粟占用农田的弊端还不足为大,倘若遇到灾害之年,"闾阎毫无积谷,空握药料,无救饥寒"⑧。但是,罂粟种植面积扩大后,吸食人员增多。光绪三年的《又禁种罂粟示》中指出,"端查晋省二十年前吸洋烟者,大抵皆游手无赖、门丁、胥役与夫殷实有力之家",但是遍种鸦片之后,"父不能防其子,兄不能制其弟,夫不能禁其妻,不分男女不论少长"⑨。种植罂粟面积扩大和吸食人员增多,进而影响到了社会风气。地方官吏认识到了其中的利害,于是发布文告禁止民间占用农田种植罂粟。如果发现

---

① (清)黎中辅:《大同县志》,第378页。
② (清)黎中辅:《大同县志》,第378页。
③ (清)黎中辅:《大同县志》,第378页。
④ (清)郭磊:《广灵县志》,第40页。
⑤ (清)郭磊:《广灵县志》,第40页。
⑥ (清)郭磊:《广灵县志》,第45页。
⑦ (清)杨亦铭:《广灵县补志》,第52页。
⑧ (清)杨亦铭:《广灵县补志》,第52页。
⑨ (清)杨亦铭:《广灵县补志》,第55页。

种植罂粟，"社首、地邻一并惩处"①，"百姓一族中有种烟者责成族长拔除，一甲中有种烟者，责成甲长拔除，尔等务须纠约族甲人等，极力开导、认真稽查"②。

（二）革除恶习，教化民众

山西长城沿线一带旧为戎马之区，兵民杂处，社会风俗也因之受到影响。广灵县，"士有武健之习，民尚雀角之争，礼义夺于凶荒，疾病惑于巫鬼，又好气轻生，喜斗健讼，以聚众敛钱，告官、告吏为办公事由"③。告示中所指的哭节、轻生和弃婴骸，官方均认为与地处边方，俗尚武略相关。除此之外，地方上还存有赌博、轻学、浪费、异姓乱宗等现象。"致治之原，教化犹重"④，面对社会上存在的这些问题，官员们一方面发布针对性的告示，禁止恶习存续；另一方面进行广泛宣传，树立社会新风尚。

告示中所指哭节，主要是妇女在通衢大道上烧纸、痛哭以祭亡人的举动。每逢正月十五、七月十五和十月初一日，"定更后，（广灵）合邑妇女皆出大门外烧楮，哭声震天，更余乃止，名曰'哭节'"⑤。这一举动并不是广灵县独有，在山西长城沿线其他地方也可以看到。乾隆时期的大同府，正月十六"是夜，设祭送先祖，妇女多哭泣者，清明夜亦如此"⑥。天镇，"三时祭厉，其夕哭声倾城。相传明代多国殇，野祭者众"⑦。清明、七月十五和十月初一祭奠亡人的举动并不稀奇。乾隆十二年（1747）河南商丘县进士郭磊出任广灵知县，让他感到不解的是，"上元之次日，职官吉服称庆，士民具酒肴共闹花灯，独令妇人哭天号泣于通衢"⑧。他分析指出，哭节的来由是"斯地日事争战，丁男多阵亡，独有妇人感时悲伤，而阵亡之后，既无灵柩，又无坟墓，不得不出大门，

---

① （清）杨亦铭：《广灵县补志》，第53页。
② （清）杨亦铭：《广灵县补志》，第58页。
③ （清）郭磊：《广灵县志》，第25页。
④ （清）刘士铭修，王霈纂；李裕民点校：《朔平府志》，第921页。
⑤ 丁世良、赵放：《中国地方志民俗资料汇编·华北卷》，北京：书目文献出版社，1989年版，第553页。
⑥ 丁世良、赵放：《中国地方志民俗资料汇编·华北卷》，第545页。
⑦ （清）洪汝霖、杨笃：《天镇县志》，第514页。
⑧ （清）郭磊：《广灵县志》，第43页。

望战场而悲号"①,他约定缙绅之家不让妇女在节庆之日哭泣,并向全邑发布了《禁哭节示》,以图风气改观。在郭磊的努力下,正月十五妇女出门哭泣的现象有了改变。这种变化首先发生在士绅之家。乾隆《广灵县志》中记述道,"近来,绅士禁约眷属者亦或不哭"②。在道光时期大同县,正月十六"至晚,将除夕所供之亡疏,盛以木盘,烧于门外,名为'送祖宗',送时,妇女甚有号泣者",其中的妇女以普通人家的为多,"然巨族大家,绝不泥此"③。

告示中所指的轻生和越讼之事,在官员们看来,也和长期征战导致民风"悍劲"有关。广邑,"地居边界,风气悍劲,无论男妇多贼性决燥"④,致使民人对于生命不够重视,一有不如意之处,就枉自结束性命。或者,"无论事大事小,反眼即兴告讦"⑤,县令李焕斗"随到随结,从不罚治一文,留滞一事",但是,"顽民不能快其夙忿",于是"上控他处告饶",或者已经立案,不等审结就"越次别控"⑥。于是李焕斗发布了《禁轻生示》和《禁越讼示》,要求民人要珍惜生命,李焕斗告诫民人,要"小心守分,得忍且忍,得耐且耐,乐其妻孥,保其和气"⑦。

朔平府初立之时,朔平地方存有随意丢弃婴儿骸骨的恶俗。朔平知府刘士铭,认为"夫世之好义者,不惜捐财舍地,掩骼埋胔,他人白骨,尚不忍陌路相看,自己儿女,何竟恝置不顾"⑧?为此晓谕郡属绅衿、军民人等,凡有婴儿夭亡,要盛之以木匣,深坑掩埋。朔州知州汪嗣圣,也发布了《禁止抛弃婴骸示》。

清代山西长城沿线一带演剧相对频繁。从正月开始至十月,浑源城中每逢节日或者是神灵圣诞必有戏剧上演。右玉县,除了在正月十五南财神庙庙会、三月十八娘娘庙庙会、四月初八大寺庙庙会等唱戏之外,"一年内的社戏多达几

---

① (清)郭磊:《广灵县志》,第43页。
② (清)郭磊:《广灵县志》,第43页。
③ 丁世良、赵放:《中国地方志民俗资料汇编·华北卷》,第548页。
④ (清)郭磊:《广灵县志》,第38页。
⑤ (清)郭磊:《广灵县志》,第38页。
⑥ (清)郭磊:《广灵县志》,第39页。
⑦ (清)郭磊:《广灵县志》,第39页。
⑧ (清)刘士铭修,王霨纂;李裕民点校:《朔平府志》,第940页。

十台,唱戏天数不等;唱戏的日期,有的是活日期,有的是固定日期;唱戏的地方大多有固定的台口"①。其他州县情形也类似。每遇演剧,晚间也常常是人来人往。太谷人曹润堂路经塞外,并观看到了演剧的情形。在其《塞外竹枝词》中有所描述。

其一:

赛社归来夜未央(塞外演戏每日三次晚间尤多),逢人先说戏当行。谁知嫫母鸠盤者(戏价最廉而最劣花旦有五六十岁者),也扮西施唱采桑。②

其二:

年年赛会为迎神,锣鼓声钟百戏陈(五月十三为帝君出巡之期,是日鼓吹生平热闹异常),任而新奇抬阁好,沿街争看玉楼人(边外抬阁皆幼女为之,有十五六犹为此戏者)。③

任职大同地方的官员们认为"愚夫愚妇,方且杂沓于稠人广众之中,倾耳注目,喜谈乐道,僧俗不分,男女混淆,风俗不正,端由于此"④。且晚间戏剧多有碍风化,"如《琵琶》《鸣凤》古本犹传忠孝节义,令人望而生慕。近则专以淫奔野合之事,改头换面而入戏矣"⑤。于是朔平知府刘士铭和朔州知州汪嗣圣发布文告,"除春祈秋报以庆田功,此外亟宜禁之"⑥,要求民间少做戏和禁止上演夜戏,以端民风。

赌博,也是山西长城沿线地方社会普遍存在的恶习。国家新制定的法律对于赌博一事,采取了严厉的处置办法。"凡犯赌博,不分旗下军民人等。旗下鞭一百,民人责四十板,各枷号两个月,出钱放捎之人枷号三个月。"⑦ 官员们对此也是三令五申频频告诫。"广邑虽贫而人心好赌"⑧,县令李焕斗发布《戒赌示》,"示谕城关八里士民人等知悉,各宜自保身命,力改前辙,勤力农亩,多

---

① 右玉政协文史资料编纂委员会:《右玉文史资料》(第2辑),1987年,第34页。
② 曹润堂:《塞外竹枝词》,《复选木石庵诗》,癸巳年作卷下,三十二,曹氏家藏本。
③ 曹润堂:《塞外竹枝词》,《复选木石庵诗》,癸巳年作卷下,三十三,曹氏家藏本。
④ (清)汪嗣圣、王霨:《朔州志》,第443页。
⑤ (清)刘士铭修,王霨纂;李裕民点校:《朔平府志》,第930页。
⑥ (清)刘士铭修,王霨纂;李裕民点校:《朔平府志》,第931页。
⑦ (清)郭磊:《广灵县志》,第39页。
⑧ (清)郭磊:《广灵县志》,第40页。

种几亩，多收几亩粟"，百姓只有将"赌博一途视之如火之焚身，如坑之陷人，远避三舍以免此横祸，方为良百姓"①。朔平知府刘士铭在《化民浅语·申严赌博禁示》中指出，朔平地方民人，"倘敢胆玩不遵，在地方造卖纸牌、骰子，以及贩卖纸牌、骰子，并开场引诱窝聚赌博者，该乡地、保甲人等当协力擒拿窝家、赌犯、牌骰、银钱一同解案，审究得实，除将拿获赌博者给赏外，定将赌犯窝家并造卖赌具之人照例治罪"②。同治年间，广灵县正堂马兆科认为，赌博一事害民不浅，而"正务一失，即忘羞耻之念；事犯公庭，身罹法纲"，于是将《为严禁赌博以靖地方事》等文告刊刻于石，立于村落之中，"示仰堡村会首、保甲、居民人等知悉"③。

面对山西长城沿线各州县存在的旧俗恶习，官员们力行教化。朔平知府刘士铭，认为"边方土俗，犹未尽革者，岂父兄之教不先？子弟之率不谨与？抑亦为民之上者，倡率化导之无术，以致之耶？"④ 于是，他上任之后就力行教化，"以正风俗，以厚民生"⑤，每逢初一十五率领长吏、师生、耆老人等宣讲圣谕广训。张光甲，"操练之余，必亲讲《圣谕广训十六条》一时蕞尔之区孝弟成风"⑥。广灵县令李焕斗在任期间，"设义学、修县志、戒赌博、示节俭，警刁风，除繁涤苛，百废俱举"⑦。

官员们还"访风问俗，因地设教"⑧，通过告示用浅显的语言，向民人讲述为人处事的道理，"示仰府属一应民兵人等知悉示后，务宜各安本业，痛改恶习"⑨。刘士铭的《化民告示·化民浅语十八条》，用几近白话文的形式向百姓讲述了自己对于民众的希望和要求。他要求地方民众，要存良心、孝父母、和兄弟、御妻妾、务本业、学勤俭、戒奢华、睦乡里、慎交游、绝嫖赌、息斗殴、寡饮酒、少做戏、禁师巫、完钱粮、惧王法、惜身命。他希望朔平府的子民，

---

① （清）郭磊：《广灵县志》，第41页。
② （清）刘士铭修，王霨纂；李裕民点校：《朔平府志》，第938页。
③ 王鹏龙：《雁北明清剧场及其演剧研究》，第268页。
④ （清）刘士铭修，王霨纂；李裕民点校：《朔平府志》，第922页。
⑤ （清）刘士铭修，王霨纂；李裕民点校：《朔平府志》，第921页。
⑥ （清）黎中辅：《大同县志》，第263页。
⑦ （清）郭磊：《广灵县志》，第312页。
⑧ （清）刘士铭修，王霨纂；李裕民点校：《朔平府志》，第922页。
⑨ （清）刘士铭修，王霨纂；李裕民点校：《朔平府志》，第922页。

能够"身体力行，自身及家，由内达外，父慈子孝，兄友弟恭，存好心，说好话，行好事，做好人，舍旧图新，悉化嚣凌之习，安居乐业，同为良善之民"①。李焕斗还编写了《劝民歌》："劝吾民，仔细详。勤种地，早完粮。安故土，莫逃亡。爱兄弟，敬爹娘。守本分，勿窃攘。息争讼，睦乡党。戒赌博，勿贪狼。思忍让，勿逞强。教子弟，勿飘荡。恤鳏寡，济年荒。省浪费，保家方。听余言，心勿忘。天福尔，降吉祥。官爱尔，免桁杨。"②

告示作为清代官民沟通的一种重要的方式，除了宣传国家的政策和官员的治理策略，还是国家权力向乡村渗透的一种重要途径。在告示中，常会看到地方官吏会要求乡村的权力阶层一起协同治理乡村。朔平知府刘士铭发布戒赌示时指出，"乡地保甲人等当协力擒拿窝家"③。针对朔州存在抛弃婴骸的旧俗，朔州知州汪嗣圣，要求"绅士人等务须转相劝诲，警省愚氓□薄还淳"④。广灵县发布了戒赌告示之后，"自后着令各乡约、里长、庄头不时稽查"⑤。同治年间立于广灵乡村中的禁赌碑文中也明确表示，"如有不法棍徒，在村开设赌场、引诱赌博者，许会首、保甲、阴佑人等，指名具禀，以凭拘案，按法究处"⑥。

但是，倘若保甲、乡地、会首等人，犯法、隐匿或者虚情枉报将会受到更为严厉的惩罚。朔平府戒赌示中指出，"如乡地保甲人等，扶同徇隐，不据实首告拿获，别经发觉者，定将保甲、乡地尽法痛处，决不宽贷"⑦。广灵县戒赌告示中也提出，"如有容隐徇纵事发，一体连坐。不许怀挟私仇，捏造假情妄告以多事于地方，如虚妄反坐治罪不宥"⑧。立于民间的碑文也指明，会首等人"倘敢徇情容隐，一经访闻，或被告发，定即并惩罚不待"⑨。

至于乡中士绅人等，更是被要求响应官方的号召，不能触犯告示所指恶习，

---

① （清）刘士铭修，王霨纂；李裕民点校：《朔平府志》，第934页。
② （清）郭磊：《广灵县志》，第41页。
③ （清）刘士铭修，王霨纂；李裕民点校：《朔平府志》，第934页。
④ （清）汪嗣圣、王霨：《朔州志》，第443页。
⑤ （清）郭磊：《广灵县志》，第40-41页。
⑥ 王鹏龙：《雁北明清剧场及其演剧研究》，第160页。
⑦ （清）刘士铭修，王霨纂；李裕民点校：《朔平府志》，第938页。
⑧ （清）郭磊：《广灵县志》，第40-41页。
⑨ 王鹏龙：《雁北明清剧场及其演剧研究》，第160页。

对于家人也应该约束。朔平知府刘士铭在告示中对监生提出了要求，"至生监为四民之首，尤宜守法自爱，或闭户潜修，或专攻举业，言坊行表，为人楷模。若以地处荒僻、习俗难移为托言，解闷及戏赌食物与作奸犯科之徒为荡检踰闲之事，一或败露，身名俱丧。本府即爱重斯文，亦不为自慕自弃者稍姑息也"①。

在社会秩序受到冲击之时，官方会通过告示委托地方人士对乡村进行控制，以期乡村秩序的稳定。不过，只能是在国家允许的范围之内。同治年间，山西准许"每一州县，分五大团，城中为中团，四乡分团，其团总、副总均以公正绅士为之，由官选派。有不妥者，听官黜退另派，不得由绅士自充。团中公事，团长商明，团总办理。有重大事情禀明于官办理。团总、团长，但准其专司团务，不准干预地方一切公事，并不得藉团务苛派乡民"②。

三、告示与地方社会变迁

从告示制度本身来说，告示是一种国家意志的有序体现。一张告示的张贴不是官员的随意所为，其真正的背景和国家的大政方针、地方发展的实际状态有着密切的联系。从不同时期发告示的内容中，也可见山西长城沿线逐步由边地向腹里演变留下的痕迹。

在任职于此的地方官吏看来清初山西长城沿线仍是"边方"，其教化的目的在于"化民"，即通过教化使地方"政教休明，民恬物熙，永保富庶，臻于一道同风之盛也"③。雍正年间朔平知府刘士铭在颁布《劝士要言》之时，文告之前的序言中作了解释，"将边卫更为郡县，设以守令养之、教之，无非礼陶、乐淑、仁渐、义摩，欲收人才之用，而端风化之原也"④。"收人才，端风化"道出了刘士铭发布文告的原因。名为劝士，实际上代表了刘士铭对国家政策的理解和诠释，也反映了雍正时期裁卫设县之后，国家对于长城沿线进行统治的核

---

① （清）刘士铭修，王飈纂；李裕民点校：《朔平志》，第938页。
② （清）杨亦铭：《广灵县补志》，第97—98页。
③ （清）刘士铭修，王飈纂；李裕民点校：《朔平府志》，第922页。
④ （清）刘士铭修，王飈纂；李裕民点校：《朔平府志》，第914页。

心在于笼络人才、安定民众，以期长治久安。所以在清前期的文告中，不难看见对于民众的安抚和教诲：重视生命、开垦土地、安于本业、远离赌博。刘士铭在《化民浅语》中对于"务本业"的解释就是一种很好的例证。

  天地间，有一人，必有一事。凡士、农、工、商，可以资身，可以养家者，皆谓之业。少焉习之，长而成之，朝于斯，夕于斯，则其本业也。为士者，务其本业，读书、作文；为农者，务其本业，春耕、秋获；为工者，务其本业，济人、利物；为商者，务其本业，兴贩、买卖。三教九流，莫不皆然。即至兵丁、吏役，各有本业，皆所当务。果专其心、致其志，虽大小不同，未有为其事，而无其功者。几曾见人有勤苦，而一生不能成家立业者乎？但恐游手好闲，怕做生活，或是今日做东，明日做西，东也不成，西也不就，恓惶一生，流为乞丐。孔子书上说的："好人而无恒，不可以作巫医。"因此，劝人务本业。①

  刘士铭对于本业的解释，并不像后世或者是中原农耕区域对于民众的要求那样要重农，而是用"各有本业"来要求民众安于本职以求社会的安定。正如前述在由边地向腹里转化过程中民众多样化的生业选择，官方的态度也起着一定的作用。

  清中期长城沿线一带地方人口渐繁，"太平百年"②，官员施行教化的目的转向了"正风俗"。这一时期颁布的告示目的在于"禁乱"，即革除地方风俗中和关内不一致的地方，如"哭节""异姓乱宗"。关于"哭节"前文已述，在此不赘述。广灵县令中州进士郭磊在乾隆年间颁布禁止异姓乱宗时，指出"关外之俗，无论士夫平民养螟蛉者所在多有"③。在郭磊看来，没有儿子养异姓之子而不养侄子、倘若有自己的孩子还过继别人之子、妇人再嫁之时带前夫之子改归他姓等均属"恶陋之习"④。若以地方历史上的实际情形而论，收养异姓为子的习俗和多战乱有着必然的联系。郭磊把收养异姓为子的现象追述至长城沿线曾经异姓相承的历史现象上，"三代以前关外既难详究，石晋以降又所难言，五

---

① （清）刘士铭修，王霨纂；李裕民点校：《朔平府志》，第 925–926 页。
② （清）郭磊：《广灵县志》，第 43 页。
③ （清）郭磊：《广灵县志》，第 43 页。
④ （清）郭磊：《广灵县志》，第 43 页。

代八姓由来久矣"①。五代八姓指的是五代至宋七朝八姓相继建国更替的状况。七朝指：后梁、后唐、后晋（石敬瑭、刘知远两朝）、后汉、后周、宋；八姓指朱全忠、李存勖（李克用之子）、李嗣源（李克用之义子）、石敬瑭、刘知远、郭威、柴荣、赵匡胤。从明代的史实来看，山西长城沿线多属军卫，将士在征战中战死是常事，丈夫战死妻子带着孩子改嫁也不少见，所以收养异姓子女的现象比较突出。该时期的告示中官方关注的内容已经不仅仅是民生问题，而且要建立一种正统的社会秩序。禁止收养异姓子为嗣子只是其中之一。禁哭节的目的在于强调风俗上要和内地郡县保持一致。力劝备荒恤族的目的也在强化传统的宗族观念。郭磊通过自己的家族恤族、睦族而族人繁庶的情形，强调"恤族即所以睦族"，进而"家知仁让""成雍和之俗"②。

清后期山西长城沿线地方官吏关注的内容重在"教养"。该时期地方志书中收录的告示，其主要内容实际上反映的是山西或者是全国性的问题。以《十条教养示》为例，《十条教养示》是山西巡抚曾国荃针对全省的情形而发布的，他希望通过砥砺士习、克敦伦理、勤修祀事、申禁停厝、勤习筋力、和睦邻里、讲求蚕利、增种棉花、勤习女红、预谋山林之利等具体事项的实施，使山西"复昔日之盛规"③。禁种鸦片、举办守助也是针对鸦片战争之后国家面临的困境而提出的与社会整体治理相关的措施。

综合上述分析来看，在山西长城沿线地方向腹里社会转变的过程中，州县官是代表国家对基层社会进行治理的主要力量。"国家设官分职，凡以为民也。或以治民，或以卫民，一经一纬，而文武分矣。"④ 清代州县的财政管理、赋税征收、刑事案件的处理、教化民众、劝课农桑等事务，均归州县官署理。在社会治理的过程中，地方官不能亲临每一乡村。于是，官员们将国家政策、法律、地方禁令、教化政令等以告示的形式，传达至城乡基层社会。不同的时期官员关注的内容也有所不同，发布的告示既针对地方州县，又反

---

① （清）郭磊：《广灵县志》，第43页。
② （清）郭磊：《广灵县志》，第45页。
③ （清）杨亦铭：《广灵县补志》，第118页。
④ （清）刘士铭修，王霨纂；李裕民点校：《朔平府志》，第170页。

映国家的整体发展状况。告示作为一种沟通官民的有效形式，在山西长城沿线社会问题治理过程中发挥了其应有的作用。诸如劝民耕织、正风俗、备荒恤族、禁种鸦片等事务均通过告示，向基层社会传达，在官民之间建起了一座沟通的桥梁。

第四章

公共领域与精英群体

本章的探讨主要以山西长城沿线地方社会公共领域中的精英群体为中心展开。地方精英，西方学者研究的视野中的 local elite，反映了学术背景在由宏观叙事到微观叙事转变的过程中，学者们对国家和地方社会的重新审视，也反映了近代中国研究中士绅群体向精英群体的拓展。

关于士绅，费孝通先生认为："绅士可能是退休的官员或者官员的亲属，或者是受过简单教育的地主。"① 张仲礼先生认为，"绅士的地位是通过取得功名、学品、学衔和官职而获得的，凡属上述身份者自然成为绅士集团。功名、学品和学衔都用以表明持该身份者的受教育背景。官职一般只授给那些其教育背景业经考试证明的人"②。关于这一定义，瞿同祖先生基本表示认同，但是，他强调绅与士在传统上的差异。王先明先生在《近代绅士》中，对绅士的历史渊源、绅士与其他人群的差异和绅士内部的分层作了细致的分析，提出"绅士之所以为绅士，并不是由于其必然的占有多少土地，而是由于其具有独特的政治地位和社会地位，而这种地位的获得，主要由于其功名顶戴所致"③。归结到一点上，士绅有三个可以衡量的指标：功名、学衔和身份。

地方精英比士绅的范围要大。根据周锡瑞和兰金的定义，地方精英指的是在地方舞台上（指县级以下）施加支配的任何个人和家族。地方精英活动的主

---

① 费孝通著，惠海明译：《中国绅士》，北京：中国社会科学出版社，2006年版，第11页。
② 张仲礼：《中国绅士——关于其在19世纪中国社会中作用的研究》，北京：中国社会科学院出版社，1991年版，第1页。
③ 王先明：《近代绅士——一个封建阶层的历史命运》，天津：天津人民出版社，1997年版，第18页。

要区域是传统社会中国家行政权力尚未拓展的地方。从其构成而言，既包括持有功名、有学衔、有身份的士绅，也包括地方耆老，还有各种在地方事务中产生一定作用的人物，如富户、商人、农官、义士、民族领袖，以及民国时代的教育家、军事精英、资本家、土匪首领等。

本章拟探讨清代山西长城沿线社会精英群体的时空分布、生活状况、在公共领域中的表现等，并进一步分析公共事务中精英的参与度，以窥见长城沿线由边地向腹里转变过程中精英群体的时代特征。

第一节 地方精英的构成

一、正途出身的士绅

山西长城沿线各府州县正途出身的士绅，主要指有功名、有官职的士绅。在这一点比较接近瞿同祖先生关于士绅的定义和分类，即官员和有功名的人。其中，致仕官员包括告老还乡的、被罢黜的；有功名的包括，文武进士、文武举人、贡生、监生、文武生员等。这类士绅的身份一般通过科举考试和入仕获得。

致仕官员，主要指籍贯为山西长城沿线各府州县，到外地任官告老还乡或者辞官还乡的。这些人在为官之前，往往就有一定的学衔或学职，其品行也常被乡人称颂，还乡后在乡里影响颇深。麻镇扬，大同右卫人，官至总兵，年老乞归，"居乡数年，惠及里族，修建祠宇桥梁，不可胜纪"[1]。霍之琯，马邑人，官至中书，以病乞归。霍之琯回乡后，闭门读书，乐善好施，多次出粟减价平粜，倾囊助赈。熊毓英，朔州卫人，康熙壬子科举人。康熙二十八年（1689），"朔遭奇荒，设粥赈济，捐租焚券，乡人德之"[2]。

"功名，只有功名，才能确立绅士的身份。因此，功名在绅士和百姓之间划

---

[1] （清）刘士铭修，王霨纂；李裕民点校：《朔平府志》，第758页。
[2] （清）刘士铭修，王霨纂；李裕民点校：《朔平府志》，第761页。

出的一条深深的鸿沟，在事实上比任何试图给社会阶级划分的界限要清楚得多。"① 可见，士绅，之所以成为士绅的一个重要的条件是获得功名，而获得功名的办法，就是参加科举考试。

进士，是古代读书人的梦想，山西长城沿线，即将大同府和朔平府所属州县计算在内，终清一代，共中进士五十五名，其中大同府三十名，朔平府二十五名。若以州县计：大同九人，灵丘三人，怀仁五人，山阴二人，阳高一人，广灵二人，浑源五人，应州三人，天镇县，没有进士；朔州十一人，马邑四人，右玉四人，左云五人，平鲁一人。② "顺治三年为清朝会试首科，光绪三十年为末科；其间二百五十八年，除满洲四科外，共会试百十四次，考取进士二万六千余名。"③ 按照二万六千计算，该地仅占万分之二（表4-1-1）。

表4-1-1　清代山西长城沿线各府州县地方进士统计表④

县别	姓名	考取进士时间	任职情况
大同	张于德	顺治十八年	累升国子助教、兵部主事
	李梦昺	康熙三十九年	
	李同声	康熙四十八年	
	郭士衡	乾隆三十六年	
	雷长春	嘉庆十年	
	霍宗光	道光二年	
	李殿林	同治十年	选翰林院庶吉士授编修，累迁詹事府詹事、翰林院侍讲、侍读学士、国史馆编修、咸阳宫总裁、广西学政、吏部左侍郎，授正白旗汉军副都统，迁吏部尚书
	刘青蔡	同治十年	陕西淳化知县，又任陕西三原知县
	郑永贞	光绪十五年	选翰林院庶吉士，历任詹事府主簿、光禄寺、都察院御史、户部侍郎、刑部尚书

---

① 张仲礼：《中国绅士的收入》，上海：上海社会科学院出版社，2001年版，序言。
② 王欣欣：《山西历代进士题名录》，太原：山西教育出版社，2005年版，第6页。
③ 张耀翔：《清代进士之地理分布》，刘海峰编：《二十世纪科举研究论文选编》，武汉：武汉大学出版社，2009年版，第4页。
④ 本表数据来源：王欣欣《山西历代进士题名录》，太原：山西教育出版社，2005年版。

续表

县别	姓名	考取进士时间	任职情况
灵丘	魏象枢	顺治三年	广东清远知县
	邓均	乾隆元年	
	王树鼎	光绪十八年	
怀仁	张乃绂	乾隆二十二年	湖北城步蓝山知县
	马文耀	同治元年	授刑部安徽司主事，调吉林知县
	郝秉忠	光绪十二年	官部主事
	张朴	光绪二十一年	直隶灵寿知县
	马晋	光绪二十九年	陕西韩城、三原、长安知县
山阴	刘恒辰	嘉庆十九年	
	崔增瑞	光绪九年	
阳高	武棠	道光六年	曾任刑部郎中、福建盐法道、江苏布政使
广灵	梁卓午	光绪十二年	即用知县
	常山凤	道光二十一年	任江西安远、贵溪知县，江西建昌府同知、江西道同考官
浑源	栗耀	道光二十四年	官至湖北按察使，武昌盐法道、布政使
	张观钧	道光二十五年	历官吏部郎中、福建道御史、湖南长宝道
	张观准	同治二年	选翰林院庶吉士授检讨，补授江南道检查御史，官至户科给事中
	侯长龄	同治四年	官江西建昌府知府
	孙秉衡	光绪二十一年	官直隶山东青州府海防水利同知
应州	张鹤龄	乾隆十六年	官兴县教谕，授山东临淄知县
	马伋	清乾隆十九年	未仕卒
	张斯钰	光绪二十四年	官福建沙县知县

续表

县别	姓名	考取进士时间	任职情况
朔州	解元才	顺治三年	授山东济阳知县，户部主事、员外郎、郎中，出任安徽池州知府
	阎式履	乾隆元年	
	殷台杰	清乾隆十年	
	高履观	嘉庆二十四年	任内阁中书
	唐盛清	道光十六年	官直隶栗城知县
	姚师锡	道光二十年	官大同府教授
	张炜	道光二十一年	选翰林院庶吉士授检讨，补授河南道御史，官至顺天府丞，太常寺少卿
	牛宜	咸丰三年	官浙江知府
	王赓荣	光绪二年	选翰林院庶吉士授编修，进御史，授广西深州知府
	王者馨	光绪六年	官刑部主事
	马存仁	光绪十五年	官内阁中书
马邑	崔华	顺治十六年	授浙江开化知县，以功擢扬州太守，迁两淮运使，再迁陕西凉庄道
	霍之管	顺治十六年	授柳州推官，改范县知县、中书舍人
	田喜囊	顺治十八年	翰林院庶吉士授检讨，官至礼部侍郎、内阁学士
	霍仪泰	乾隆二十六年	任广东高明知县
右玉	武安邦	康熙四十八年	官左卫教授
	贾学闵	嘉庆十九年	官永嘉知县
	杨松兆	同治四年	选翰林院庶吉士，改沪溪、东乡知县
	郭椿	同治七年	官浙江昌化知县，同知衔

141

续表

县别	姓名	考取进士时间	任职情况
左云	裴绍宗	顺治十二年	官贵州知府
	马建奇	雍正十一年	官兵部车驾司郎中
	蔺怀矶	乾隆二十八年	
	马文灏	乾隆三十七年	
	马道澍	乾隆三十七年	任蒲州府教授
平鲁	牛联奎	乾隆十七年恩科	官南阳府同知

关于山西长城沿线各府州县乡试的情况，康熙三十六年左右山西学政汪灏上书康熙帝的奏折中讲述到，"窃惟晋省乡试，例中举人五十三名。向因大同一府，地近边方，读书人少，另编同字号于五十三名之内额中二名。此亦爱惜边方，不忍使之脱榜至意也"①。可以看出，此前大同地方乡试三年一考，每科只有额定的两名。虽有定额，有些州县考取举人也属不易。广灵县乾隆十九年（1754）编修县志时，编纂者对于其时广灵县科举状况的整体评价是，"本朝登礼闱者缺如，应乡荐者四人"②。终清一代，广灵有"举人 16 人、贡生 209 人"③。此外，勤习武艺，在武举考试中脱颖而出，也是地方民人光宗耀祖，跻身士绅行列的重要手段，"□弁子弟服习弓马，由武科行伍起家至提镇者，先后接踵，犹见幽并习气"④。

二、异途出身的士绅

除了科举考试之外，以其他途径获得职官的士绅，可以看作是异途出身的士绅。"由'异途'进入上层绅士集团的办法是以捐纳、军功或举荐来获得官职或官衔。"⑤ 若将科举考试作为正途的话，捐纳、军功、世袭、荫封等获得官职的手段，均可视为异途。

---

① （清）李翼圣原本，余卜颐增修，兰炳章增纂：《左云县志》，第212页。
② （清）郭磊：《广灵县志》，第53页。
③ 山西省广灵县志编纂委员会：《广灵县志》，第496页。
④ （清）吴辅宏修，王飞藻、文光校订：《大同府志》，第131页。
⑤ 张仲礼：《中国绅士——关于其在19世纪中国社会中作用的研究》，第30页。

捐纳，并不是清代的首创。"秦得天下，始令民纳粟，赐以爵。"① "有清一代，当康、雍、乾三朝，以用兵边方，军需浩繁，为顾及国计，不得不另开财源，于是仿历代纳粟办法，推而广之，成为纳粟事例。行之二百余年，创于康熙，备于雍、乾、嘉、道因袭之，咸、同以后遂加滥焉。"② 咸丰三年（1853），清廷为了解决战争需要和救济灾荒，设立一些名目，允许富有之人捐纳一定的钱粮获取官职。"凡绅士商民捐赀备饷，一省至十万两者，准广该省文武乡试中额各一名，一厅州县捐至二千两者，准广该处文武乡试学额各一名；如应广之额浮于原额，即递行推展，倘捐数较多，展至数次尤有赢余者，准其于奏请时声明分别酌加永广定额……其捐生本身应得奖叙，仍准奏请另予恩施。"③ 通过捐纳获取的官职，有的是虚衔，有的是实授。大同县，杨成龙，"由例贡任浙江湖州府知府"；史麟，"由例贡历任直隶延庆、沧州、天津、云南宾川四州知州"；高尚志，"由例贡任湖南茶陵州知州"④。武职官员，也可以通过捐纳获得。史宏毅，"由例监加捐卫千总，任广西义宁协标都司"⑤。

军功，是兵士进入士绅行列的一种常见的方式。罗光乾，"累世以武功显"，在平定江浙的战役中，"屡著战功，加都司衔巡捕宿迁游击"，后又升迁为副将，雍正初年"以老乞归"⑥，在归乡第二年去世。马光祖，"从征陕西有功，雍正间，以千总署阳高城守"⑦，之后，卒于官。史成，"起卒伍至大将，历官二十余年，屡树勋绩"⑧。

世袭，一般由父辈获得世袭官位后，其子孙中一人，可以承袭。仝光英，出身于行伍，历任江苏江宁协副将，后来因为军功获得了骑都尉一职，世袭。仝光英的儿子仝大志，由世袭骑都尉出任了陕西兰州卫掌印都司。仝元宸，"由世袭骑都尉，任浙江温州游击"⑨。仝维文，承袭了骑都尉一职。仝元宸、仝维

---

① 许大龄：《清代捐纳制度》，南京：南京大学出版社，1950年版，绪论。
② 许大龄：《清代捐纳制度》，第13页。
③ 《清实录》，第43568页。
④ （清）黎中辅：《大同县志》，第171页。
⑤ （清）黎中辅：《大同县志》，第172页。
⑥ （清）洪汝霖、杨笃：《天镇县志》，第497页。
⑦ （清）黎中辅：《大同县志》，第256页。
⑧ （清）黎中辅：《大同县志》，第248页。
⑨ （清）黎中辅：《大同县志》，第172页。

文可能是仝光英的孙子和曾孙。

难荫，一般见于父辈死于任上或者是战争中，其子孙中有人因此获得进入士绅行列的机会。杨鲲，"由难荫历任古北口提督"①。任承恩，"由父举甲辰进士，重庆镇总兵，死于金川之战。以难荫历任江南松江提督"②。

恩荫，父亲身居高官，子嗣因此获得相应的身份和地位。"清初刑部尚书魏象枢子魏学诚，取为康熙二十一年三甲十二名进士，官主事，后又以父恩授编修。栗耀则以栗毓美子恩赐道光二十四年二甲进士，官湖北按察使。"③

封赠，是某人入仕之后，其父、祖，因此荣耀，获得了政府赐予的封号。高鼎，乡勇出身，康熙间，以总兵官身份出征吴三桂的叛乱。之后战功卓著，出任松潘总兵。高鼎的父祖三代，都因此获赠"荣禄大夫四川松潘镇总兵官署都司同知"④。还有，因为兄弟、侄子入仕，获得封赠的。姜云鹏，"以弟云鸾贵，敕赠武略骑尉楼子营把总"⑤；仝枝溢，"以侄维寰贵，敕赠武信骑尉"⑥。

三、地方事务的参与者

除了正途、异途出身的士绅之外，山西长城沿线地方精英还包括农官、乡饮、里长、民族事务的倡导者以及聚族、救灾、行公义等行为受到官方或者地方认可之人等。

农官。农官，即国家授予官职的农民。雍正年间，发布上谕，"农民勤劳作苦，手胼足胝，以供租赋，养父母，育妻子，其敦庞淳朴之行，岂惟工商不逮，亦非不肖士人之所能及，虽荣宠非其所慕，而奖赏要当有加。其令州县有司，则老农之勤劳简朴，身无过举者，岁举一人，给以八品顶带荣身，以示鼓励"⑦。雍正《朔平府志》中记载农官，右玉5人，左云5人，平鲁县6人，朔州5人，马邑5人。

---

① （清）黎中辅：《大同县志》，第172页。
② （清）黎中辅：《大同县志》，第172页。
③ 殷宪：《大同进士杂谈》（十一），《大同日报》，2010年4月18日，第2版。
④ （清）黎中辅：《大同县志》，第177页。
⑤ （清）黎中辅：《大同县志》，第176页。
⑥ （清）黎中辅：《大同县志》，第176页。
⑦ （清）刘士铭修，王霨纂；李裕民点校：《朔平府志》，第712页。

第四章 公共领域与精英群体

乡饮。乡饮是地方官为了鼓励地方富户热心公益事业的行为,而推举产生的。包括地方上,治家有方、内睦宗族、外和乡里、义举社会、德高望重的人士。燕奇,"居积颇饶裕而乐善好施"①。燕奇在地方上属于富裕而且热心公益事业的人士,记载中没有提及他或者其祖上是否有功名。他修十里河桥,筑烟岭村坝,为贫困的乡民李某娶妻,为王某的父亲买棺并且殡殓之。他的行为受到了两任县令的嘉奖,"前令胡方腾为作《燕义士传》","雍正十年,前令陈世宝举乡饮"②。

村官,比如里长、乡勇,特别是那些主动承担起缴纳赋税、维护地方安宁重任之人。李逢春是大同县安寺子村人。乾隆五十二年(1787)饥荒发生之时,逢春"时役里长"③。李逢春管辖之下的彭家窑,土地贫瘠,灾害发生之后,颗粒无收,村中男女老幼"逃窜无孑遗"④。官方急着追纳没有缴纳的赋税,准备将彭家窑的房产分别卖于村人,以卖房产的钱抵偿没有缴纳的赋税。村中百姓尽数逃亡在外,李逢春自己出钱将彭家窑没有缴纳的赋税补上。第二年(1788)四月,大同下了大雨,旱情渐解,可以照常耕种田地。大同县邑令"以该村房地尽畀逢春,岁纳官粮"⑤。直至乾隆五十八年(1793),彭家窑逐渐有村民回来,李逢春"各以其原产归之",时人称为"市义"⑥。

民族事务的领导者。山西长城沿线的民族,除了汉族之外,回族、满族是两大少数民族。回族和满族的精英在地方社会事务,特别是民族事务中发挥着重要的影响。回族人麻桂,"书不深读,颇晓仁孝之风;经未多念,更明清真之道"⑦。其先祖以武职起家。清代以来,麻氏族人逐步改从他业。麻桂经营有方,家中资产颇丰,且为大同地方乡老。嘉庆二十二年(1817),麻桂"特将自置得城西南宋家庄粮地一块,计十亩,钟楼西街路北铺房一所,计两间,现开铁店,俱有四至□□约契。其二项厚价数□百有余金。每年应收田租房钱,共

---

① (清)黎中辅:《大同县志》,第261页。
② (清)黎中辅:《大同县志》,第262页。
③ (清)黎中辅:《大同县志》,第263页。
④ (清)黎中辅:《大同县志》,第263页。
⑤ (清)黎中辅:《大同县志》,第263页。
⑥ (清)黎中辅:《大同县志》,第263页。
⑦ 大同市清真寺清嘉庆二十二年(1817)《流芳百世》碑。

计一千有余，一并送归寺中，作为义田"①。麻桂的捐赠，"一则公济学堂油炭，二则用外客路费"②。麻桂的这一举措，对于维系大同地方回族起到了积极的作用。

聚族获得乡人尊重，成为被一方仿效的人士。天镇县吴九龄，少时好学，但是因家贫辍学。后来经商以侍养其寡母。吴九龄的侄子好学，他就让自己的儿子，一个经商，一个务农，以供养其侄子读书，后来其侄子考中举人。吴家世居县城东大桥，九龄"念族人日析，乃置义田，定岁时祭扫仪，聚其族，明齿教让，彬彬有古风也。县人至今多仿行之"③。

行公义，获得官方奖励，成为被效仿的对象。杨光烈，"以耕读养亲。喜缓急人，不避劳怨。会岁饥乏食，里民范某、阎某鬻妻为苟活计，光烈劝阻之，量给钱米，范感悔而阎不从。乃诣县白其事，予阎杖并罪买者。自是鬻妻之风息。县令嘉其公义，给额旌奖"④。在灾荒中积极救助，获得官方或者族人、地方人众的认可。崔荣贵，"性端方。虽饶于财，然好施与，明大义。乾隆五十二年，岁大饥，遇贫乏，多方周恤不少吝。待其济而举炊者指不胜屈。故闾里皆德之"⑤。靳皇柱，"康熙三十八年大疫，煤窑佣率六七人聚一土室，病者恐转相染，辄掖出之，多野死。皇柱别构窑房数间以栖病者，而雇人煮糜粥饲之，多全活。又置地二十亩为义冢。后长子之瑶膺选贡；次子之玙中康熙癸酉武举。以为义行之报云"⑥。

有的绅士，弃文习武，乐善好施，为乡人所倚重。天镇王麒龄不喜欢读书，继而学习骑射。在乡里时，王麒龄"任侠游，遍结代北贤豪，以气概为乡里倚重"⑦，后官至安庆卫守备。右卫耆硕贾乃贞目睹右卫商贾负贩、佣工游食之人，"或迫于饥寒、或困于疾病，羸而死者"⑧，立志修建一义冢，但是未成。

---

① 大同市清真寺清嘉庆二十二年（1817）《流芳百世》碑碑阴《送与寺中田舍碑文》。
② 大同市清真寺清嘉庆二十二年（1817）《流芳百世》碑碑阴《送与寺中田舍碑文》。
③ （清）洪汝霖、杨笃：《天镇县志》，第500页。
④ （清）黎中辅：《大同县志》，第261页。
⑤ （清）黎中辅：《大同县志》，第263页。
⑥ （清）黎中辅：《大同县志》，第261页。
⑦ （清）洪汝霖、杨笃：《天镇县志》，第500页。
⑧ （清）刘士铭修，王霨纂；李裕民点校：《朔平府志》，第991页。

"有某将己地数亩，慨然施舍"①，右卫士绅"共体其志"②，建立义冢。

地方学习楷模。行孝道、仗义疏财、拾金不昧之人。广灵焦孝，母亲生病时，"割股以奉其母"③；贺成，拾到五十两银子归还于失主；宋洪恺，"见广邑城神庙倾圮，捐银五百两，香火资五十两，炭堡地地价银三两五钱，关帝庙捐银三十六两，他处捐银亦多"④。

乡民利益的代表者。天镇徐俊，"力田起家，以气概重于乡里"，乾隆年间，在均徭是按人还是按田亩的问题上，"富家多为梗，俊力争于当事，一村遂皆按亩摊归，人德之"⑤。

这些参与地方事务的人，不同于严格意义上的士绅，但是对于人文不太发达的山西长城沿线来说，他们却承担着士绅一样的社会职责，并且和士绅一起在公共领域中发挥着自己的作用。

第二节 地方精英的时空分布和生活状态

一、地方精英的时空分布

（一）进士的时空分布

士绅群体的数量，是一个地方文化教育、经济状况和社会风俗等因素综合作用下的结果。在本研究中把山西长城沿线当作一个整体，但是，在实际的发展情形上，各州县之间却存在着一定的差异。这些差异影响到了社会群体的成长，也能折射出长城沿线在由边地向腹里转化的过程中不同州县的发展情况和各州县之间的共性。

为了比较准确地描述山西长城沿线士绅的特征，必须选取具有相对稳定性

---

① （清）刘士铭修，王霨纂；李裕民点校：《朔平府志》，第991页。
② （清）刘士铭修，王霨纂；李裕民点校：《朔平府志》，第991页。
③ （清）郭磊：《广灵县志》，第62页。
④ （清）郭磊：《广灵县志》，第63页。
⑤ （清）洪汝霖、杨笃：《天镇县志》，第504页。

的部分来进行考察。地方士绅,有文献可考且在时空分布上具有恒定、持续发展状态的一类,莫过于进士这一地方士绅集团。通过读书获得进士功名,进而担任官职的士绅,是乡村社会中的上层人物。这些人一般在外为官,前表中清代山西长城沿线各地方的进士,乾隆十九年的进士马伋没有出仕就殒命,三名初次授官时在大同地方,其余均在外地。这部分人对于地方社会的作用,主要通过其在当地的家人或族人以影响乡里。在此,以《山西历代进士题名录》中清代大同、朔平二府进士为例,对进士的时空分布情况进行分析。

从表4-2-1可以看出,大同、朔平二府进士在时空分布上呈现出明显的不均衡状态。在时间分布上,顺治、康熙、雍正三朝,考取进士人数为十人。顺治年间地方初定,读书中举之人寥寥无几。大同府取得进士功名九人。大同本县仅中张于德一人,从时间上看,已经是顺治十八年(1661)了。其余出自朔州、马邑、右玉、蔚州。该时期比较有名的朝廷重臣魏象枢出自蔚州。康熙朝虽然为盛朝,历时六十载,开科取士二十三场,但是大同仅中三人。有的学者在研究大同地方进士时,认为康熙朝的大同进士名额为九人①,其中主要考虑到此时的蔚州还没有被析出,而且将大同籍的江都人也计算在内。

表4-2-1 大同、朔平二府进士地理分布表②

	顺治	康熙	雍正	乾隆	嘉庆	道光	咸丰	同治	光绪	合计	所占比例%
大同	1	2		1	1	1		2	1	9	16.36%
怀仁				1				1	3	5	9.09%
浑源						2		2	1	5	9.09%
应州				2					1	3	5.45%
山阴								1	1	2	3.63%
阳高						1			1		1.81%
天镇									0		0
广灵						1		1		2	3.63%

① 殷宪:《大同进士杂谈》(十一),《大同日报》,2010年4月18日第2版。
② 本表数据来源于王欣欣:《山西历代进士题名录》,太原:山西教育出版社,2005年版。

续表

	顺治	康熙	雍正	乾隆	嘉庆	道光	咸丰	同治	光绪	合计	所占比例%
灵丘	1			1					1	3	5.45%
右玉		1			1			2		4	7.27%
左云	1		1	3						5	9.09%
平鲁				1						1	1.81%
朔州	1			2	1	3	1		3	11	20%
马邑	3			1						4	7.27%

分析其原因，主要是明末清初的变乱对山西长城沿线造成了沉重的打击，人口锐减、土地抛荒，地方处于生产力的恢复和发展时期。明代该地战乱频仍，即便有一二士绅之家，经历了明清更替的大动乱之后，近乎无人。文教事业处于停顿状态。在经历清前期的发展之后，乾隆朝大同、朔平地方考取进士十二名。左云"地处边隅，历代以来，又多边患，民俗尚勇，向来带甲控弦之士皆以射猎为能。改县后二百年于兹矣，熏陶圣化，弦诵焕然一新"[①]。左云县志最初编纂的时间是嘉庆年间，文献几经散失，在雍正、光绪年间，都有续修、重修的行为。左云改卫为县是在雍正三年（1725），左云卫改成左云县，至光绪年间约为二百年。在经历如此长时间的发展后，整个社会的风气才得以改观。可见一个地方士绅的培养，需要一个较长的时间段和较为安定的社会环境。

在空间分布上，终清一代大同府考取进士九名，朔平府十一名。如果把蔚州没有析出之前考取进士的数额包含在内，大同县应该占到山西长城沿线各州县的首位。天镇没有一人考中进士。山阴、阳高、广灵、灵丘、平鲁、左云、右玉、马邑的情况也不容乐观，各州县所占比例均在百分之五以下。用广灵县志编修者的语言来说，"灵邑以山高风劲之区，千万年竟无钟灵"[②]。在这些州县大部分原属军卫，文风不甚发达，加之地瘠土寒，日常生活已经是举步维艰，读书和参加科举考试只是少数人的事情。

---

① （清）李翼圣原本，余卜颐增修，兰炳章增纂：《左云县志》，第136页。
② （清）郭磊：《广灵县志》，第61页。

还有一点是文武科进士的比例。大同,"为汉唐用武之地,士以功名及时自奋,故设科制举,宋元以前寥寥也"①,自明朝开始科举之事才开始发展起来。山西长城沿线在由边地向腹里社会转变的过程中科考风气渐开,但是考中的人却不多。特别是在清代初期地方上重视武功的风气仍然存在。据道光《大同县志》记载,至志书编写之时大同共中进士7人,举人28人。但是武职功名人数是文职功名人数的4.7倍,其中武进士31人,武举133人。光绪《天镇县志》记载天镇有四名进士,其中三名为武进士,一名为孝廉方正。助马堡的边氏家族,康熙年间开始定居于当地,到清末有功名者多达二十几人,其中"浩封武德骑尉3名,世袭云骑尉1名,武信骑尉1名,军功五品、六品各1名,七品2名,武生3名,文的有国学生2名,廪生1名,庠生3名,介宾3名"②。所以,以武事获得功名的人数,在一定程度上会影响山西长城沿线各州县士绅群体的构成和分布。

(二)其他精英群体的时空分布

其他精英即前述功名之士之外的其他人物。一般来说这些人主要出现在各州县的地方志书孝友、义行的记述中。能够列入孝友、义行,说明了这些人在地方长官或者是志书编纂者心中是地方上值得记述的人物,可以作为地方学习的榜样。接下来主要以光绪《山西通志》中记录的山西长城沿线各州县的孝友、义行为中心,对地方精英的情况进一步分析说明。之所以选择光绪《山西通志》,是因为山西长城沿线各府州县地方志书成书年代不一、编写质量参差不齐。虽然光绪《山西通志》选材来自各州县地方志,但是在编写时对于孝友、义行大致采用了一定的标准,对于每个州县来说是基本平等的。这样有助于观察士绅在各州县的构成和分布情况。

---

① (清)黎中辅:《大同县志》,第153页。
② 边振、边福口述,张桂林整理:《庆义昌和边氏家族》;大同市新荣区政协:《大同市新荣区文史资料》(第六辑),2007年,第251-252页。

表4-2-2　大同、朔州地方士绅身份构成表①

	有学职			有官职			农民	贫民	其他	无记录	总计
	贡生	生员	武生	文职	武职	里长					
大同	4	7		3	1	1	1	3	营伍1 耕读1	17	38
怀仁	2		1							3	6
浑源	3	2						2	文学1	3	11
应州		1	1				1			2	5
山阴	1	1								1	3
阳高		1						1		2	4
天镇	2	6	3						商人2	8	21
广灵										5	5
灵丘		4							武举1	2	7
右玉									举人1	1	2
左云	1	1	1							4	7
平鲁	1									1	2
朔州						1			明奉国将军1	2	4

在光绪《山西通志》中，大同、朔州两府共73人收录于孝友录中，51人收录于义行录中的情况，其中有9人是重复记录，总共案例为115人。其中所占人数较高的为大同县和天镇县。朔州、广灵、右玉，有学职、有官职的人未被列入。只有大同一县，将武职和武生的情况记录其中。如果将编纂者编写志书的主观认识排除在外，其中一定另有缘由。下面试结合各州县方志的相关记述，对地方精英的情况作基本的分析。

大同县，有学职有官职的人数名列第一。大同县为大同府附郭县，其所包含的地域范围，要比其他属县大，人口数量较多，获得学职和官职的机会相对

---

① 本表数据来源：(清) 曾国荃、张煦等修，王轩、杨笃等纂：(光绪)《山西通志》。

151

较大。道光时期大同县,"东西广一百八十五里,南北袤一百六十八里"①,"土著民人两万九千四百七十五户,男妇大名口九万三千五百四十八名口,男女小名口六万五千六百三十七名口"②。成书于该时期的《大同县志》,记载了大同顺治十八年(1661)至道光二年(1822),考取进士六名;顺治二年(1645)至道光八年(1828),考取举人二十九名;顺治十二年(1655)至乾隆四十六年(1781),考取武进士三十一名;康熙八年(1869)至乾隆十五年(1740),考中武举八十七名、副贡三名、拔贡二十九名、恩贡二十三名、岁贡九十一名、其余途径,如仕宦十九名、辟荐一百零三名(是行伍出身),因子、孙、侄、兄弟等获得封赠的人数达到了一百三十五人。相对于其他州县而言,有学职、有官职之人入选孝友和义行录的机会要大。

天镇县,在总数上和有学职、有官职入选孝友录、义行录的数额上,均名列第二。光绪《天镇县志》记载,至光绪十六年(1890)天镇共有进士四人,其中三人为武进士,道光元年赵应被举孝廉方正成为制科进士。在《山西历代进士题名录》中天镇县的进士记录是零,说明终清一代,天镇没有真正考中一名进士。至光绪《天镇县志》成书时,天镇共有举人(包括武举)四十八名,贡生(包括恩贡、拔贡、岁贡等)二百零九名,封赠十七名,仕宦四十名。

左云与天镇在明代均为军卫,发展情况大致相似,成书于光绪年间的《左云县志》称至1879年县志开始编纂之时,左云有进士五人,举人十一人,贡生(包括恩贡、拔贡、岁贡、优贡、禀贡、增贡、附贡、例贡)一百一十人,武举十人,武宦十四人,监生十一人,吏员十二人,敕封四人。

光绪《天镇县志》编纂于光绪十六年(1890),比《左云县志》要晚十一年之多。这十一年,不会使二者之间产生如此大的差距。天镇与左云相比似乎能证明大同能够独占鳌头的原因。

《朔州志》编纂于雍正时期,文献的缺失使得朔州的人事记录自然缺失。所以,《山西通志》呈现出的情况是只有三名被收录入了孝义录和义行录,而且他们的身份和其他县入选人物的身份有着明显的不同。朔州入选《山西通志》的是朱鼎潢、牛奇雄和唐璋。朱鼎潢是一位明代奉国将军。从其世系来看位于辅

---

① (清)黎中辅:《大同县志》,第34页。
② (清)黎中辅:《大同县志》,第106页。

国将军之下，镇国中尉之上，是郡王的曾孙。牛奇雄身份不可知。唐璋是一位农民。他们的共同特点是：贫且孝。

灵丘县提到了一位武举陈濮，之所以将他列入，是因为他的母亲生病时，需要以粪便作为药引，他在做好药引之后，亲自尝过才给母亲服用。

浑源州，顺治、雍正、光绪间均有州志问世，文献相对完善，记录也比较齐全，所以浑源州入选《山西通志》志孝义和义行录的人物身份比较丰富。其中，还有一名以文学贤良入选之人杨永顺，"郡文学，亲疾竭诚侍养，妹孀居无依力全其节"①。

将朔州的明奉国将军排除在外，有学职、有官职的人（包括上表中其他一栏中列出的有学职、有官职的人物）占到了四十九人，占总人数的百分之四十二点六。

从上述情况来看，山西长城沿线地方精英中，进士一般都会入仕为官，根据清代选官的原则，回避原籍，这些人在省外或者大同、朔平两府之外做官的机会占到了绝大多数。他们在地方事务中的作用主要依靠其影响或者是依托其家人来实现。武职官员的情形也不容乐观，除了职位较低的武官在本籍驻防之外，其余大部分在省外征战或者为官。由于武职人员的特殊性，这些人要么战死沙场，要么回乡之后，在短时间之内就殒命。武职人员对地方的影响也不是特别大。

二、士绅的生活状态

士绅属于地方精英中的精英群体，其官职、学职和身份，成为区别于其他精英的不同之处。总体上而言，埋头苦读是一个读书人成为士绅之前的状态。如果考中进士、举人等，则有机会获得官职。如果达不到授予官职，或者不幸落第，"富者以士而兼务农商，贫者以教读为业"②。至于以医术救世、以义行从事其他行业的，也有人在。

为了获得功名进入士绅的行列，读书应试是其生活常态。康熙帝曾发布《训饬士子文》，对学子提出了要求，"从来学者，先立品行，次及文学。学术事

---

① （清）曾国荃、张煦等修，王轩、杨笃等纂：（光绪）《山西通志》，第203页。
② （清）李翼圣原本，余卜颐增修，兰炳章增纂：《左云县志》，第136页。

功，原委有叙……士子果有真才实学，何患困不逢年……国家三年登造，束帛弓旌，特尔身有荣，即尔祖父，亦增光宠矣"①。学子读书的目的和意义，不仅在于科举高中之后自身的荣耀，而且也给祖先带来荣宠，即所谓的光宗耀祖。为了获得功名，无数学子躬身而读，大同地方学子也不例外。光绪时期，左云县"好学之士，则闭户潜修，终年不入公门，以次科名渐起，日上蒸蒸，有文行交修之风"②。有的读书人弃举从商之后，仍然不忘读书。左云侯懋勳少时弃儒经商，"冗务之暇，时一披读"，经过三十多年之后，"始食廪饩，得以明经乡贡"③。有的在父母严厉督促之下，刻苦读书。天镇罗天纬，其父"督读甚严，溺苦至忘寒暑"④。

　　教读养家，是科考之前或者落第之后，山西长城沿线读书人的常见职业和谋生手段。郭万源，"县学附生。父安任四川雅州守备。源随任读书，为父所钟爱。父卒，扶榇归。不得于继母，逐之出。源百计糊口，无几微见于颜色。事继母，孝养备至；友爱诸异母弟益挚。比入县庠，则贫穷愈甚，而诸弟坐享丰腆，源对之怡如也。训蒙于解家庄，聊以自给。后数年间，诸弟皆荡产无赖，母子饔飧不继。源竭馆谷以济之。村人感其孝行，岁为增俸"⑤。尹绍业，"左云县廪贡生"⑥，光绪年间和其弟分家，好的家产归其弟所有，母亲由他奉养，"食指浩繁，不能给事畜，则以教读补其不足"⑦。郑祖侨，父亲去世后，家道中落，"教授生徒以自赡。诸弟子授业于家，采芹食饩举贡成名者，凡四十余人"⑧。但是，大同地方"俗尚待师朴俭，既不隆以束脩，又不供其饮馔，以故终年所得仅资用度，无论乡城俗悉如之"⑨。所以，教读为生的读书人，生活还是处于比较贫困的状态。

　　弃学经商，是读书人或者是获得功名之人，或为养家糊口或为经营祖业的

---

① 《清实录》，第5060页。
② （清）李翼圣原本，余卜颐增修，兰炳章增纂：《左云县志》，第136页。
③ （清）李翼圣原本，余卜颐增修，兰炳章增纂：《左云县志》，第114页。
④ （清）洪汝霖、杨笃：《天镇县志》，第498页。
⑤ （清）黎中辅：《大同县志》，第259－260页。
⑥ （清）李翼圣原本，余卜颐增修，兰炳章增纂：《左云县志》，第162页。
⑦ （清）李翼圣原本，余卜颐增修，兰炳章增纂：《左云县志》，第162页。
⑧ （清）刘士铭修，王霨纂；李裕民点校：《朔平府志》，第1095页。
⑨ （清）李翼圣原本，余卜颐增修，兰炳章增纂：《左云县志》，第136页。

作为。左云县张滔，"读书三年，十三岁弃儒就商，长能博通书籍，字法苍老"①。侯懋勋，"矢志读书，颇求上进，奈家道中落，举箸者实繁，因而谋食情迫，即弃举子业而业贾焉"②。陈有孝，"自幼家寒，义学读书三载，即到右玉习商"③。张师孔，"字效先，贡生。……有祖遗生业在绥远城，年久废坠，其伯叔委之师孔，不数年生业增盛，仍平分亲属不少私"④。

行医济世，是一部分读书人的职业选择。"不为良相，便为名医"，是他们的生活信念和职业追求。张国槐，"廪生，通医药，尤精伤寒。悬壶永泰街，颜其居曰'杏雨斋'。活人无算，名驰塞北。子七人，次景岱为诸生，余皆成立。嘉庆元年举'孝廉方正'"⑤。郭桂，"字天香，诸生。性严介，有才名，通晓医卜，尤精大六壬；每有占断，无不应验。医术以眼科著。其以单方活人亦甚多"⑥。张云翼，"阳高举人，父祖以岁贡有医名。云翼克精父业，名溢三云，病危而赖其全活者甚多。长子聪、次明、侄智，皆以名医称，可谓'三世儒医'矣。孙象枢遂占籍大同，补县学弟子员"⑦。

此外，还有一些士子，从事了其他行业。李奇藻，浑源城西水磨町村人，时人称为李武举。其父李瀛"精通清律，是浑源咸丰同治年间乡绅"⑧。当时，一个来自关南的北路梆子剧团生活陷入困顿中，李奇藻为人仗义，为他们解决食宿，帮助过冬，寻找台口，后来成为戏班班主。

有的士绅，在饥荒时不能度日，则选择结束生命。光绪三年（1877），左云发生了严重的饥荒，常培贤"不愿告借于乡邻，又恐以食指累兄弟"⑨，他和妻子一起饮药自杀。

可见，山西长城沿线士绅，虽然有着不同于其他群体的身份和地位，除了获得较高功名的士绅能够入仕为官之外，其生活也是处于一种以谋生为目的的

---

① （清）李翼圣原本，余卜颐增修，兰炳章增纂：《左云县志》，第161页。
② （清）李翼圣原本，余卜颐增修，兰炳章增纂：《左云县志》，第114页。
③ （清）李翼圣原本，余卜颐增修，兰炳章增纂：《左云县志》，第161页。
④ （清）黎中辅：《大同县志》，第259页。
⑤ （清）黎中辅：《大同县志》，第271页。
⑥ （清）黎中辅：《大同县志》，第271页。
⑦ （清）黎中辅：《大同县志》，第271页。
⑧ 《清代"娃娃班"班主李奇藻》，浑源县政协：《浑源文史资料》，1988年，第79页。
⑨ （清）李翼圣原本，余卜颐增修，兰炳章增纂：《左云县志》，第162页。

状态。乾隆《大同府志》中对于大同地方士的生活状态的描述是："上者质直自好，爱名节，次谨愿畏事，无武断干讦之行。然大率多贫乏，读且耕者十之五，或兼资贸易焉。"①

第三节 地方精英和公共事务

一、地方精英的事务性活动

（一）乡村秩序维护

举贡、生员是乡里的士绅阶层，承担了讲解圣谕广训，安稳乡里的责任。雍正七年（1729），山西各省奉旨宣讲圣谕十六条、万言广训，"凡府州县城内及各大乡村，均择宽阔洁净之所，设为讲约之处，于举、贡、生员内则学行优者为约正，令其每月至讲所诵圣谕广训"②。左云县"每年约正提地丁钱粮各给银六两，以为化导衣食之资。再择朴诚谨慎者三四人为值月，令于每月朔日豫约同约乡之人并耆老里长集讲所，俟约正至，皆相对三揖，以齿分左右，设立讲案于庭中"③，然后值月开讲。

考取进士，继而获任官职的士绅，大多在外地做官，其对于乡里的影响主要通过德行或者是由在乡的亲属、族人来实现。田喜冀，顺治十八年（1661）进士，官至内阁学士。初次授官时，"忽丁父忧，闭门读礼，以父不逮禄养为憾"④。田喜冀为官清廉，一直受朝廷器重。康熙帝西征路经马邑，曾经问询其子孙情形。民国《马邑县志》在叙述这件事情时，认为"吾邑弹丸之地，科目虽间世而一出，而求其位跻卿贰褒封及乎高，曾恻纶责于身后，称三台八座之尊者，自有明以迄于今，四百年来，惟公一人而已。虽公立朝之日多，在乡之日少，然当为孝廉"，"党使天假数年，其事业当与山阴之文端，蔚溪之敏果，

---

① （清）吴辅宏修，王飞藻、文光校订：《大同府志》，第131页。
② （清）李翼圣原本，余卜颐增修，兰炳章增纂：《左云县志》，第149页。
③ （清）李翼圣原本，余卜颐增修，兰炳章增纂：《左云县志》，第149页。
④ （民国）陈廷章修，霍殿鳌纂：《马邑县志》，第196页。

后先辉映于云中矣"①。按照实际的情形而言，田喜冀为官之后也仅仅是几次回乡探视，并不常常居住。但是此人的行为可以作为马邑人学习的榜样，加之与马邑的渊源，出于构建地方文化传统的需要，其行为事迹被编入县志之中。

在乡士绅主要通过其实际行动为族人树立了榜样。清初兵变后，有生还的人在残垣断壁中寻找财物，郝道贵，"独识叔伯父母尸骸，亲负至坟一一埋葬"②。他还千里寻找姨母，把她当成生母奉养。孙永庆，"奉养继母、抚育幼弟，孝友兼至，族党称颂"③。左云县恩贡生董万全，"孝友任卹"④，万全去世后，他的妻妾守寡不嫁，而且还抚养因贫穷无法度日的亲戚。大同县学贡生王繗，每岁科考必拔前茅，晚年闭门读书，"时人有违于亲，薄于宗党者，皆羞为所见"⑤。有的绅士，在维护别人的尊严中，赢得了人们的尊敬。天镇武学生罗调元，以孝闻名于乡里，"简默未尝言人过"，"庑下客与佃农时盗其粟"，调元知道后对此事不闻不问，直至有一次与盗粟人当面碰上，盗粟人主动承认自己的偷窃行为，调元反而安慰他，"君之食耶，奚不早言"⑥。

地方进士为官之后，其家或族在当地世代繁衍，对乡里也产生了深远的影响。道光二十一年（1841）恩科进士常山凤，曾任江西安远、贵溪知县，江西建昌府同知、江西道同考官。"世以教学传家，所成就门人达者接踵，浑郡文风寖盛，实常氏启之。"⑦

地方士绅中从事商业或者是其他行业的人员，通过自身的行为树立了行业规范，进而赢得乡人的尊重。天镇王廷翰，"家有典肆，减息为二分，县中他肆皆循之，无取盈者"，乡人"有争讼事，得其一言立解"⑧。

（二）地方治安防卫

传统社会的中国乡村中，人们普遍过着日出而作日入而息的生活。当乡村

---

① （民国）陈廷章修，霍殿鳌纂：《马邑县志》，第196页。
② （清）李翼圣原本，余卜颐增修，兰炳章增纂：《左云县志》，第160页。
③ （清）李翼圣原本，余卜颐增修，兰炳章增纂：《左云县志》，第161页。
④ （清）李翼圣原本，余卜颐增修，兰炳章增纂：《左云县志》，第161页。
⑤ （清）黎中辅：《大同县志》，第255页。
⑥ （清）洪汝霖、杨笃：《天镇县志》，第498页。
⑦ （清）贺澍恩修，程绩纂：《浑源州续志》，第538页。
⑧ （清）洪汝霖、杨笃：《天镇县志》，第500页。

社会秩序受到外力的破坏时，绅士的力量就显得尤为重要。

清初的地方自救自保，主要指在朝代更迭之间地方遭受外力的侵入时，士绅领导之下的自我救助和自我保护。崇祯十七年（1644）二月，李自成率领农民起义军，攻陷太原后，直驱大同，高鼎组织乡勇维护地方治安，"聚乡勇保五台"①。在姜瓖之乱中，地方士绅也积极参与自保。大同县徐堡村人杨宣，"慷慨好义，多膂力"，"潜结里中少年，奋白梃乘懈击杀贼数人，乃散走，村民获安"②。有的是和地方官一起维护着地方的安危。

在清末的义和团运动中，地方士绅组织"义和团"反对外国传教士的不法活动。大规模义和团运动爆发之前，山西教会正处于发展的极盛时期。"属于天主教的会所和大小教堂在山西、直隶、山东、河南四省有4000余处，山西一省的教徒达到3.5万人左右。"③ 在地方各州县，有教徒，并建有教堂，驻有外籍传教士的有大同、浑源、应州、阳高、右玉、左云、丰镇厅、宁远厅、和林格尔厅、托克托城厅等。天镇、朔州有教徒和教堂，无常驻外籍传教士。

山西长城沿线，义和团最先始于大同县、朔县等地。光绪二十六年（1900）五月二十四日，大同县义和团在马正太、贾升和、王六等人的带领下兴起。右玉、左云、阳高、平鲁、浑源等地也掀起了声势不小的运动。左云县属于外国传教士活动比较频繁的地方。左云县夏金官和曹老五，目睹了传教士的横行，组织成立了"红""黄"两个义和团。1900年五月，夏、曹二人带领义和团杀了左云城内耶稣教牧师一家，毁掉城外八台子教堂，杀掉了准备逃走的神父德敖里及家属。义和团兴起时，右玉久旱无雨，到处流传着"天不雨，地焦干，个个愁，个个愿，只因鬼子遮住天"的歌谣，人们将自然界的灾害指向传教士的肆意横行。右玉在清代是八旗驻防之地，杀虎口税关的设置也集聚了大量的满族人。右玉的满族人最先立坛组织义和团，成为地方利益的保护者。

1906年，左云范鼒、范奎兄弟，因开办煤矿和传教士发生冲突。范鼒发动附近群众300余人，再次组成"义和团"，反对恶霸地主武义和外国传教士的欺

---

① （清）黎中辅：《大同县志》，第247页。
② （清）黎中辅：《大同县志》，第261页。
③ 刘泽民：《山西通史》（下编），卷六·近代卷·义和团运动在山西，太原：山西人民出版社，2001年版，第238页。

压。范鳌带领队伍进驻县城关帝庙，要求县衙惩办欺压群众的武义。在《辛丑条约》签订五年之后，大同地方民众仍借义和团之名起事，说明此时的义和团由具体的反洋教组织已经成为一种地方民众团体的象征。

19世纪中后期外国列强侵入，地方匪盗也乘势而起。他们肆意横行，骚扰乡民。士绅成立自卫组织，反对匪盗。灵丘县上寨镇人杜上化，1863年考中秀才，1873年中举。1883年，他在北京参加考试未果，回乡教书并开始参加社会活动。杜上化将上寨镇周围35个村的青年组织起来，建立了民团组织。这个民团组织，东到招柏，西到串岭，南到大地，北到银厂，方圆几十里连成一片，被人们称为"联庄会"。杜上化自己担任"联庄会"的武备，制造刀枪，训练民团，与匪盗搏战。自此，广灵地方社会得以安宁。在办理民团期间，杜上化撰写了《东莱孝社语录》一书，宣扬自己的政治观点。[1]

（三）灾荒防御救济

清代长城沿线地方灾害频繁。道光《大同县志》中记载，大同县有记载的灾害记录34次，被灾年份为27年，有的年份甚至多种灾害一起发生，如："嘉庆二十四年"（1819）、"道光七年"（1827）。灾害发生之后，官方是主要的赈济力量，主要通过蠲免、放赈、施粥等措施，使民众渡过灾荒、恢复生产。但是，"粥厂设中道，拯此沟中殍。数口分一瓢，官粥哪得饱？"[2] 民众的普遍贫困使得在大灾大难面前，官方的赈济显得比较薄弱，"霜寒土瘠之区，岁比不登，有能如冯公之焚券于薛；陈氏之家量贷而公量收，则茕茕者氓，其免于流亡者众矣"[3]。士绅的捐助显得尤为重要。

平日里周济乡里，积谷以备灾荒。天镇县凌云，平日里以孝行闻名于乡里，比较善于经营，到晚年时家里富饶。凌云，"日务施给，时必撙节"，"岁糜粟数十石，衣数百具为常"，他在天镇城中开设当铺，"积久负债者累累"[4]，到晚年，他将债券焚毁，并且不让子弟追究。

---

[1] 山西省灵丘县志编纂委员会：《灵丘县志》，太原：山西古籍出版社，2000年版，第760页。
[2] （清）宋起凤、岳宏誉：《灵丘县志》，第160页。
[3] （清）黎中辅：《大同县志》，第432页。
[4] （清）洪汝霖、杨笃：《天镇县志》，第499页。

灾荒中极力救济。天镇贡生安交明"好读书、敦品行，见义必为"①，道光年间，庄稼歉收，安交明，"出粟助赈，罄所积，复籴以给，全活甚众"②。康熙二十九年（1690）马邑县发生了旱灾，请假归田的中书科舍人霍韫斋公，"惨念民艰，忧形于色，乃出粟平价通籴。日晨起立门，计口而给，有求多渔利者，则叱去；其极贫垂颠者，慨赈之。或米、或糠，或家园之蔓菁、菜根，或水磨之团糁油屑，苟可以延养人命者，倾囊以施"③。对于远道而来的灾民，霍公担心他们会因突然吃的过饱而受到伤害，便将粥煮烂，嘱咐灾民慢慢吃下。在霍公的积极救助之下，很多人活了下来。

灾荒发生后，焚烧契约，免除乡人所借的钱粮。廖秩典，"前明世袭伯爵之后"，"家道清贫，弃儒学贾"④。道光年间，"饥馑相望"，秩典，"将先父所遗文约账目附之焚如"，"义学教读兰炳章撰芳行传，有文人学士莫之或行等语"⑤。

二、地方精英的工程类活动

（一）修补道路桥梁城池

桥梁道路的修建，大多在商旅不便的地方，为了方便人们出行，士绅主动出资修建，甚至积极进行募捐，号召集体的力量一起修筑。大同，"城西小站口至云冈二十里山路峻峨，南则河壖泥淖，行旅病涉"⑥，樊荣为候推守御所千户，樊氏兄弟二人乐善好施主动对这段道路进行了修整。

有的士绅捐献田地作为修桥补路之费。左云县庠生梁玉栋，捐地三十顷，"以十顷入城西门外修桥，以二十顷为马到头南黄家店北，作修河垫路之费"⑦。

有的士绅修桥补路的行为是子承父志。天镇，"永嘉堡南滨洋河，冬春人病涉"，王时泰之父，一直想建一座浮桥，"工屡不就"，王时泰"躬河板插偕佣

---

① （清）洪汝霖、杨笃：《天镇县志》，第499页。
② （清）洪汝霖、杨笃：《天镇县志》，第499页。
③ （清）刘士铭修，王霨纂；李裕民点校：《朔平府志》，第1086页。
④ （清）李翼圣原本，余卜颐增修，兰炳章增纂：《左云县志》，第162页。
⑤ （清）李翼圣原本，余卜颐增修，兰炳章增纂：《左云县志》，第162页。
⑥ （清）黎中辅：《大同县志》，第261页。
⑦ （清）刘士铭修，王霨纂；李裕民点校：《朔平府志》，第776页。

保杂作，以成父志"①。

有的绅士修路虽然是在某些情况之下的还愿行为，但从最终效果来看，也方便了人们的出行，造福了当地百姓。天镇曹弼，为县学士，"以资材雄于塞上，性伉爽"②，曹弼父母生病时，他许愿修桥补路，"修县东大石桥"③，"开枳岭车路五里"④，便利了商旅。

城池的修筑，耗资巨大，一般是官方所为。在一些特殊的情况之下，有实力的士绅也尽量捐助。康熙二十二年（1683），马邑地震，城门坍塌，归乡士绅霍之琯，"捐金数百补筑之"⑤。

（二）兴修或重修庙宇、学校

绅士响应官府号召参与重修、兴修庙宇的活动。雍正年间，朔州知州汪嗣圣，到了朔州之后，发现朔州龙池、无忌两村庄中有鄂国公祠，城中却没有。于是，汪公与"州之士夫谋鸠工、敛费、考室，以祀之"⑥。其理由是，乡村之中具有社，社中神灵都能得到乡人的供奉，"况以公之神爽，濯灵能广本郡之科目，赫威而克驱乡邦之疫疠，福庇多方，其有功于兹土者甚大"⑦。朔州的士夫响应号召，积极捐献自己的财产修建鄂国公祠。

有的修建工程中，士绅既是组织募捐者，又是工程的监督者。大同县的学宫，经久未修，在"乾隆庚寅、辛卯间，倾圮殊甚"⑧。大同县博士弟子仝瑞，和当时的官府积极沟通，组织士绅募捐，"佐理不避劳愿"，最终使"庙貌焕然一新"⑨。乾隆年间重修左云县钟楼时士绅夏国俊监督工程。⑩道光九年（1829）大同城太乙阁重建时，"诸绅士董其役者，勤于心，果于力，故不日而

---

① （清）洪汝霖、杨笃：《天镇县志》，第500页。
② （清）洪汝霖、杨笃：《天镇县志》，第498页。
③ （清）洪汝霖、杨笃：《天镇县志》，第498页。
④ （清）洪汝霖、杨笃：《天镇县志》，第498页。
⑤ （清）刘士铭修，王霨纂；李裕民点校：《朔平府志》，第759页。
⑥ （清）汪嗣圣、王霨：《朔州志》，第461页。
⑦ （清）汪嗣圣、王霨：《朔州志》，第461页。
⑧ （清）黎中辅：《大同县志》，第262页。
⑨ （清）黎中辅：《大同县志》，第262页。
⑩ （清）李翼圣原本，余卜颐增修，兰炳章增纂：《左云县志》，第150页。

观成焉"①。左云,"太平楼,同治十二年(1873)五月初八日午时无故自崩,现在邑人马光玺拟募修焉"②。

(三)兴修水利

长城沿线各州县水利事业不甚发达。但是,遇有拦河筑坝之事,士绅也能积极参与。大同县佛堂寺村西南马峰山峪口,遇到骤雨水势就会急涨,从大水中山夹杂而下的沙石就会壅塞田地,给耕种造成不便,在庄稼长势正旺之时,还会毁坏庄稼。贡生王正时,"尽力筑拦沙堰,得免水患,居民赖之"③。

三、公共事务中士绅的参与度和时代特征

(一)士绅的参与度分析

费孝通先生对于乡村社会的公共事务,作了这样的描述,公共事务"包括灌溉、自卫、调解人们的争吵、互援、娱乐和宗教活动"④。按照费老的解释,结合山西长城沿线地方的实际情况,兹将地方公共事务分为两大部分、六小类型,并且将士绅沟通官民的活动也计算在内,以比较清晰地展现地方精英的地位和作用。下面仍以光绪《山西通志》中的孝友和义行为例,来分析一下地方士绅参与社会公共事务的程度。

表 4-3-1 山西长城沿线地方精英的参与度

	事务型			工程型			官民之间			列入《山西通志》孝义义行总人数	参与度
	地方治安防卫	乡村秩序维护	灾荒防御救济	修建桥梁道路	兴修学校庙宇	兴修水利工程	与官沟通	协调邻里	不入公庭		
大同	1	5	8	3	1	1				38	0.5
怀仁			3						1	6	0.5

---

① (清)黎中辅:《大同县志》,第334页。
② (清)李翼圣原本,余卜颐增修,兰炳章增纂:《左云县志》,第150页。
③ (清)黎中辅:《大同县志》,第263页。
④ 费孝通著,惠海明译:《中国绅士》,第50页。

续表

	事务型			工程型			官民之间			列入《山西通志》孝义义行总人数	参与度
	地方治安防卫	乡村秩序维护	灾荒防御救济	修建桥梁道路	兴修学校庙宇	兴修水利工程	与官沟通	协调邻里	不入公庭		
浑源		1	2							11	0.27
应州					1					5	0.2
山阴										3	0
阳高			1						1	4	0.25
天镇		1	3	2	1	1	2			21	0.48
广灵	1									5	0.4
灵丘		1	2							7	0.43
左云		1								4	0.25

注：本表数据来源于光绪《山西通志》。右玉、平鲁、朔州、马邑没有合适的人选符合上述条件。参与度只是为了说明参与的情况而设的一个象征性的指标，是参与频率和参与人数的比率。参与频率是按照参与公共工程、公共事务的情况，按人次统计。其中与官方积极沟通计算在内，不入公庭之人数，不参与数据的形成。表中关于不入公庭人数只是为了表示该地方有此类明确表示的人物。

在本项研究中设置了一个指标，即参与度（表4-3-1）。实际上，也可以看作是衡量地方精英活跃程度的某种指标。从上表可以看出，地方精英活动比较活跃的是大同、怀仁和天镇。怀仁，虽然排在天镇前面，却只有三个人参与公共事务，另外还有一人明确表示不入公庭。

从另一个侧面讲，地方精英的参与度和精英的总人数有着密切的关系。需要注意的是这115个案例中，有73人记载于孝行录。孝本身主要体现在家庭之中，一般不涉及公共事务和公共工程的参与。但是在具体记述中，孝和义行又是联系在一起的。在这73例中，其中57人，能行孝道、敦睦兄弟，其活动主要是在家庭范围中。其余案例在行孝的同时，还有睦族、聚族、修桥、补路、修庙、建学等义行。

163

另外，地方精英的人数和地方文化发展水平有着密不可分的联系。地方经济文化的发展程度影响地方精英的形成和士人对于公共事务的关注。灵丘县知县在顺治十三年（1657）组织重修邑学时，对于地方经济、士人参与公义的关系进行了一段精辟的分析。"邑隶云壤，逼近边处，万山中土田硗瘠，风气高凉。戎马后先蹂躏，重以水、旱、疫疠更相迭仍。邑之困顿惨疲，于此称最。士人守祖父田庐数区，躬耕樵采，自治不赡。顾欲责其输金钱急公义，不几戛戛乎难之。"[1] 灵丘县太白书院在创建时，县令何瞻汤，"谋诸绅士，咸以创建浩繁，有难色"[2]。灵丘的情况如此，其他州县亦然。

（二）士绅的时代特征

从山西长城沿线各州县地方精英在公共领域中的表现来看，他们发挥作用的状况不是一种均衡的状态。在特定的时期，究竟是哪一种人占了大多数，对于探讨地方社会的演变具有积极的意义。

清初建时大同就划入了其版图之中。长城之外有广袤的蒙古驻地，在地理意义上山西长城沿线不再是边方，中央同蒙古用兵之地转向了西北。在康熙西征之时，大同成了兵马粮草的供给地。康熙二十九年（1690），康熙帝发布上谕，"如大同兵可用，听王等随宜调遣"[3]。七月，兵部的命令也随即而至，"杀虎口密迩归化城，请拨大同绿旗兵前往，以听调遣，应如所请，于大同镇标、遣马兵六百，步兵内或藤牌或火器一千四百，令参将游击等率之，于七月初十日内至杀虎口"[4]。冬季之时，大同仍旧驻兵，以备噶尔丹还击。康熙帝发布上谕，"噶尔丹虽立誓而去，其人狡诈不可深信。著于陕西各营步兵内，选素习征战、人材壮健、善于步行、能用大刀连节棍者二千人，戍守大同、宣府，以备明春有事时调遣"[5]。

从行政划分来看，此阶段山西长城沿线在行政归属上还是"兵民杂处"，地方行政区域和军事驻防区域并存。从经济发展状况来看，顺治朝的姜瓖之变对

---

[1] （清）宋起凤、岳宏誉：《灵丘县志》，第90页。
[2] （清）雷棣荣、严润林：《灵丘县补志》，第234页。
[3] 《清实录》，第4480页。
[4] 《清实录》，第4483—4484页。
[5] 《清实录》，第4509页。

地方造成了沉重的破坏,土地抛荒、人口锐减,地方经济一时之间很难恢复。经济的凋敝,使得地方精英的生活状况和普通百姓不相上下。所以,在顺治至雍正朝时期公共领域中地方精英不甚活跃。

以清代云冈石窟的重修活动为例。根据清代云冈石窟碑文所记,较大重修活动有十一次之多,主要涉及云冈石窟寺及其相关佛阁、道路的重修。在这些重修活动中官方、民间、僧众,都有参与。但是,不同的时间段,主持重修的力量也不相同。在顺治至雍正年间的维修活动中,官方是主要的主持者、出资者。顺治三年(1646),云冈石窟重修是"恭承按都暨诸士大夫鼎新之意也"[1]。顺治八年(1651),佟养量任宣大总督之时,率领属下捐俸修建云冈石窟,"俾殿阁楼台、香积禅林金碧莹煌。岿然雁北一胜境也"[2]。康熙三十七年(1698),在西征噶尔丹的途中,康熙帝驻跸云冈,建议重修佛寺。山西巡抚倭伦为此发文,"务要焕然一新,不要草率从事"[3]。此次云冈石窟的重修活动,于"康熙三十七年四月十五日起工,至八月终告竣"[4]。由于得到了官方的大力支持,行动可谓神速。[5]

雍正后期,官方在公共领域中的角色开始由首倡者和主持者的身份向组织者和参与者的身份转变。《朔州志》艺文志中,收录了雍正年间的两则募引:一则是《鄂国尉迟公祀事募引》、一则是《天门山修石路募引》。这两则募引和顺治十三年(1656)灵丘县知县宋起凤重修灵丘邑学发布的《重修邑学引》,有着明显的不同。《重修邑学引》中明确表示地方经济不发达,士人自顾不暇,更是无心关注公共事务。朔州的两则募引中,《鄂国尉迟公祀事募引》中重修鄂国公祠得到了精英的积极捐助,《天门山修石路募引》中,天门山之路的修建兴起人是地方精英。可见,雍正年间,大同地方士绅的力量或者说民众的力量已经开始成长。

清中后期,是大同、朔州经济文化向腹里之地经济文化的转变时期。在经

---

[1] 张焯:《云冈石窟编年史》,第334页。
[2] (清)胡文烨:《云中郡志》,第149页。
[3] 张焯:《云冈石窟编年史》,第342页。
[4] 张焯:《云冈石窟编年史》,第342页。
[5] 张月琴:《清代云冈石窟寺僧募化活动的分期与特征》,《山西大同大学学报》(社会科学版),2015年第5期。

历了顺治、康熙、雍正三朝的发展之后，山西长城沿线以南的各州县正逐步向腹里社会转变。从行政意义上看，雍正朝的裁卫设县，使其有了一个明确的地域划分，武官兼理民事的状况逐步改善，其长官的行政职能日趋明显。地方社会经济逐步恢复和发展起来。尽管受到地域条件的限制，相对于前代而言，已经是土地开垦、人口增加。地方精英力量逐步增大，在社会事务中积极发挥自己的作用。以捐纳获得官职或者是国子监监生的资格为例，乾隆十九年（1752）《广灵县志》中，记载有例监出身者45人，在光绪六年（1880）《广灵县补志》中，没有列出例监的姓名，其理由是，"乾隆十九年以前，邑人列成均者少，故志之。今遵筹饷例捐纳已不胜数，虽足彰一邑之盛，然姓名实繁，不俱补志"①。

该时期比较显著的事件是乾隆五十二年（1787）灾荒和救济。灾荒发生之前，大同，"邑境五百八十余村，而城中比栉皆居民，生齿之繁，甲于三晋"②。这次灾荒，涉及大同、朔平二府，丰镇厅、浑源州、应州、大同、天镇、怀仁、山阴、阳高、广灵等九厅州县，均出现了不同的灾情。这次灾荒的起因是干旱，干旱之后，庄稼歉收或无获，进而又引发了第二年的疫情。

灾荒发生后，引起了朝廷的重视，"仰蒙皇恩轸念民依赐金发帑，先加抚恤；继以正赈，又复特降恩膏，展赈一月，以助春耕"③。大同知府文光，"吁请大宪据情入告"，"与首令桐城吴公劝谕绅士量力捐输"，④"与署篆邑侯吴公、孙公筹画捐助，多为设厂，施米给粥"⑤。吴公即吴逢圣，大同发生灾情时已经调繁平遥，大同知府请吴来抚绥大同。吴逢圣到大同后，"劝捐助赈，设厂移粟"，在大荒之中，人们赖以存活，"万家赤子皆以生佛事之"⑥。最后，因其功劳卓著，其事迹被收录于道光《大同县志》中。

士绅量力捐输、参与赈济，是本次灾荒的一个重要的情节。"强大的皇权或中央集权国家的直接行政统治，从未真正深入到中国县以下的社会中，广大农

---

① （清）杨亦铭：《广灵县补志》，第125页。
② （清）黎中辅：《大同县志》，第193页。
③ （清）黎中辅：《大同县志》，第326页。
④ （清）黎中辅：《大同县志》，第326页。
⑤ （清）黎中辅：《大同县志》，第326页。
⑥ （清）黎中辅：《大同县志》，第193页。

村及农民的直接统治机构和统治者,是作为皇权延伸物的家族和士绅。"① 山西长城沿线地瘠民贫多灾,丰年收获尚不敷用,灾年更是难以存活。在大同知府的组织下,士绅"罔不踊跃从事,自数石以至百石不等"②。这次赈灾过程中,官方设立的粥厂,由"绅士、耆老、公正者司其事",吏胥不得参与。大疫过后,郡人请求知府文光勒石以记述,文光认为这次灾荒中,彰显了圣天子"兴发补助之仁";都人士"睦姻任卹之谊"③。

乾隆五十二年(1787)的灾荒,在官、绅、民的共同努力下,终于度过。乾隆五十三年(1788)四月,普降大雨后,新的生活又重新开始。官方尽力组织,士绅积极参与,说明了地方经济有了一定的发展,出现了较为富裕的中间力量。

乾隆五十二年(1787)灾荒救助中,官方设立粥厂赈济百姓,具体实施赈济的过程中由绅士、耆老、公正者来进行管理。道光《大同县志》卷十七人物志"义行"一节共收录顺治至道光年间,三十一人的事迹,其中乾隆五十二年(1787)灾荒中参与救灾的达九人,从他们的身份来看有耆老、贡生、商人、里长、富户、武学生、监生等。可以称得上是地方精英群体的集中展示。

这些救灾人物中,有明确身份记录的六人。有学职的三人,富户一人,富商一人,里长一人。根据文献记录推测,张仰贤为地方耆老。

在《大同县志》人物传中,张仰贤是如此被记录的:

张仰贤,尝居怀仁之碾窑村,以陶埴为业。四老山地硗确,又早霜,秋赋无抵,偏灾、例不得援免,村民苦之。仰贤出己资,诣县尽数代纳。以义称。方九岁时,祖父、父母相继殁,与弟妹依祖母姚,伶仃孤苦。越数年姚殁,丧葬尽礼。弟妹俱婚嫁,家计渐饶,而助人之婚丧,食人之孤寡,大、怀两邑争述之。④

张仰贤的传记中,没有提到他在此次救荒过程中的行为。但是在《大同县

---

① 李路路、王奋宇:《当代中国现代化进程中的社会结构及其变革》,杭州:浙江人民出版社,1992年版,第181页。
② (清)黎中辅:《大同县志》,第326页。
③ (清)黎中辅:《大同县志》,第327页。
④ (清)黎中辅:《大同县志》,第262-263页。

志》艺文志,屈朝品《瘗埋尸骸碑记》中,对张仰贤的身份和救灾行为做了明确的描述:

> 惟耆老张仰贤夙夜勤慎,躬自蹈之,举城内城外之遗骸悉埋义地。于是死者既无憾于暴露;而生者亦免于瘟疫焉。夫造物所以生生不已,王治所以推此心而加彼者,只此不忍之心耳。而能体此心以为心者,非仁人君子贤豪莫属也。①

从《大同县志》人物传中张仰贤前后人物来看,此两则文献中的张仰贤为同一人。张仰贤为大同县人,曾经在怀仁县碾窑村居住,其时为地方耆老。在对田昌庆的记载中,也提到了田昌庆与同事张仰贤,不避传染,每日亲自掩埋灾荒中暴露于野外的尸骨。田昌庆的身份无法臆测,但是,从碑文的记述中,此次救灾选取的是绅士、耆老和公正者,如此田昌庆也可以称得上是这三类之中人。

表4-3-2　乾隆五十二年(1787)灾荒中的地方精英和救助行为统计表②

姓名	出身	经济情况	救灾措施
崔荣贵	富户	饶于财	遇贫乏,多方周恤不少吝,待其济而举炊者指不胜屈
吴骞鸣		家不中赀	村中老幼孤苦百余口,嗷嗷待哺;每朔望按口给食
田昌庆			官设赈厂,昕夕匪懈,视家事,为尤勤,不避传染,每日身亲(掩埋尸骨)
申君昭	商人		发船输粟百余石运至家,分给亲族
杨得霖	县学武生		官设厂赈饥,得霖竭力其间;于陈家庄施义冢以收道殣
郭维翰	岁贡生		计口给粟不少吝
龚德	监生		出米五十石、谷六十石,按口给借;城中设官厂,德复随众助赈;兴版筑
张仰贤			夙夜勤慎,躬自蹈之,举城内城外之遗骸悉埋义地
李逢春	里长		罄赀代完官逋

---

① (清)黎中辅:《大同县志》,第327页。
② 本表依据(清)黎中辅:《大同县志》,卷十七人物传的相关记述绘制。

纵观整个清代，山西长城沿线各州县的地方精英不是一个十分活跃的社会群体。清前期地方初定之时，长城沿线经济和生产力受到了极大的挫伤，地方科举文化事业不发达，地方精英群体力量比较薄弱，在公共领域中表现不甚积极，特别是在大型的公共工程中，处于非常无力的状态。该时期地方精英力量薄弱，较少参与公共事务，在地方重大的公共工程活动中，官方是主持者和出资者。特别是在灾荒救济和一些大型的公共工程中，官方或者是官员处于举足轻重的地位。清中后期地方精英力量开始培育起来，精英群体范围逐步扩大，他们在公共领域中频频现身，修桥、补路、救灾、建学等事件层出不穷。不过，这并不代表其力量的强大和在沟通官民的过程中处于重要的地位。清末民初随着科举制度的废除和地方自治思想的传入，士绅基于科举选官体制而获得的文化权力受到破坏。原本处于国家与社会之间的士绅所建立的松散连接荡然无存。山西长城沿线地方精英群体开始新的结构性变化。

第五章

地方文教：从尚武到兴文

在长城沿线由边地向腹里转变的过程中，文教传统是一个重要的衡量指标。文教传统的建立和发展受到地方经济、文化、地方官员士绅的观念等诸多因素的影响和制约。反而言之，文教传统也可以折射地方经济、文化、思想观念的发展程度。

山西长城沿线地方历来为兵家常争之地，大同"北悬关外，扼飞狐雁门之口，□俗尚武寡文"①。进入清代以后，由历代边陲，变为腹户，"士变其武健之□，方莘莘然奋志于文教"②。在一些村庄也出现了立志兴文教的做法，如：平鲁吴辛寨村，"创立于明朝洪武二年。居是乡者，勤农讲学，慎修士品。其间有为文林郎者，有为修职郎者，以及贡监廪庠殊不乏人。自明迄清，累世蒙达，能不令人深为敬祀乎！此愚先君于乾隆五十一年，先据地理家察定村西北乾亥位宜建庙焉。以是，议建圣庙一楹，中至圣、左文昌、右奎星，而士风之藉以永冀者职是故欤"③。孔庙，一般建于城镇，此类事情出现在曾经是军卫的平鲁下属的村落，说明清代山西地方社会开始由"尚武"向"兴文"转变。

本章拟以清代山西长城沿线文教机构和文人社会为中心展开探讨，梳理文教机构的建设、运行和演变情况，以及文人社会的基本情况，以进一步剖析在由边地向腹里社会转变的过程中，长城沿线文教传统的演化特征。主要包括：地方文教机构的基本状况、文教机构的建设与运行、文人社会的地域特征和文人笔下的地域形象等。

---

① （清）黎中辅：《大同县志》，第 327 页。
② （清）黎中辅：《大同县志》，第 327 页。
③ 王鹏龙：《雁北明清剧场及其演剧研究》，第 33 页。

>>> 第五章 地方文教：从尚武到兴文

第一节 地方文教机构

一、府州县学

按照《大清一统志》以及相关府、州、县志记载，清代山西长城沿线府州县学共有16所。清初地方初定，最高学府为大同府学，各州县设有州学、县学，卫有卫学，大多因袭明制而建。"考云中学舍，始于魏之中书学，辽为西京国子监，金为太学，至元而始为大同县学。"① 大同府学，辽国子监，为当时最高教育机构，明代时原国子监所在地改建藩府，大同学校移建于大同驿，大同县学和大同府学建一起。明万历初年，巡道冯子履认为县学所在之地的风水有碍于学子的科考，于是"相地别建"②。其余州县，如怀仁、应州、山阴、马邑、蔚州、广灵、广昌、灵丘等州县均建有儒学。原属军卫的左卫、右卫、天城卫、威远卫、平鲁卫建有卫学。朔平府"朔州、马邑建学久矣。右玉、左云始于前明成化，平鲁始于嘉靖"③。雍正三年（1725），朔平府和大同府分治之时，将威远卫学改为府学。马邑改归朔州之后，改县学为乡学，规格降低，待遇不变。

从创建年代来看，辽代、宋元、明时都有。大同府学，顺治十二年（1655），总督马之先重修；康熙九年（1670），知府林本元、教授李际昌重修；康熙四十一年（1702），知府叶九思重修；乾隆七年（1742）知府通安布、三十五年（1770）知府史亦环相继重修。④ 大同县学，"顺治十三年，总督马之先、屯道邢以忠重修。康熙五年，知县郝文启重修；二十二年，教谕李绳祖重修；雍正元年，知县佟时华重修并及名宦各祠。乾隆六年，知县李伯馪、教谕王孙

---

① （清）黎中辅：《大同县志》，第122页。
② （清）黎中辅：《大同县志》，第327页。
③ （清）刘士铭修，王霨纂；李裕民点校：《朔平府志》，第178页。
④ （清）吴辅宏修，王飞藻、文光校订：《大同府志》，第269页。

171

蔚重修；三十七年，知县虔礼宝、教谕郎克谦重修"①。其余学校亦均有不同程度的重修活动。下面，根据山西长城沿线地方现存府州县志的记载将其情况列表于后（表5-1-1）。

表5-1-1 清代大同、朔平府州县学情况一览表②

名称	地点	始建与重修	清代重修时间	学额	备注
大同府学	府治东南	辽金国子监，明洪武中改建	顺治十二年修，康熙、乾隆年间均有重修	二十名	乾隆五十四年裁拨霍州灵石县三名
大同县学	县治西北隅，旧在府学	明万历初徙建	顺治十三年修，康熙、雍正、乾隆年间均有重修	十五名	
怀仁县学	县治西北隅旧在城东门外	明洪武中徙建	顺治初年修，康熙、乾隆年间均有重修	八名	
浑源州学	州治西	元皇庆初建	顺治六年修，乾隆二十八年，知州桂敬顺重修	十二名	
应州学	州治西南，旧在城西北隅	辽清宁间建，明洪武中徙建	顺治十一年修，康熙、乾隆年间均有重修	十二名	
山阴县学	县治西	宋建，明嘉靖中增修	顺治六年修，康熙、雍正、乾隆年间均有重修	八名	
阳高县学	县治东，旧在高山卫东偏	明成化中建，万历中移建	顺治间修，康熙二十六年重修	八名	向为卫学，雍正三年改设

---

① （清）黎中辅：《大同县志》，第122页。
② 本表依据大同地方现存县志中相关记载绘制。

172

续表

名称	地点	始建与重修	清代重修时间	学额	备注
天镇县学	县治东	明成化中建	康熙八年修，五十五年重修	八名	向为卫学，雍正三年改设
广灵县学	县治西北，旧在县治西	明洪武初建	顺治十四年修，康熙五年增修	八名	
灵丘县学	县治东	金贞祐间建	顺治十七年修，康熙十七年重修	八名	
朔平府学	府城东门内	明嘉靖中建	清初重修，后距离朔平府城远，致祭不便，移至府城内	十五名	
右玉县学	城内鼓楼东，旧在鼓楼西	明成化初建，万历中徙建	康熙六十年修	十五名	本右卫学、威远卫学合并
左云县学	县城内鼓楼西街，旧在南城	明成化初建，万历中徙建	清重修	八名	本左卫学
平鲁县学	县治东	明嘉靖五年建	雍正二年修	八名	本平鲁卫学
朔州学	州治西北	明洪武十年建，成化、嘉靖间重建	顺治十五年修，康熙十一年、五十九年重修	十五名	
马邑县		元至元间建，洪武、万历间重修	康熙十七年、四十一年修	八名	嘉庆元年改为乡学

从上表可以看出，明代山西长城沿线地方已经建立了完备的官学体系，学

173

校教育相对完备，即便是卫所也设立了卫学。"本朝军卫旧无学，今天下卫所，凡与府州县同治一城者，官军子弟皆附其学。食廪岁贡，与民生同。军卫独治一城，无学可附者，皆立卫学。宣德十年，从兵部尚书徐琦之请也。其制，学官教授一员，训导二员，武官子弟曰武生，军中俊秀曰军生。卫学之有岁贡，始于成化二年五月，从少保李公贤之请也。其制，每二岁贡一人，平时不给廪食，至期，以先入学者从提学御史试而充之。"①

随着裁卫设县的实施，卫学改为了县学。朔平立府之后，应设立府学，雍正四年（1726）四月十八日吏部议覆山西巡抚伊都立的奏折，将威远卫教授"改为朔平府教授"②。右玉卫和威远卫卫学合并为右玉县学，原任右玉卫教授改为县教谕，另设右玉训导一员，"驻扎威远，兼理威远学宫祭丁之事"③。至于原属卫学学生，"应归府学者，准其拨入府学，应归县学者，准其拨入县学。其人丁归并附近别州、县者，生童各随新并州、县考试可也"④。阳高、天镇、左云、平鲁原来的卫学皆改为县学。除了将卫学改为县学之外，清代没有重新建立新的学校，只是对其进行整修。有的学校历史比较悠久，地方又多次遭受兵燹，学校毁了建，建了毁，在不断地重修和整饬。

从总体上看，清代山西长城沿线文教机构的发展还是呈现出了比前朝较好的状况。云中，"属以疆事孔棘，郡数被兵，文物声明，阙如弗讲。我国家累上圣之姿，膺'下武'之运。车书南北，侯尉东西。毋昔之摜甲防秋，传烽列戍，皆彬彬乎沐鸾起之泽，润芹藻之色矣。海内清平，垂二百年，学校如林，人文蔚起。矧兹股肱右郡，尤近隶辟雍海流道德之富者耶！"⑤ 学校如林，显然是过誉之词，但是，清代相对稳定的社会环境为长城沿线文化教育的发展提供了一个有利契机，府州县学出现了相对稳定的发展态势。书院、社学、义学等教育机构也逐步恢复和发展起来了。

---

① （明）陆容：《菽园杂记》，佚之点校，北京：中华书局，1985年版，第74页。
② （清）刘士铭修，王霨纂；李裕民点校：《朔平府志》，第902页。
③ （清）刘士铭修，王霨纂；李裕民点校：《朔平府志》，第902页。
④ （清）刘士铭修，王霨纂；李裕民点校：《朔平府志》，第903页。
⑤ （清）黎中辅：《大同县志》，第327页。

<<< 第五章 地方文教：从尚武到兴文

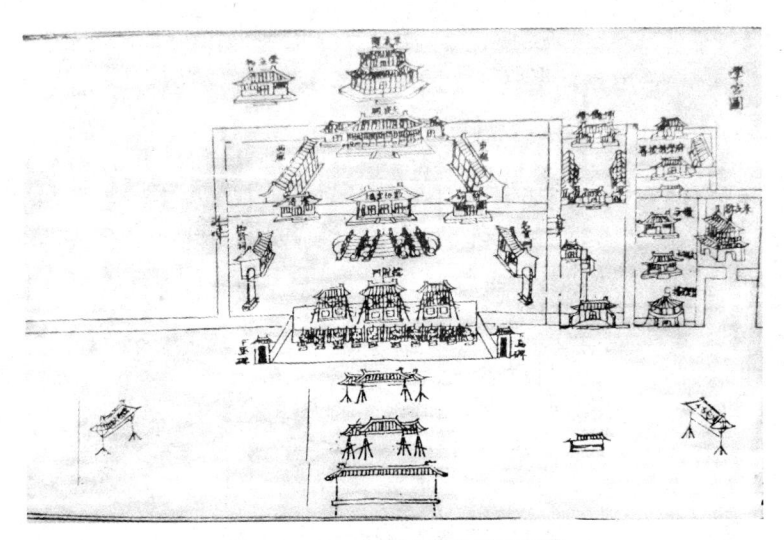

图5-1-1 乾隆大同府学宫图①

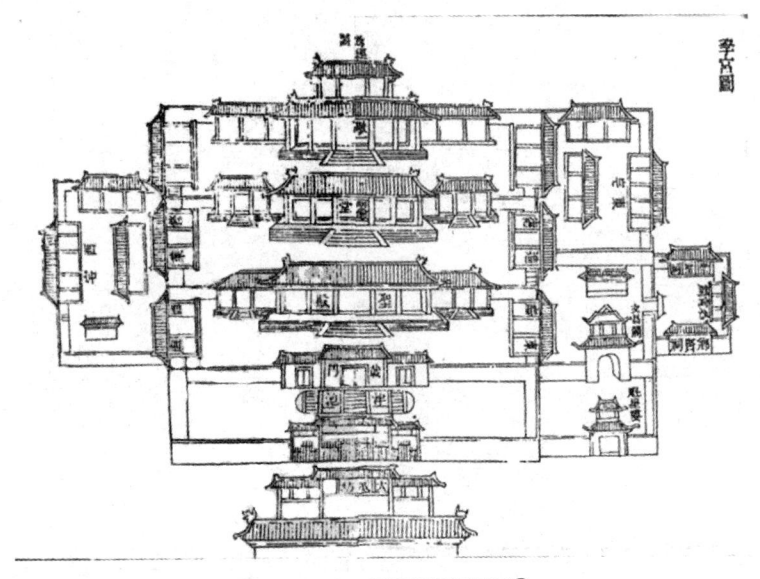

图5-1-2 浑源州学宫图②

---

① （清）吴辅宏修，王飞藻、文光校订：《大同府志》，第17页。
② 此图为尚佳伟据（清）桂敬顺《浑源州志》第255页合成。

二、书院、义学和社学

(一) 书院

山西长城沿线书院,始建于金代。明代得到了一定的发展,但是大多毁于兵燹之中。清初大同有书院四所,即云中书院、翠屏书院、石溪书院和暖泉书院,其中暖泉书院在蔚州城西暖泉村,仅存遗址。随着地方秩序的安定和经济的发展,各州县也陆续新建和重修了书院。(见表5-1-2)

表5-1-2 清代山西长城沿线书院①

书院名称	归属地	新建或重建时间	创办人
金城书院	应州	康熙六十年	知州章宏
延陵书院	广灵县	雍正三年	知县杜垣
固山书院	平鲁县	雍正三年	
紫阳书院	天镇县	乾隆十八年	知县张坊
恒麓书院	浑源州	乾隆十九年	知州龙云斐
云中书院	大同府	乾隆二十六年	知府嘉祥
朔州书院	朔州	乾隆二十四年	
华林书院	朔平府	乾隆二十七年	
宝凤书院	左云县	乾隆二十七年	
太白书院	灵丘县	道光九年	知县于吉中
云阳书院	阳高县	咸丰五年	知县杨立旭
鄯阳书院	朔州	咸丰八年	
平城书院	大同府	光绪十年	知府丁体常

清代山西长城沿线书院分布呈现出不均衡的特点。从空间上看,并不是每一州县都有书院,有的州县书院毁了建,建了毁,复又重建。天镇县的书院,原在培风堡,后来移至县城并改名紫阳书院,历经几次建设重修。从时间上来看,书院大部分恢复、重建于乾隆年间,十三所书院中,有六所在此间建立。

---

① 此表依据大同地方志书相关记载绘制。

第五章 地方文教：从尚武到兴文

分析造成这种特点的原因，和整体的政治、经济环境也有着密不可分的联系。

鉴于明代书院批评时政议论朝纲的状况，清初统治者对书院持压制打击的态度。加之，经济上的疲弱，使山西长城沿线各州县无力顾及教育。在康熙西征期间，大同仍是兵粮供应地和转运站，在国家的西北安危方面处于极其重要的地位。忙于战备，自然无暇进行学校建设。书院、义学等教育机构，几乎处于毁灭殆尽的状态。从雍正朝开始，中央逐步放宽了对书院的限制。雍正十一年（1733）雍正帝下令创办省会大书院，"择一省文行兼优之士读书其中，使之朝夕讲诵，整躬励行，有所成就，俾远近士子观感奋发，亦兴贤育才之一道也。督抚驻扎之所为省会之地，着该督抚商酌奉行，各赐帑金一千两，将来士子群聚读书，须预为筹划，资其膏火，以垂永久，其不足者，在于存公银内支用。封疆大臣等并有化导士子之职，各宜殚心奉行，黜浮崇实，以广国家菁莪朴之化。则书院之设，于士习文风有裨益而无流弊，乃朕之所厚望也"。① 此时，山西长城沿线经济也稍事恢复，广灵和平鲁建立了书院。乾隆时期地方户口增多、土地开垦，学校教育有了一定的经济基础和物质保障，官、绅、民有意愿、也有能力对教育投资，书院的发展进入兴盛阶段。

此外，官员对书院的态度也直接影响了书院的建设和存续。"治道之降替，在学校之废兴，学校之废兴，又系承宣斯道者得人与否。"② 清初地方官吏对于文化教育持一种漠视的态度。"云中古用武之地也，其守臣急武功而不暇文教，其俗重财力而轻儒业，以故弦诵之士，不逮中腹。"③ 至乾隆四年（1739）大同府添设营员时，仍旧"废书院为左营官署"④。但是有的州县地方官比较重视书院的兴修。灵丘县太白书院，建立于参府衙署故基。当时，衙署"荒芜残废"，其址仅存"中堂三间，后宅三间，大门三间"，县令何瞻汤"向在城并四乡量力捐输得金数百"，"改造大堂为讲堂三间"⑤，并完善了其他设施，使书院创成。天镇培风书院初建之时，颇为艰难，士绅以工费浩繁，捐输颇为难色。县令张

---

① 杨进发：《山西通志教育志》，上海：中华书局，1956年版，第61页。
② （清）黎中辅：《大同县志》，第306页。
③ （清）黎中辅：《大同县志》，第306页。
④ （清）黎中辅：《大同县志》，第140页。
⑤ （清）雷棣荣、严润林：《灵丘县补志》，第234页。

坊，延请名师到邑讲学，邑之士绅"捐资四百金，以大建造，田二十四顷，以膳生徒"①。道光九年（1829），知府崔允昭在大同府署之东经历署旧地，修建书院。崔允昭移建书院的原因很简单，"人才不择地而生，而教学必择地而成"②。而云中书院所在之处，"湫隘退缩，抑而不扬，殊不足以示文明之象"③。于是崔知府和大同县各署官员，捐俸捐资，择地兴建。

书院以外，其他教育场所的兴建也和官员的认识密切相关。同治六年（1867），灵丘县令陈世培认为"吏之急务惟在振兴文教，文教之兴，一在养士之厚，一在取士之严"④。但是"边方下邑，绝少明师良友以备观摩，兼之邑人重耕轻读，谚云，'买一卷书不如积一斗粟'"⑤。灵丘试院地方狭小破败，然而"地非通都巨壤，物力艰难"，加之邑人对于文教不够重视，陈县令"谋诸绅士捐输劝助，得金五百余缗"⑥，才将试院整饬一新。

书院创成之后，经费成了书院能否存续的主要因素。有的书院因为经费短缺陷于困顿，甚至坍塌荒芜。灵丘县太白书院，发商生息产生的钱被挪用之后，经费短缺，"书院荡废，无从延师课士"⑦。同治二年（1862），"秋雨浩大，遂将房廊斋舍，全行倾塌"⑧。

（二）义学、社学及其他

除府、州、县学和书院以外，山西长城沿线各州县还设有社学和义学。顺治九年（1651）清政府颁布文告，令"每乡置社学一区，择其文义通晓、行谊谨厚者，补充社师，免其差役，量给廪饩养赡"⑨。康熙五十二年（1713），发文饬令，"各省府、州、县，令多立义学，延请名师，聚孤寒生童，励志读书"⑩。雍正元年（1723）颁发命令，"州县于大乡矩堡，各置社学"，"凡有近

---

① （清）洪汝霖、杨笃：《天镇县志》，第471页。
② （清）黎中辅：《大同县志》，第332页。
③ （清）黎中辅：《大同县志》，第332页。
④ （清）雷棣荣、严润林：《灵丘县补志》，第238页。
⑤ （清）雷棣荣、严润林：《灵丘县补志》，第238页。
⑥ （清）雷棣荣、严润林：《灵丘县补志》，第238页。
⑦ （清）雷棣荣、严润林：《灵丘县补志》，第246页。
⑧ （清）雷棣荣、严润林：《灵丘县补志》，第246页。
⑨ 《大清会典事例》，卷396，礼部·学校·各省义学。
⑩ 《大清会典事例》，卷396，礼部·学校·各省义学。

乡子弟，年十二以上，二十以内，有志学文者，俱令入学肄业"①。清代的义学和社学并没有明确的区分，作为基层的学校机构，社学和义学的存在得到了官方的认可。"义学之设，所以广乡学之教育，补成均之不足。"② 各州县社学和义学大部分位于县治中。有的州县社学较多，也可见于乡堡。

大同县义学，旧有五所，明末均废弃。顺治十五年（1658），复建于开化寺，由知县每月提供费用，以购买柴米。雍正年间，移至于旧云中书院，"未几与书院俱废"③。道光年间，仅存得胜堡义学一处。怀仁县义学，"在县东关内"，后废弃，"咸丰九年，知县赵德漳创建节孝祠内，共书室六间为训蒙之所"④。山阴县义学，"在县治东文昌祠内"⑤。乾隆十六年（1751）知县方恭愈建设，不久被废弃。乾隆三十九年（1774）知县傅修重建于文昌祠内。浑源州有义学三处，一处建于旧书院，一处在马王庙。阳高县义学三处，分别位于县治前、东井集和王官人屯。雍正年间由知县房兰裔建立。膏火费由知县捐给。天镇县义学共有十处，为清代大同地方义学设置最多的县。这十处义学分别分布于：县城学宫日新斋、下营堡、贾家屯、定安营、三十里铺、永嘉堡、新平堡、义门村、将军庙和新平营等处，由"参将乌勒图和守备何敦捐建"⑥。后仅存三十里铺、贾家屯、新平堡三处，县城内的义学没有固定的场所，又新添了西张河底、东双寨两处。镇厅义学，"在衙门口设自雍正年间。馆师膏火向系官捐资给。乾隆七年（1742），大朔理事通判固世卫，以龙王庙迆东官地六十八亩，城南三十亩，河东三十亩，东河畔十五亩，共地一顷四十三亩，拨入义学。厅馆师岁收租息以资膏火"⑦。左云县，"义学在文庙东"⑧。朔州社学，"在文昌祠西门外"⑨。马邑社学，"四处：一在城内三官庙，三俱在乡"⑩。

---

① 《大清会典事例》，卷396，礼部·学校·各省义学。
② （清）房裔兰、苏之芬：《阳高县志》，第94页。
③ （清）吴辅宏修，王飞藻、文光校订：《大同府志》，第273页。
④ （清）李长华修，姜利仁纂；汪大浣续修，马蕃续纂：《怀仁县新志》，第284页。
⑤ （清）吴辅宏修，王飞藻、文光校订：《大同府志》，第275页。
⑥ （清）吴辅宏修，王飞藻、文光校订：《大同府志》，第282页。
⑦ （清）吴辅宏修，王飞藻、文光校订：《大同府志》，第282页。
⑧ （清）李翼圣原本，余卜颐增修，兰炳章增纂：《左云县志》，第148页。
⑨ （清）刘士铭修，王霨纂；李裕民点校：《朔平府志》，第219页。
⑩ （清）刘士铭修，王霨纂；李裕民点校：《朔平府志》，第221页。

社学和义学之外，还有民办的私塾或者义塾。只不过是富户、富商或者行义之人捐资为贫寒子弟所开设的学校。有时也冠以义学之名。

私塾，一般为乡村启蒙学校，通常情况下，只有一名教师，或者是富室为子弟聘请在家教习子弟，或者是教师自己设馆授徒，或者是村中几家联合聘请教师为子弟讲学。左云县，"多为中等以上家庭数户联办，共聘一师，教育子弟。农闲开办，农忙停办，办学的一切费用，由入塾者分担。修止年限一般不长，家长希望其子弟能写会算，能应付日常需要即可。对塾师的文化程度要求不高，待遇也较低"①。"教师的薪俸全由学生家长分摊。塾师的报酬按季或年度付给银两或者粮食。充当塾师的多为社会上清贫学究，待遇一般都不高，生活比较清苦"②。大同县孙正忠，一生行义不倦，其后人在"塔寺街观音殿出俸钱十二千，设馆延师以训童蒙，贫人子弟无力就傅者，任附之"③。设立于塔寺街观音殿的，可能是一座义塾，招收贫困无力读书的学生。天镇县赵应，在嘴儿园修建义学一所，建立文昌祠，"割腴田百亩，为膏火资"④。道光《大同县志》人物传中记载到，郭万源"训蒙于解家庄"⑤，可见解家庄设有私塾。

至于私塾教学，没有严格的规定，一般根据时代的变化和学子家庭情况的不同，由教师来确定所学的科目和所用的书籍。清代，"左云私塾的教材，一般是《百家姓》《三字经》《名言杂字》《名贤集》《千字文》《朱子治家格言》《幼学须知》《幼学琼林》等"，学习这些基础课程之后，才会依次读"四书""五经"等儒家经典著作，清末"因废止科举制度，'五经'无人再读，读'四书'的也越来越少，随之《论说初步》《论说精华》《古文观止》《国文大观》等在私塾出现"⑥。

概而言之，山西长城沿线教育机构主要包括：官学、书院、社学和义学四种。有的是清代以前就已经存在的，入清之后进行了重修和整饬，有的则是新建的。官学是最早得到整饬的教育机构，乾隆年间，其他的教育机构慢慢复兴

---

① 山西省左云县志编纂委员会：《左云县志》，第702页。
② 山西省灵丘县志编纂委员会：《灵丘县志》，第512页。
③ （清）黎中辅：《大同县志》，第262页。
④ （清）洪汝霖、杨笃：《天镇县志》，第500页。
⑤ （清）黎中辅：《大同县志》，第259页。
⑥ 山西省左云县志编纂委员会：《左云县志》，第701页。

起来。不管是重修还是新建，都需要有人积极策划、统筹安排，并投入大量的人力和物力。官方在学校的建设和运行中起着较大的作用。从数量和存续的时间来看，义学和社学的发展程度不甚发达。私塾也存在于大同、朔平二府的地方教育体系之中，而且教学的内容缺乏统一的规定，具有很大的随意性。

第二节 文教机构的建设和运行

一、教育机构的经济运作

地方教育机构的建设和运作，需要建设维修的经费、教师的束脩、学生的膏火等，这些必须以雄厚的经济实力和良好的资金运作来维持并发展。因此，可以通过教育机构的经济运作来透视地方教育的真实面貌。

（一）教育机构的经费来源

教育经费，包括府县财政教育开支、建设维修经费和日常的经费等。

府县财政教育开支，即分管教育官员的工资、廪生的膏火费用和用于考试的费用。一般来说，府儒学教授的俸银为四十五两，县儒学教授和训导的俸银一般在四十两左右，每名廪生的饩粮银为四两。这些费用，包括一年一办府学岁贡花红酒席银和两年一办的县学起送赴考贡生的花红酒席银，均由府县的财政收入中作正项支出。

山西长城沿线各府州县地方教育机构的建设维修经费来自官员、士绅捐资助修，个别州县的普通民众也参与其中。官员的资助成为官学、书院、义学和社学等教育机构设立和运行的主要力量。

官员投资于教育机构建设和维修的主要方式为捐俸。大同，"盖关北地寒，多砂碛，故频治"[1]。顺治、康熙、乾隆年间均有重修县学之举。顺治十三年，制府马之先和兴屯道邢以忠，"慨然以兴起为己任"，重新整饬县学，"不盈月而画栋莹煌，丹雘焕彩"[2]。康熙五年（1666），知县郝文启深感"儒林无署，生

---

[1] （清）黎中辅：《大同县志》，第325页。
[2] （清）黎中辅：《大同县志》，第306页。

徒无舍"，"鸠工庀材，伐瓦陶甓"①，经营谋划兴修县学。浑源州学，"本朝前守郎公永清张公崇德副将鲍虎前后捐葺"②。应州学，"乾隆四年知州封宜孙详准领司库存公银三百三十四两零修理"③。在义学的发展中，官员捐建的形式也较为常见，官员的俸禄成了义学运行经费的重要来源。有的州县学为卫学时，其维修的经费不仅得到军事长官的资助，地方民政长官、地方士绅也积极捐助。天镇县学，在康熙年间坍塌之后，中路参将和天镇卫守"各捐俸银十千"，"属邑之长者，如大同令郝君，阳高守徐君不谋而合，以及乡士大夫，胥有捐输，或出金钱或裁米谷"④。

有时官员会动用官方的权威，向社会各界发起号召，动员社会力量，主要是士绅阶层进行捐助。顺治十七年（1660），灵丘县百废待兴，儒学"堂庑年远倾圮"⑤。县学重修"既不可取盈于公帑，又将难责劝于闾阎"，知县宋起凤率先捐俸，并发布《修邑学引》，号召士绅"各捐钱谷之需，共济土木之用"⑥。乾隆三十七年（1772），虐礼宝捐俸重修大同县学，"宫墙以内，倾者立之，欹者正之，朽者立之，漶漫者丹艧之"⑦，共花费六百六十金。士绅捐金四百，其余为官员捐俸。也有地方官长号召学生协力捐修。威远卫学"岁久将圮"，教谕王君"率诸生某等新之"，"诸生咸乐趋事，堂房寝筵、楱栌榱桷、戟门、壁池，莫不具饰，不侈不陋"⑧。

有的官员直接将民事案件的罚款用于教育机构的建设。怀仁县"地瘠民贫，经费无出"⑨，书院教习由县令自己担任，而场所一直处于有名无实的状态。"适两村有河渠案罚充公项若干缗"⑩。于是，县令将此项罚款充作建设经费，书院得以建成。

---

① （清）黎中辅：《大同县志》，第306页。
② （清）桂敬顺：《浑源州志》，第284页。
③ （清）吴炳：《应州续志》，第431页。
④ （清）洪汝霖、杨笃：《天镇县志》，第461页。
⑤ （清）宋起凤、岳宏誉：《灵丘县志》，第132页。
⑥ （清）宋起凤、岳宏誉：《灵丘县志》，第132页。
⑦ （清）黎中辅：《大同县志》，第325页。
⑧ （清）黎中辅：《大同县志》，第316页。
⑨ （清）李长华修，姜利仁纂；汪大浣续修，马蕃续纂：《怀仁县新志》，第366页。
⑩ （清）李长华修，姜利仁纂；汪大浣续修，马蕃续纂：《怀仁县新志》，第366页。

>>> 第五章　地方文教：从尚武到兴文

有的官员，将所在州县士绅、军民捐献给自己的财物用作维修文庙的费用。朔州知州庄清度寿诞之时，"朔之绅士、军民，进万民衣"①，其中多有捐献钱物者。庄清度将财物充入官库。他再三思考，兴修官学是为父母官的责任，于是"爰出向所存贮库中者，以兴修学之举"②。

教育经费除了来源于官方或官员的捐助、倡捐、直接拨款以外，也有其他途径可以获得教育场所维修经费。有的书院维修经费来源于民人的捐助，天镇县培风书院设立时，"士民各捐田租为膏火经费"③。义学、社学，作为基层的学校，在乡村的多建于庙宇旁屋。"乡村多寺庙旁屋，添置购葺费不甚奢"④。

有的文庙维修经费来源于考生捐资和祠宇僧人募化。平鲁县，井坪城梓潼帝君祠准备修建时，"会逢童子试，查籍贯不清者，愿捐赀于祠，得金若干，数不足，诸生及祠僧义捐募化，复得金若干"⑤。

日常的经费开支，主要包括两部分：教师束脩、月课奖赏和学生膏火。学田或者学庄的租谷或者租金是大同地方教育机构日常运行和维护的重要来源。

大同府学，"额设学田四顷八亩，坐落南门外三王堡一顷，南庙窊一顷四亩，周家店一顷，西门外宋家庄一顷四亩"⑥。大同县学，"额设学田五十亩，坐落城东祁家坡村"⑦。山阴县学，"原制学田地四顷五十亩"⑧，明代初置时属于社学，后来社学废弃，学田归于县学。应州学，"原制学田地二十亩，增置学田地八顷二十亩"⑨。浑源州学，"原制学田地六十亩"⑩。灵丘县学，"额设学田地二顷二十三亩"⑪。广灵县学，"额设学田地二顷六十亩"⑫。阳高县学，

---

① （清）刘士铭修，王霨纂；李裕民点校：《朔平府志》，第997页。
② （清）刘士铭修，王霨纂；李裕民点校：《朔平府志》，第997页。
③ （清）洪汝霖、杨笃：《天镇县志》，第471页。
④ （民国）陈廷章修，霍殿鳌纂：《马邑县志》，第149页。
⑤ （清）刘士铭修，王霨纂；李裕民点校：《朔平府志》，第1019页。
⑥ （清）吴辅宏修，王飞藻、文光校订：《大同府志》，第271页。
⑦ （清）黎中辅：《大同县志》，第123页。
⑧ （清）吴辅宏修，王飞藻、文光校订：《大同府志》，第275页。
⑨ （清）吴辅宏修，王飞藻、文光校订：《大同府志》，第276页。
⑩ （清）吴辅宏修，王飞藻、文光校订：《大同府志》，第277页。
⑪ （清）吴辅宏修，王飞藻、文光校订：《大同府志》，第278页。
⑫ （清）吴辅宏修，王飞藻、文光校订：《大同府志》，第279页。

"额设学田地二顷三十七亩"①。天镇县学，"额设学田地六十亩"②。

朔平府学，"学田，共一十一顷零五亩，荒芜殆半，每年收杂粮租一十二石五斗八升。学庄二处：滴水崖、袁家村，每庄每年春秋二祭送炭一十六驮，杂粟粮一石，草一百束，免杂差"③。右玉县学，"厘租，雍正二年庙前左右阖学公议建铺房八间，每年所得房租，公收公费，□□□文庙补葺之。学田，每年收田租杂粮一十二石，给散廪生并贫生。学庄，草沟堡、十百户营、老墙框，以上三村，每年春秋二祭，每庄交炭二十四驮，免杂差"④。左云县学，"学田共三顷二亩五分，共收租谷仓石一十二石三斗六升。学庄，在县北乾沟村"⑤。平鲁县学，"学田，无。庙学左右居民有炭夫十二名，每夫每年交炭十驮，以供春秋祭祀、生员月课之用。学庄，二处：三层洞、王家窑，俱在县北二十里。每庄每年交草一百五十束，以供修理庙学之用"⑥。朔州学，"学田，共地九顷，共收租谷市斗六石三斗。学庄，五处：左里郭家村、毛道村、神西村、大坪村、石头庄"⑦。马邑县学，"学田，共地三顷四十七亩五分，征银四两一钱六分，给散廪生贫生"⑧。

以上为乾隆年间的数据。这一数据也会随着时间的变化而发生改变。每一州县的学田数额差距也很大，有的仅有几十亩，有的则有几顷。所收租谷、租金差距也比较大。光绪《山西通志》载，"大同府府学地四顷八亩，租谷四十六石六斗一升；大同县地五十亩，租谷二石；应州地二十四亩，租银一两四钱四分；浑源州地六十亩，租银一两一钱五分厘；山阴县地四顷五十亩，租银七两八钱；灵丘县地二顷二十三亩，租谷一十一石二斗五升；广灵县地二顷三十亩，租谷二十三石；阳高县地二顷三十七亩，租银九两二钱；天镇县地六十亩，租谷一石五斗。朔平府学地六顷二十九亩，杂粟租十二石五斗八升；右玉县地六

---

① （清）吴辅宏修，王飞藻、文光校订：《大同府志》，第280页。
② （清）吴辅宏修，王飞藻、文光校订：《大同府志》，第282页。
③ （清）刘士铭修，王霭纂：李裕民点校：《朔平府志》，第209页。
④ （清）刘士铭修，王霭纂：李裕民点校：《朔平府志》，第212页。
⑤ （清）刘士铭修，王霭纂：李裕民点校：《朔平府志》，第214页。
⑥ （清）刘士铭修，王霭纂：李裕民点校：《朔平府志》，第216-217页。
⑦ （清）刘士铭修，王霭纂：李裕民点校：《朔平府志》，第219页。
⑧ （清）刘士铭修，王霭纂：李裕民点校：《朔平府志》，第221页。

顷四亩，杂粟租一十二石；朔州地九顷，租谷一十二石六斗；马邑乡地三顷四十七亩五分，租银四两一钱六分四厘；左云县地三顷二亩五分，租谷六石二斗八升五合"①。

学田地主要来源是官府的批拨，也有士绅、富户或民户的捐赠。天镇县紫阳书院，"原设修缮膏火地二十二顷四十七亩二分"②。这二千多亩土地中有的是官府拨给，有的是生员、监生捐助，有的是普通邑民捐给，有的是以村庄的名义捐给，还有的是其他县捐给。乾隆十六年（1751），邑民韩之瑞和他的儿子生员韩常明捐赠十顷；乾隆十七年（1752）生员王才文、监生袁昱和其他邑民，以及大同县生员王国治、西宁县监生张可桢等共同捐助田地四顷；塔儿村、贾家屯等地捐给五顷十一亩等。有的州县，将无人垦种的荒地招人垦种，"以充社学廪饩之用"③。马邑县，设立社学四处，分别位于县城三官庙、霍家营龙王庙、新磨村河神庙、陈家庄龙王庙，各分给地一顷。左云县义学，置地"二十余亩，岁收租谷"④，以充作馆谷。

有的州县，在学田出租收取租谷、租金之外，还有村庄缴纳的学租。左云县，有学田分别位于敌台、马家河、五峰咀、县城南门外等处，"每一顷收租：市斗米一石五斗，草五十束"⑤。另外，"干沟子村每年交租银二两五钱。四峰山每年交租：市斗米四斗，交粮仓斗米四斗九升一合三勺，豆五斗八升二合四勺，草一十八束八分九厘"⑥。

官员的捐资在教育机构的日常运行和维护中也起着积极的作用。在前表中所记的十三处书院，有八处明确记载为当政者兴办，主持兴建和捐资的为知府或者知县。云中书院，明嘉靖年间设立。乾隆四年（1739），废书院，改设左营官署。乾隆二十六年（1761），知府嘉祥在大同府署大门西重建。应州金城书院，前身为龙首书院，在州治东街。康熙六十年（1721）知州章宏建，乾隆时

---

① （清）曾国荃、张煦等修，王轩、杨笃等纂：（光绪）《山西通志》，卷一百四十一·孝友录。
② （清）洪汝霖、杨笃：《天镇县志》，第 472 页。
③ （民国）陈廷章修，霍殿鼇纂：《马邑县志》，第 149 页。
④ （清）李翼圣原本，余卜颐增修，兰炳章增纂：《左云县志》，第 148 页。
⑤ （清）李翼圣原本，余卜颐增修，兰炳章增纂：《左云县志》，第 148 页。
⑥ （清）李翼圣原本，余卜颐增修，兰炳章增纂：《左云县志》，第 148 页。

期,"知州捐俸廉为师生膏火束脩之费"①。"知州吴炳每岁捐赀约二百金为师生束脩膏火之用"②。广灵延陵书院,在县城南门内路东。雍正三年(1725)知县杜垣建立。乾隆二十年(1755),"知县郭磊劝捐卹儒田三百亩,……设卹儒仓。二十三年,知县陶淑详明变价银五百五十两,交商生息,以为束脩膏火之费,其不足者现任知县垫捐"③。天镇紫阳书院,原先在城北二里培风堡。乾隆十八年(1753)知县张坊,将培风书院移建在县霜神祠,改名紫阳书院,后来移至天镇城内西街大云寺东,"官绅士民公捐师生修膳膏火地四十一顷五十一亩七分,本府批设地七顷八十一亩一分,知县张坊拨设地五顷十一亩一分"④。浑源州恒麓书院,在州治东。乾隆十九年(1754)知州龙云斐创立,但是没有完工。乾隆二十八年(1763)知州桂敬顺继续建,"捐赀延师,招州人士及童蒙之愿学者来学焉"⑤,"谋立学田,以备饩廪"⑥。浑源州知州黄照,捐俸购买田地五十七亩,"计费白金三百四十七两"⑦,作为养正书院聘请馆师的费用。

(二) 日常经费的管理

日常经费,是维护教育机构持久存在的一个重要经济因素。如果没有足够的经费支撑,即便是有宽广的教育场所,其中的师生还是无法生存。所以,日常经费主要考虑能否持久地支撑师生的生活。从山西长城沿线各书院的情形来看,教育经费主要通过投资于其他行业以获取持久的利润,即通常所说的发商生息,以用来维持学校的日常运行。

灵丘县太白书院,道光十七年(1837)时,县令苏元羲以"经费未备,肄业生童无膏火之资"⑧,号召士绅捐助,筹集资金二千三百余千,"发商生息"⑨。浑源州恒麓文社创立时,所收捐助八百余千,"除创建字炉与采收字纸

---

① (清)吴辅宏修,王飞藻、文光校订:《大同府志》,第276页。
② (清)吴炳:《应州续志》,第432页。
③ (清)吴辅宏修,王飞藻、文光校订:《大同府志》,第280页。
④ (清)吴辅宏修,王飞藻、文光校订:《大同府志》,第282页。
⑤ (清)桂敬顺:《浑源州志》,第383页。
⑥ (清)桂敬顺:《浑源州志》,第384页。
⑦ (清)贺澍恩修,程绩纂:《浑源州续志》,第571页。
⑧ (清)雷棣荣、严润林:《灵丘县补志》,第245页。
⑨ (清)雷棣荣、严润林:《灵丘县补志》,第245页。

器用外，以其余交恒麓书院绅董筹息，为经久计"①。广灵县的延陵书院，"所有新旧银两按市价易钱，共得钱五千五百余千文，除用外，以五千一百千文发商生息，内当行存钱一千一百千，货行存钱一千一百千，缸行存钱一千一百千，油行存钱九百千，店行存钱九百千，均自光绪二年为始，按月九厘行息不计全，每年共生息钱五百五十千八百文作为山长修缮，士子膏火奖赏"②。道光年间，在河南为官的浑源州人栗毓美就捐赠恒麓书院诸生膏火的费用。这些费用也不可能一时用完，为了便于长久资助学生，"寓书州牧存诸案牍，收十一息为经久计"③。平城书院的月课奖赏经费，来源于大有、常平二仓的粮谷禀准粜出所得银钱和捐银共1500文发商生息所得。

教育机构的日常经费，主要用来聘请教师，或用来充作学生膏火，但是也有州县将其用作他途。朔州，社学"有铺面四间，每年收房租钱十千文，以八千文及学田三十亩为馆谷，每年存钱二千文，闰月加算，作为修理之资"④。灵丘县太白书院，有文昌祠一座，以"菜园地二亩为文昌阁香火之资"⑤。

有的州县，教育经费也可能被挪作他用。灵丘太白书院，自道光十七年（1837）至咸丰三年间（1853），发商生息的钱，"除历年主讲修膳、生童膏火外"，"共积存制钱三千九百千有奇"⑥。咸丰三年（1853）秋至四年（1854）夏，县令王心田、沈家振先后"因办兵差并修城工，挪借钱三千八百余千"⑦。马邑"邑小士贫，学书一役每招募不前，则书写无人，公事不办"，于是议将学田中的三十五亩，充作"办写文移纸张笔墨之费"⑧。

---

① （清）贺澍恩修，程绩纂：《浑源州续志》，第576页。
② （清）杨亦铭：《广灵县补志》，第26页。
③ （清）贺澍恩修，程绩纂：《浑源州续志》，第572页。
④ （清）汪嗣圣、王霭：《朔州志》，第325页。
⑤ （清）雷棣荣、严润林：《灵丘县补志》，第245页。
⑥ （清）雷棣荣、严润林：《灵丘县补志》，第245页。
⑦ （清）雷棣荣、严润林：《灵丘县补志》，第245页。
⑧ （民国）陈廷章修，霍殿鳌纂：《马邑县志》，第148页。

二、教育机构的管理运行

（一）学额的设置

学额是各府州县学录取新生的数额。府州县学设立之后，能够入学读书成为"生员"，列为四民之首，是参加科举、获取功名的一个基础的步骤。学额的多寡影响就学和取士的人员多少。考取进士意味着能够入朝为官，如果能够在中央持续任职，对地方社会的发展也是颇有作用。所以，学额就成了一种重要的社会文化资源。清代严格控制各地的学额，地方则力争保持学额和学校规模。

清代学额，按照一定的标准在各州县定额分配，但是也会随时调整。顺治四年（1647）规定："各省儒学，视人文多寡，分大中小学取进童生，大学四十名，中学三十名，小学二十名。"① 顺治十五年（1658）又定，"大府二十名，大州、县十五名，小州县四名或五名"②。康熙九年（1670）再定，"大府州县仍旧，中学十二名，小学八名或七名"③。商衍鎏认为在人文多寡之外，还应加上钱粮丁口，"每县学额，按文风高下，钱粮丁口多寡以为差，分为大、中、小学"④。由此可见，学额是按照大、中、小学而定。所谓的大、中、小学，不是指学校的年级和等次，而是指学校的规模。学校的规模与府州县的行政层次有一定的重合度，但并不是完全按照府、州、县的行政层次划分，其划分的依据是州县的钱粮丁口和人文多寡。

大同"属以疆事孔棘，郡数被兵，文物声明，阙如弗讲"⑤。人文多寡成了影响学额设置的主要因素。雍正四年（1726），朔平知府伊都立为设置朔平府儒学生童额数和教授，在奏报中请将朔平府学，"照太平汾潞大五府之例，取进文武生童各二十名"⑥。其理由很简单，朔平已经设府，就应该按照太原、平阳、汾州、潞州和大同等府的规格，招收府学生童。但是吏部的议覆中，以"人文

---

① 《大清会典事例》，卷376，礼部·学校·学额通例。
② 《大清会典事例》，卷376，礼部·学校·学额通例。
③ 《大清会典事例》，卷376，礼部·学校·学额通例。
④ 商衍鎏：《清代科举考试述录》，北京：三联书店，1958年版，第13页。
⑤ （清）黎中辅：《大同县志》，第327页。
⑥ （清）刘士铭修，王霨纂；李裕民点校：《朔平府志》，第901页。

未便充威，不便遽照晋省府学之例"①为由，将朔平府学的学额"照晋省大学例，取进文、武生员各十五名"②。

清初大同府共有学额176名。但是，按照《晋政辑要》记载，大同府属，"本府学额进童生十七名，大同县十五名，应州十二名，浑源州十二名，怀仁县八名，山阴县八名，灵丘县八名，广灵县八名，阳高县八名，天镇县八名"③；朔平府属，"本府学额进童生十五名，右玉县十二名，左云县八名，平鲁县八名，朔州十五名，马邑县八名"④，共有170名。其中变动的缘由也是人文或文风的问题。

大同府学学额原定为二十名。乾隆朝时，山西学政郑际唐以大同府所属州县"文风平常"⑤，将大同府学学额三名上奏裁补"人文较盛"⑥的霍州灵石县，而且"武童亦请照文童例裁拨"⑦。雍正年间，右玉"系附郭首邑，又并右玉、威远两卫"⑧，初设时的学额为十五名。乾隆年间，礼部议准山西学政戴衢亨的奏折，将"应试士子无多，且文理平常，不能足额"⑨的右玉县的学额三名划归"文风素优"⑩"不能溢取"⑪的代州五台县。同时兵部也议准将右玉县应试武童"原额十五名内，裁拨五台县三名"⑫。

（二）教师的来源和生存状况

清代长城沿线地方教育主要有两部分人参与实行。一部分为分管教育的官员。另外一部分为教师。书院的山长，一般由督抚或者学臣选择品学兼优、德行公正的人担任。

府学设教授一人，由进士、举人出身的人担任，正七品待遇；州学设学正，

---

① （清）刘士铭修，王霨纂；李裕民点校：《朔平府志》，第902页。
② （清）刘士铭修，王霨纂；李裕民点校：《朔平府志》，第902页。
③ （清）海宁等辑：《晋政辑要》，卷六，岁进学额。
④ （清）海宁等辑：《晋政辑要》，卷六，岁进学额。
⑤ 《清实录》，第26771页。
⑥ 《清实录》，第26771页。
⑦ 《清实录》，第26771页。
⑧ （清）刘士铭修，王霨纂；李裕民点校：《朔平府志》，第901页。
⑨ 《清实录》，第25085页。
⑩ 《清实录》，第25085页。
⑪ 《清实录》，第25085页。
⑫ 《清实录》，第25207页。

县学设教谕和训导各一人，学正、教谕、训导由举人、贡生出身者担任，学正教谕为正八品，训导为从八品。以大同县为例，乾隆七年（1742）至道光八年（1828），共有教谕19人，其中进士1人，举人3人，恩贡6人，拔贡5人，副榜3人，不明出身者一人；训导18人，其中岁贡10人，举人7人，不明出身者1人。

负责教谕的官员，在教育机构新建或者维修之时，常常是工程的监督者。乾隆三十六年（1771），大同知县虔礼宝重修县学之时，教谕郎克谦，"实尽劝相焉"①。道光九年（1829），大同县重建县学崇圣尊经祠宇时，教谕聂应聘和训导武锡圭协同县令黎中辅一起选择地址。重修太乙阁时，"聂汤宾、武东青两广文之功居多"②。同时，这些官员出身于庠序间，深得为学之道，有利于地方教育的发展。乾隆三十二年（1767），进士郎克谦就任大同县儒学教授时，王奇士赋诗一首，云"春风函丈起，边地不知寒"③。张于德，进士，曾经担任威远卫教授。他任职期间，"捐俸修学宫，月集诸生课文艺。尤邃于易理诗学，朝夕讲贯。以阐明经术、鼓励士风为己任"④。

对于官学聘请的教师，志书中记载较少，无法窥见教师的生存图景。书院或存或败。"边徼为用武之地，资质朴野，骁劲成风，尚武寡文，不足齿数。求有志振兴文化，毅然身起而力任之者，盖亦寡矣。"⑤ 教授学业，督课生员、充任山长的职责，有时由县令兼任。在怀仁县兴修锦屏书院时，儒学训导张映壁，对人才提出了一个希望，即"士养于学校，复举其良而优之于书院"⑥。下面主要对志书中记载的以教读为业的人物进行分析，以展现各府州县基层教学人员的生存状况。

以教读为业之人，大多数已经有了一定的功名或者学名，有的是进士、有的是举人、有的是生员，也可以说是地方士绅中比较贫寒的人士。姜清元，"家

---

① （清）黎中辅：《大同县志》，第325页。
② （清）黎中辅：《大同县志》，第334页。
③ （清）黎中辅：《大同县志》，第348页。
④ （清）黎中辅：《大同县志》，第254页。
⑤ （清）李长华修，姜利仁纂；汪大浣续修，马蕃续纂：《怀仁县新志》，第366页。
⑥ （清）李长华修，姜利仁纂；汪大浣续修，马蕃续纂：《怀仁县新志》，第366页。

素贫,舌耕养亲"①。何士琏,拔贡生,"七岁而孤,十七岁入县学,家贫,授徒"②。也有的在没有入学或者考取之前,已经以文名于世,在开馆授徒之后,一方面扩大了自己在地方上的声誉,一方面培养了众多的学生,带动了地方文化的兴起。李俊英,"兴县人,以避乱至马邑,遂家焉。初来时佣于市,明经华应五见而物色之,乃为之辟馆授徒,文名鹊起。巡方使者奇其才准入邑庠,充康熙十五年贡"③。王言经,"邑廪生。性颖敏,有文名,见重于时。及授徒,讲学文昌宫,一时后进从其游者皆有成就,斐然质有其文"④。左云县从事教读之业的大多数为士子之中的贫者,"然俗尚待师简朴,既不隆以束脩,又不供其饮馔。以故,终年所得仅资用度。无论城乡皆如之"⑤。

身为教师的人士,大多数能够以教书育人为己任,注重对学生的品德修养和文化的培育。天镇罗星斗,"顺治初授徒蔚州千胜疃,称人经师"⑥;贡生罗士廉,"教人以践履为先,不拘拘于文艺也"⑦;举人任自警,"教授后进,孜孜不倦,从之游者,皆有法度"⑧。有的教师授业之时收取的报酬以维持生活为度,或者不计报酬。阎开业,朔州中里人,禀膳生,"课授生徒,不计修脯有无,贫者给以纸笔薪米,曲为成就"⑨。

有的既是学业的传播者,同时也是地方道德的楷模,其德行对乡里影响至深。马邑人李维翰,"为诸生时,设馆授徒,师严道重,侍郎田子湄,其门下士也"⑩。平鲁人蒋迎春,"康熙四十九年岁贡,家贫苦学,砚田舌耕,忠厚醇谨,人称其德,平邑士子多出其门"⑪。何士琏在大同授徒时,"本郡、邻邑从游者六七十人,掇巍科、跻朊仕者有焉。士琏自以忠愍后裔,以敦族明宗为己

---

① (清)黎中辅:《大同县志》,第255页。
② (清)黎中辅:《大同县志》,第255页。
③ (清)刘士铭修,王霨纂;李裕民点校:《朔平府志》,第823页。
④ (清)黎中辅:《大同县志》,第254页。
⑤ (清)李翼圣原本,余卜颐增修,兰炳章增纂:《左云县志》,第136页。
⑥ (清)洪汝霖、杨笃:《天镇县志》,第502页。
⑦ (清)洪汝霖、杨笃:《天镇县志》,第502页。
⑧ (清)洪汝霖、杨笃:《天镇县志》,第503页。
⑨ (清)刘士铭修,王霨纂;李裕民点校:《朔平府志》,第776页。
⑩ (清)刘士铭修,王霨纂;李裕民点校:《朔平府志》,第773页。
⑪ (清)刘士铭修,王霨纂;李裕民点校:《朔平府志》,第775页。

任"①。广灵杨荫殿，"诸生，敦孝弟，恂恂有儒者气，持身涉世，惟诗书之言是懔，课徒二十年，士林咸资师范"②。

有的还是地方文化的记述者。右玉郑祖侨，康熙时中举人。但是，因其头疼没有出任官职，在乡以编书、著述为己任，致力于地方文化建设。右玉一直没有志书流传，郑祖侨认为，"右玉虽小邑，顾辰次、分野、风土、人物、户口、钱粮以及方舆、土产，所关甚讵，乌可以不志?"③ 于是，郑祖侨撰成右卫志。他还在风神台创建文昌阁，以其地方文风大振。

至于私塾中的教师，一般为村中学究或者从外地游历而至的读书人。教师的薪俸由私塾中学生的家长分摊，按季或年度付给银两或者粮食。不过，他们的待遇一般都不高，生活比较清苦。

（三）府州县学藏书

虽然清代山西长城沿线地方府州县学规模不一，但是大多数学校有不同数量和种类的藏书。这些藏书大致可以归纳为：当朝御敕书、史书、科举用书、祭礼用书等。

当朝御敕书，为统治者在政治上加强对学子的控制而颁布的书籍。在乾隆《浑源州志》中提到了雍正、乾隆年间颁发给各府州县学的图书，有"雍正十年三月颁：钦定书经传说会纂一套、诗经传说会纂一套、春秋传说会纂一套、性理精义一套、驳吕留良四书讲义三套、上谕一套、圣谕广训一套、学政全书一套；乾隆四年九月颁：钦定易经十二册、春秋二十四册、诗经二十四册、书经二十四册、日讲四书十二册、朱子全书十二册、性理五册、康熙字典四十册、十三经共十二套、二十二史共六十二套；乾隆七年八月颁：钦定四书文二十册；乾隆十一年四月颁：御纂周易折中七套、诗经四套、书经四套、春秋四套、性理二套；乾隆十二年十二月颁：通鉴明史纲目四册"④。

史书，在山西长城沿线各府州县的藏书中，是当朝敕书之外，收藏最多的一种。一般为"各督抚购买，给予有尊经阁之府州县，交学官收贮，以资诸生

---

① （清）黎中辅：《大同县志》，第 255 页。
② （清）杨亦铭：《广灵县补志》，第 209 页。
③ （清）刘士铭修，王霨纂；李裕民点校：《朔平府志》，第 1097 页。
④ （清）桂敬顺：《浑源州志》，第 295–298 页。

诵读"①。

科举用书。"古人读书以为明道之具，今人读书以为进身之阶"②。大同文教本不发达，学校所藏书籍不多，"民间删本经书片板，由各督抚严饬所属查收销毁，其有刊刻小本、讲章及编辑经书、拟题套语策略等类"③。所谓的科举用书不过是一些科场规则之类。怀仁县学、应州州学中，均藏有科场规则一十一本。

礼仪用书，以文庙祭礼用书为多。怀仁县学有"祭器乐器书一部一册"④，天镇县，有"圣贤位次祭器乐器图一部"⑤。其他与节孝礼仪相关的藏书，左云县有，"乡饮酒礼条例一本""举报节孝条例一本"。⑥

山西长城沿线各府州县学所藏书籍，大部分为当朝敕书。前朝藏书在明清交替之际毁于战火之中。浑源州学，"旧藏前朝颁书一十八种，于本朝顺治六年遗失"⑦。大同地方府州县学中经史类藏书，有的为地方督抚购买赠予。有的为官员捐置。马邑县，"孝经衍义一部，共五套三十本，康熙三十年教谕张公体壮捐置，至四十二年陞任时交代存学"⑧。有的州县向周边州县借书藏于本县。马邑归并朔州之后，朔州就向马邑县学借书。马邑县学改为乡学之后，"十三经注疏、前后汉书、晋书、南宋书、南齐书、梁书、陈书、魏书、北齐书、后周书、隋书、唐书、南史、北史、五代宋史、辽史、金史、元史共二十六套朔州学堂借去"⑨。是借，还是一种委婉的说法，其情形也不得而知。

书籍是地方学校的重要财产。为了妥善安置和保管书籍，维持学校的正常运作，府学一般建有尊经阁。大同府、朔平府的尊经阁均建于明伦堂后。大同

---

① （清）曾国荃、张煦等修，王轩、杨笃等纂：（光绪）《山西通志》，卷七十六·学制略下。
② （清）桂敬顺：《浑源州志》，第295页。
③ （清）曾国荃、张煦等修，王轩、杨笃等纂：（光绪）《山西通志》，卷七十六·学制略下。
④ （清）吴辅宏修，王飞藻、文光校订：《大同府志》，第274页。
⑤ （清）吴辅宏修，王飞藻、文光校订：《大同府志》，第282页。
⑥ （清）李翼圣原本，余卜颐增修，兰炳章增纂：《左云县志》，第147页。
⑦ （清）桂敬顺：《浑源州志》，第295－298页。
⑧ （民国）陈廷章修，霍殿鳌纂：《马邑县志》，第144－145页。
⑨ （民国）陈廷章修，霍殿鳌纂：《马邑县志》，第144－145页。

府治移至阳和城之后，顺治八年（1651），知府胡文烨在儒学建尊经阁，"添建书屋六间"①。有的县学也建有尊经阁。没有建有尊经阁的州县，图书一般藏于训导或者教谕的官署之中。灵邑学宫，"尊经无阁，其书籍尽藏训导官署"②。大同县学的藏书之处，称为"太乙阁"。是初建之时用来藏书，还是建阁多年之后改为藏书之处，已经不可考证。不过，据道光年间，知县黎中辅推测太乙阁的兴建是为了提升大同地方的文运。"昔刘向校书，天禄、太乙下临，青藜照读。夫太乙者，天文之菁英也。前明解公通天人之秘奥，夺造化之神机，以天星之精华，补地理之缺陷。其建阁也，所以培植文运之心，其至矣乎！"③ 为了显示太乙阁的独特之处，黎中辅还专门在《大同县志》中绘制图一幅。（图5-2-1）

图5-2-1 道光时期大同县学宫图

虽然在县志中，将之命名为学宫图，但图中只画有太乙阁一处。黎中辅认为"学宫图，亦各志皆然……皆无异制，可不必图也。今春因旧基而重建太乙

---

① （清）吴辅宏修，王飞藻、文光校订：《大同府志》，第280页。
② （清）雷棣荣、严润林：《灵丘县补志》，第185页。
③ （清）黎中辅：《大同县志》，第333页。

阁，故此间所应有而非他处所常有者也"①。浑源州的书籍藏于文庙之中，但是所存书籍较少，且文字漶漫。浑源州知州桂敬顺，"下车即谒文庙翻阅经籍，除御赐诸种余不少，概见又板章漶漫舛讹残缺，不堪卒览"②。他分析造成这种状况的原因，主要是书籍少，不受重视。"山西边省，舟楫不通，贾贩鲜至"③，致使读书人想读书也没有书可读。这也许是大同地方只有府学或者是曾经为府学的阳高县学有尊经阁，其余州县均不见于记载的主要原因。没有专门的图书管理场所，和地方对于图书的不重视，致使书籍流失严重。马邑县书籍，"裁训导后，无一存"④。

三、科举取士与乡试分中之例

清代山西长城沿线各府州县学生也和其他地方一样参加各级考试：童试、乡试、会试、殿试。殿试之后，学子获得了读书的最高荣誉。当然，并不是每一位考生都能走完这一过程，有的仅在乡试之后，获取一定的功名，便取得一定的衔职，入仕为官。有的则是终身参加科考，至老一无所获。其中，与地方科考最为关键之处，一是学额的设置，一是考中举人的人数。学额的设置影响着地方人才培养的数量和获取官职的可能性。举人的录取数则代表着地方文化的发展程度，影响着地方出现高官的比例。关于学额的设置，在前面已经有了专门的论述，在此不赘述。下面主要分析一下与举人录取数相关的乡试分中之例。

明代大同已有乡试分中之例。清代初创之时，沿袭了这一制度。康熙四十一年（1702），汪灏在《请改云中乡试分中之例奏疏》中称，"窃惟晋省乡试，例中举人五十三名。向因大同一府，地近边方，读书人少，另编同字号于五十三名之内额中二名。此亦爱惜边方，不忍使之脱榜至意也"⑤。很显然，分中之例就是朝廷为了不使大同地方的读书人落榜，在每次乡试取士时，在山西省的

---

① （清）黎中辅：《大同县志》，第18页。学宫图为尚佳伟合成。
② （清）桂敬顺：《浑源州志》，第296页。
③ （清）桂敬顺：《浑源州志》，第296页。
④ （民国）陈廷章修，霍殿鳌纂：《马邑县志》，第145页。
⑤ （清）刘士铭修，王霨纂；李裕民点校：《朔平府志》，第891页。

名额之内，划拨给大同府两个名额。其产生的原因是大同地方读书人少，参加乡试的人也少。这样以一定的名额保证了大同考生中举的人数，进而彰显朝廷爱惜边方的用意。

按照清代的规定，生员可以参加乡试获取举人资格。乡试的中额按照各省或者是各地的文风、人口、赋税等因素确定。在学额的设置上已经体现了在国家和朝臣的视野中，大同属于文风较弱的一区。那么，在乡试中额上，按照明制分中两名已经是属于朝廷对于边地的照顾了。清代乡试每三年一次，山西省额定人数在60至88名之间变动。顺治后期，这个数字降至40人。康熙朝有所升降，一般在72人左右。乾隆朝时，山西举人额定数字为60人。分中之例的规定，使大同地方的学子无论学业进展如何，在取士时只能是额取两名。这就意味着，不管山西总体取士多少，大同只能有两人中举。

在《云中郡志》中，收录了明万历年间御史吴亮的一篇《祭鄂国公文》。吴亮就大同乡试多年未中的情形，提出的解决办法，一祭祀大同地方影响力最大的人物，以鄂国公"委身尽忠，且有保障功"[1]，准备入祀。二仍然按照旧制，在山西省的举人名额例中三人。在《祭鄂国公文》前面的引文中讲到祭祀鄂国公尉迟敬德的缘由时，他用在山西省乡试阅卷时一则奇异的事情，证实了分中之例不仅是旧制，而且也是古贤人之意。"晋闱分校场宪幕阅卷时，恍见尉迟公入帘内，问其意，欲中大同人。"[2] 等到揭榜之日，大同人果然考中了两名。众人都认为是神的庇护。这一奇异事件为分中之例找到了合适的理由。就大同地方文教发展的情形而言，吴亮提出大同乡试仍按分中之例，一定程度上鼓舞了边方士子。这是大同地方文献中对于分中之例较早的记载。

在康熙四十年（1701）时，左云县教授霍爆提出废除分中之例时，也追述了其产生的缘由。"云中逼处边塞，在明季为用武之地，另设督抚节制，又于宣大特设巡按衙门，监督学政，其一切钱谷、刑名、考试等事，俱不隶太原版章，即武乡试，亦于宣府另设一闱，惟文乡试仍在晋闱。应用内、外帘、誊录、对读等官，并不调取大同一员，试卷多不誊送内帘，以致偶有脱榜，因而巡按御

---

[1] （清）胡文烨：《云中郡志》，第59页。
[2] （清）胡文烨：《云中郡志》，第59页。

史题明分中,虽经兵燹,年限、案牍无可考稽,大约分中之例,由此而起。"①

清初长城沿线仍是兵民杂处,在管理方面,行政上归属于山西,军事、钱粮、考试等事仍旧受到宣大总督节制。宣大总督被裁之后,大同府的一切文武事宜俱隶大同。不过,在乡试一事上仍然按照分中之例。当学子学业水平在全省而言处于较低的状态时,分中可以保证考取两名举人。但是,当地方文教事业发展之后,读书应试人增多,如果不能将学子放在同一水平线上取士,即便是有学业成绩好的学子也无法脱颖而出。

鉴于分中之例,"隳多士刻苦之心,阻边才登进之路"②,左云县儒学教授霍燨在康熙四十年(1701)时提出要废除分中之例。他列举了可以废除分中之例的理由:武乡试不分,文乡试也应不分;若以地域广狭而言,其他泽州、辽州、沁州各州不过只有三四所学校,大同所属四州七县六卫,共有十八所学校应该不分;大同虽为边方,"今词林、言路中,亦并非无人"③。而且指出,如果分中之例被打破之后,"中者果多,固戴鸿恩于不朽","中者反少,亦所甘心而无悔"④。

康熙四十一年(1702),时任山西学政的汪灏,在山西省乡试结束之后,也提出了请废分中之例。其理由是,其余各处均增加了取士的名额,大同府的学子却享受不到这种恩惠。山西提督学政汪灏,经过任职一年来的考察,认为此时的大同地方,"边士久沐皇上教泽,鼓励日新,大同人文,果盛于前"⑤。而且废除分中,已有台湾的先例。汪灏提出,"将大同旧编同字号,照台湾例撤去,并不限中名数,总于四府三州内一体编号,听中多寡,使其争自濯磨,以宏作养"⑥。

山西学政和地方教谕提请废除分中之例,说明在主管教育官员的认识中,长城沿线各州县的文化教育较前代有了很大改观。将大同地方士子同山西全省其他府州县的士子放置于同一起跑线上,对于刚刚兴起的文教事业无疑是一种

---

① (清)刘士铭修,王霨纂;李裕民点校:《朔平府志》,第892页。
② (清)刘士铭修,王霨纂;李裕民点校:《朔平府志》,第893页。
③ (清)刘士铭修,王霨纂;李裕民点校:《朔平府志》,第893页。
④ (清)刘士铭修,王霨纂;李裕民点校:《朔平府志》,第894页。
⑤ (清)刘士铭修,王霨纂;李裕民点校:《朔平府志》,第892页。
⑥ (清)刘士铭修,王霨纂;李裕民点校:《朔平府志》,第892页。

鼓励和支持。地方社会风气逐步开始由尚武向崇文转变。

第三节 文人社会的地域特征

入清以后，相对稳定的社会为文化发展创造了一个有利的环境。"我盛朝振兴广励，媲美四代，海内人文，已虎变龙蒸矣。本痒应运，亦不乏人。"① 但是，纵观整个清代山西长城沿线的文人社会仍具有典型的边地色彩。

一、文人社会的基本情况

清初，长城沿线地方自身的文人处于成长阶段，活跃在该地的文人主要以江浙文人为主，以曹溶、朱彝尊为主要代表人物。

据《大同县志》宦师志记载，"曹溶，字秋岳，浙江嘉兴人。康熙六年，任大同兵备道。学问闳博，处兵琐疮痍间，赈荒驭吏胥有绩。雅称叹徐明经化溥、冯观察云骧才。亟旌之。时学政丛弊，溶籍制俾不敢逞。魏敏果象枢雅参议焉。寻以裁缺去，仕至侍郎"②。雍正《阳高县志》卷三职官中，兵备道一职中也有相关记载，"曹溶，浙江人，进士，康熙六年任，以后裁"。

早在顺治十四年（1657），曹溶就接到了朝廷降职山西的命令，但正逢为祖母守孝，没有出任。顺治十八年（1661），曹溶接到了到大同任职的文书。在其诗文中多有表述，对家乡的依恋、对大同气候的设想和对自己未来的期冀，尽现于《李书云斋中剧饮连日时已得大同除信二首》和《闻大同除信四首》之中。康熙元年（1662）十月，朱彝尊游永嘉，曹溶为之送行。由此可知，曹溶在康熙元年十月尚在浙江。康熙元年（1662）末或者康熙二年（1663）初，曹溶到达山西。康熙三年（1664），朱彝尊即北上，九月十九日到大同。之后，朱曹二人同游山西直至康熙六年（1667）。

在《大同县志》人物志"寓贤"一节中对朱彝尊是这样记述的：

"朱彝尊，字锡鬯，秀水人。尝游大同，望李陵台。入太原，访卦山、蒙

---

① （清）黎中辅：《大同县志》，第306页。
② （清）黎中辅：《大同县志》，第191页。

山、晋水诸胜。雅嗜金石文,搜剔穷岩败冢,遇残碑断碣,手自摩挲,竟日不忍弃去。夙有子猷癖,虽僦舍,必择有竹地以居;客大同,地寒无竹,尝艺苇以代之。后举博学宏词,官检讨。"①

游大同,望李陵台,仅是对朱彝尊活动的简单描述。《大同县志》艺文志中收录朱彝尊碑记诗文有:《三皇庙新建财神祠碑记》《开化寺碑记》《普恩寺碑跋》《吊李陵文》《大同府威远卫重修学记》《云冈石佛记》《与高念祖论诗书》《送曹侍郎备兵大同二首》《十月十四日夜同曹使君云州对月》《将赴山阴堕马伤足,张明府枉顾逆旅饷酒,赋诗二首》《云中客舍曹武备自津门以筐蟹银鱼见寄赋诗二首》《食半翅》和《云中至日》等。据这些诗文推测,大同、阳和、李陵台、云冈石窟和威远卫都留下了他的足迹。曹朱二人还一起去应州木塔、雁门关、晋祠等处考察。《应州续志》艺文志中收录朱彝尊《应州木塔记》一篇。乾隆《大同府志》也收录朱彝尊《雁门关》诗一首。这些诗文和简单的传记,是朱彝尊交游大同的重要凭证,也是其康熙初年行动和思想的真实体现,更是曹溶与朱彝尊忘年之谊的见证。

朱彝尊作为曹溶幕僚,见证了曹溶在大同为官的作为。曹溶目睹大同,"其地沙碛、其泉硷、其山童、其居土屋、其人日再食,无田桑之饶,陶植之利;又多凶旱水溢之苦,民贫特甚"②,认为是没有供奉财神的缘故,于是在三皇庙的旁边新建了财神祠。财神祠竣工之后,朱彝尊应邀作《三皇庙新建财神祠碑记》,并且"作神弦之曲,俾工歌以乐神"③。

曹溶和朱彝尊远在朔方,天寒地瘠,一个是踌躇满志不得重用,一个才学鸿博仍存迟疑之意。曹溶,虽为前明重臣,但心怀黎民疾苦,对于清廷和自己的未来充满着期冀。朱彝尊,曾以反清之士自居,却整日为了生计不停奔走。两个同乡之人,在塞外,对着皎洁的月光,互相慰藉。朱彝尊和曹溶相交已久,颇知其心思,"主人托嘉藻,休浣寡所营,悟彼行役艰,曲宴奏中诚"④。曹溶对朱彝尊的到来表示欢迎,"赖有同心士,风雨仍多恋。乐莫故交乐,遂赋《明

---

① (清)黎中辅:《大同县志》,第269页。
② (清)黎中辅:《大同县志》,第313页。
③ (清)黎中辅:《大同县志》,第313页。
④ (清)黎中辅:《大同县志》,第347页。

月篇》",二人的友谊也尽显于对答之间,"悠悠道路间,乃得亲友生,恒岳有盘石,足以喻精诚"①。

二人还邀友同游云冈石窟,宴饮娱乐。"邀客坐平沙,寒阴半雪花",雁门关外的凄冷在曹溶的诗中,正符合作者怀才不遇的心境。幸好有好友的到来,"鼎沸亲煎茗,盘空映削瓜",作者才有"境盛酬宫冷,闲多缓鬓华"的慨叹②。朱彝尊则作文《云冈石佛记》,以赠蘷州李友人。

康熙四年正月,曹溶邀请朱彝尊、周之恒、孙如铨、傅登荣游应州木塔寺,朱彝尊作有《应州木塔记》记之,其文收录于《应州续志》。同年二月,朱彝尊和曹溶一起出雁门关赏碑石,曹溶作有《同锡鬯出雁门二首》,"故友欢相得,残书冷共收",描写了二人同游之乐。朱彝尊亦作《雁门关》诗一首:

南登雁门道,骋望勾注巅。山冈郁参错,石栈纷勾连。度岭风渐微,入关寒未捐。层冰如玉龙,万丈来蜿蜒。飞光一相射,我马忽不前。抗迹怀古人,千载诚多贤。郅都守长城,烽火静居延。刘琨发广莫,吟啸《扶风篇》。伟哉广与牧,勇略天下传。时来英雄奋,事去陵谷迁。数子不可期,劳歌为谁宣。嗷嗷中泽鸿,聆我慷慨言。③

在朱彝尊游历大同的同时,浙江诗人受曹溶吸引也纷纷前来。朱一是《送周青士往山西序》:"周子青士将适晋,过别朱子。朱子曰:'何诗人客晋之多也?前年朱彝尊最先往,次右吉、子威往,次尔载往,又次武曾往。而周子复行。'"④ 这些活跃在浙西文坛的诗人,相继来到大同,为大同文化的兴起拓宽了局面。除了浙西文人之外,前朝遗民也相继来到大同,促进了大同文教事业的发展。陕西富平人李因笃,在曹溶备兵阳和期间,"以故人子从。时守大同者以礼敦延,掌教云中书院"⑤。

康熙初年的曹溶,几经官场起落,心态渐为平和。塞外广阔的天地,使曹溶的心胸也更加宽广。除了朱彝尊和浙西文人之外,他还发现和提携大同文人。

---

① (清)黎中辅:《大同县志》,第347页。
② (清)黎中辅:《大同县志》,第346页。
③ (清)吴辅宏修,王飞藻、文光校订:《大同府志》,第604页。
④ (清)朱一是:《为可堂初集》,四十三卷,转引自王星慧:《曹溶研究》,南京师范大学硕士学位论文,2007年。
⑤ (清)黎中辅:《大同县志》,第269页。

曹溶比较欣赏的大同地方文人有徐化溥、冯云骧和郭传芳等。"曹侍郎秋岳尝言，'云中有二士'，徐化溥与郭传芳也。"① 徐化溥，"字云门，阳高人。少孤，志学，甚笃健。户下惟经史古籍，每不纵览，悉究问奥。古文词诗歌，风骨犹高。一时名人如曹秋岳、魏环极皆重之。撰《云中志》（即《云中郡志》，笔者按）十四卷，详密简括，可佐国史。年逾耄，日坐小窗前，手一编，吟咏不辍。间策蹇驴过知旧，或径诣佳山水数日乃返。有《云门集》若干卷。冯学博讷生为刊行于世"②。郭传芳，大同人，其才为曹溶所称许，曾经主持编修《陕西通志》，"富平李太师因笃志其墓云"③。

除了曹溶和朱彝尊为代表的江浙文人之外，顾炎武、吴伟业等人也几次经过大同，与当地文人交游，留下了不少诗文。吴伟业在《送冯讷生进士教授云中》一诗中，称赞冯云骧，立身和学问深宏，纵横恣肆，音节响亮，"才同顾陆与温邢，侠少风流擅绝伦。名士有谁甘作诺？丈夫何必尚专城？乞得一毡还故土，欲化边人作邹鲁"④。

以上所述为清初大同城周围文人游历的基本情况。虽然在入清之时经历了巨大的灾难，但是相对于其他州县城而言，大同府城仍是繁华之地。大同城文人尚不活跃，其他州县文人更是寥寥无几。天镇重修县志之时，知县张坊对于之前所修志书中"不特长城之筑不知起于何时，与阳门之山诧台之谷，阳原阳门延陵且如之古县，不知在于何地，即白水阳城之渌，南洋东洋西洋之河，灅水修水雁门阳门诧台谷之支流"⑤ 的错讹现象，指出其原因在于"地本临边，上当绝塞，上古原属荒服之外"⑥，"干戈习惯，弦颂风微，礼乐教化则藐乎"⑦，至明代，"衣冠无土著之户，氏族尽抽拔之遗，纵有好古之士，又皆家鲜藏书，贺绝名贤。指姓以为村，象形以称山，计里以名川，贸贸相传，谁为

---

① （清）黎中辅：《大同县志》，第269页。
② 曾国荃、张煦等修，王轩、杨笃等纂：（光绪）《山西通志》，卷一百五十六·文学录下。
③ （清）黎中辅：《大同县志》，第251页。
④ （清）黎中辅：《大同县志》，第348页。
⑤ （清）洪汝霖、杨笃：《天镇县志》，第523-524页。
⑥ （清）洪汝霖、杨笃：《天镇县志》，第523-524页。
⑦ （清）洪汝霖、杨笃：《天镇县志》，第523-524页。

稽其实者?"① 编修志书涉及文化流传，错讹颇多，尚无文人考证，何况登临吟咏之事？天镇一县的情况并非是偶然，大同地方文人社会不兴盛的原因，和地临边外、文教不兴、读书人少、典籍缺乏有着密切的关系。

纵观清代山西长城沿线各府州县地方志书的记载，诗文和碑记主要以外地文人或者是任职于该地的官吏所作为主。在这种情形之下，长城沿线文人社会发展呈现出的基本样貌就不难理解了。

二、文人社会的边地色彩

叶梦珠在《阅世编》中，指出地方官吏在移风易俗的过程中具有积极的作用。"士风之升降也，不知始自何人。大约一二人唱之，众从而和之。和之者众，遂成风俗，不可猝变。迨其变也，亦始于一二人而成众和。方其始也，人犹异之，及其成也，群相习于其中，油油而自觉矣。要之，移风易俗之权，必操之自上，则不劳而效速。"② 山西长城沿线"山高土厚，风气犷悍"③，"俗重武功，而轻文学"④。针对这种情况，地方官们励精图治，开始注重地方风气的改观，所以在顺治朝之后的地方志书中才有了"熏陶圣化弦诵，焕然一新"⑤ "沐浴圣化，甲科间出"⑥ 等字眼。天镇改卫为县后，时人认为地方文化面貌已经有了很大的改观，"清兴百有余载，治功宏于往代，声教覃敷，洋溢中外，东越辽海，西至嘉峪，南过琼台，北抵云朔，生齿聚，户口繁，易武辖为文治，声教咸埒于内地"⑦。

除了振兴文教、培育文士之外，山西长城沿线知府、知县招集文人，宴饮作诗也影响了地方文人的成长。清代大同城周围的景物都留下了地方官的足迹。虽然时隔久远，无法考证是否有当地文人随同其中，但是，这些官员们在欣赏

---

① （清）洪汝霖、杨笃：《天镇县志》，第 523 – 524 页。
② （清）叶梦珠撰，来新夏点校：《阅世编》，卷四，风俗，上海：上海古籍出版社，1981年，第 83 页。
③ （清）刘士铭修，王霨纂；李裕民点校：《朔平府志》，第 715 页。
④ （清）刘士铭修，王霨纂；李裕民点校：《朔平府志》，第 715 页。
⑤ （清）李翼圣原本，余卜颐增修，兰炳章增纂：《左云县志》，136 页。
⑥ （清）李翼圣原本，余卜颐增修，兰炳章增纂：《左云县志》，第 168 页。
⑦ （清）洪汝霖、杨笃：《天镇县志》，第 523 页。

景致的同时，留下了无数诗篇，收录于方志之中，感染和熏陶着地方文人社会。

官员们经常留驻的地方有云冈石窟、王家园、柳泉湾，以及大同城内的寺观庙宇。康熙年间，曹溶任职大同期间，修理玉河桥柳港寺盛景，一时间"文物风流不异江左"①。乾隆年间，吴辅宏任大同知府，"岁乙未，暮春之杪。公事闲暇。闻西城王家园杏花数百株，为云中所仅有。招王子磵南、朱子西田、吴公石亭及同署诸公，载酒往游"②。道光四年（1824）闰七月二十七日，"王洁斋明府招饮柳泉，诸友咸集"③。道光四年（1824），"甲申仲冬初一日，黎濂芗明府初度备酒柳泉，好友咸集"④。王志湉在大同期间，"癸未五月余与汪又丰、倪一峰、韩毅庵聚于章竹山斋头，约于二十二日往郭外作汗漫游：恒山庙小憩，柳泉湾午餐，华严寺晚酌，尽欢而散"⑤。"城南柳泉湾水木清华，双泉漱玉"，黎中辅在大同期间，"暇日偶集宾僚，斛咏于此"，柳泉湾长满长生萍之后，"因作五言律二十首"⑥。

道光年间，地方官员们还常常以"消寒会"的名义招集文人雅士，饮酒赋诗。王志瀜在大同任知府期间，经常参加消寒会，并赋有诗歌。"新春四日，黎濂芗明府作消寒会"⑦，王志瀜赋诗三首。"查霭堂于郡斋作消寒会，共赋《云中怀古》"⑧。"汤雨生都尉集同人作消寒会"⑨，王志瀜外出未至，回署后赋诗以记。

在官员们的带动下，云冈石窟、柳泉湾、文莺湖、恒山等地也成为地方文人聚集吟咏的地方。杨霖、黄文杰、郭庭槐、师文各赋有《文莺湖》诗一首；师文，"暮春偕友柳泉湾泉亭小饮"⑩，观看柳泉湾长生萍赋诗一首："嫩柳轻风拂面来，水光山色画图开。客因雅集联今雨，座对清泉酌旧醅。地气灵钟初启

---

① （清）刘士铭修，王霨纂；李裕民点校：《朔平府志》，第985页。
② （清）黎中辅：《大同县志》，第355页。
③ （清）黎中辅：《大同县志》，第357页。
④ （清）黎中辅：《大同县志》，第357页。
⑤ （清）黎中辅：《大同县志》，第357页。
⑥ （清）黎中辅：《大同县志》，第366页。
⑦ （清）黎中辅：《大同县志》，第362页。
⑧ （清）黎中辅：《大同县志》，第362页。
⑨ （清）黎中辅：《大同县志》，第362页。
⑩ （清）黎中辅：《大同县志》，第369页。

秀，天怀高寄尽名材。仙萍定许仙人种，碧玉湾头手自栽"①。他在诗中解释道，"近年，池产长生萍，闻于上台，皆称祥瑞。信地气之灵也。名流题咏皆纂集《县志》"②。名流、官员争相吟咏，对地方文人也有一定的启发。

山西长城沿线文人社会的发展，以行伍之中出现了以文行著称的家族为代表。任氏家族，起家于任举。任举，"年十七应募为兵"③，"雍正二年成武进士，授陕西柏林守备"④。乾隆十一年（1746），陕西固原兵变，任举以死报国，赠提督。道光《大同县志》中收录有御赐祭文和碑文。袁枚为任举所作的《赠提督任勇烈公神道碑记》中称其"熟左氏相斫之书，通吕蒙呓语之《易》。执笔如上马，磨盾即赋诗"⑤。陈宏谋在《任勇烈诗集序》中，对任举的诗歌也表示十分赞赏，"诗句直抒性灵，慨当以慷，不欲与文人学士争工拙"⑥。其子任承恩和任承绪受其恩荫，也在行伍之中。任承恩，官至福建提督，"虽任戎行，而通经术，工诗文，为当时公卿所推重"，时人称其为"儒将风流，克世其家，洵不愧儒林也"⑦。任承恩著有《二峨草堂诗集》，自谦称为愚稿、学稿，其诗集中收录了诗歌四百九十多首。任承恩曾经将自己的诗作给吴锡麒，吴认为其诗"清益求真，华不入靡。矫然而跨俗，铿尔而奏奇。旌旗自新，壁垒弥古"⑧。其诗集出版之时，吴为之作序，称"一集之内，各露其菁华；一篇之中，如闻其咏叹。或志存山水，而雄宕传之；或耳听鼓鼙，而悠闲出之"⑨。在《任畏斋都督诗序》中，法式善记载了与任承恩同游之时，所见其作诗的场景。"一日，（任承恩）招余偕洪稚存、何兰士，骑马游西山。憩苍雪庵，流览眺望，拟为纪事诗，君下笔立就，余三人皆搁笔。始知君之诗盖工且速如此。"⑩任氏父子的诗歌流传较多，对大同文人的影响颇为深远。在道光《大同县志》中，

---

① （清）黎中辅：《大同县志》，第369页。
② （清）黎中辅：《大同县志》，第369页。
③ （清）黎中辅：《大同县志》，第320页。
④ （清）黎中辅：《大同县志》，第320页。
⑤ （清）黎中辅：《大同县志》，第321页。
⑥ （清）黎中辅：《大同县志》，第320页。
⑦ （清）黎中辅：《大同县志》，第252页。
⑧ （清）黎中辅：《大同县志》，第322页。
⑨ （清）黎中辅：《大同县志》，第322页。
⑩ （清）黎中辅：《大同县志》，第322页。

收录了他们大量的诗作,其中任举的有《秋夜出塞四首》《暮村》《塞外即事四首》《旅雪二首》《塞外七夕》等,任承恩的《咏史十首》《红毛刀歌》《普恩寺碑歌》《题画梅》等。对此,大同县令黎中辅还作了解释:"凡名作非关邑志者不登,而文以人重,则不拘此例,如竹垞先生《食半翅》诗是也。今邑中任氏父子诗,选刻颇多,亦本此意。"① 从任氏父子生活的乾隆年间至道光《大同县志》编修之时,将近百年的历史,期间再无超越之人,由此也可见大同地方文人社会的确不甚发达。

除了任氏家族之外,还有其他文人起家于武科,精通文墨,受到时人的赏识。王德馨,"以武科起家,而雅好文翰。其书法学董文敏,大字尤擅场。大同总镇某甚爱重之。每置酒高会,辄令作擘窠书;兴酣落笔皆有矩矱今大小教场牌匾文字及四牌楼坊额,其遗墨也"②。有的文人,其祖辈或者父辈是典型的武职官员,为其创造了结识一些文人或者是外出读书的机会。姜清元,"字一斋。家素贫,舌耕养亲,有菽水之欢。入泮,随父繁峙把总之任。适内翰孙某改官县令,爱其才,亲为指授,学业大成。读书晋阳书院,文名见重一时。壬申,举于乡。中甲戌明通进士,任绛州学正。郡中学业之有师承者,今尚推清元云"③。

山西长城沿线地瘠民贫,普通民众并不重视教育发展。作为教育的主要成果之一,文人并没有形成一定的规模,尚不能自主地带动地方文化风气的发展。成长中的文人社会带有明显的边地色彩,活跃在大同的文人以官员为主体,行伍出身的文人成为地方文化发展的标志。

大同、朔平的文人群体作为一个基本的社会构成,其成长和地处长城沿线有着密切的关系。一方面是地方普遍贫困,习俗上又重武轻文,文人缺乏生存的环境。咸丰年间马邑训导李春荣,曾经赋有两首竹枝词,对马邑读书人的状况作了描述:"书生也解务农功,耕种由来世世同。只有一般闲趣好,夕阳影里话豳风";"号腹难充面似灰,佣工日日荷锄来。偶然谈起文章事,知是邻封一

---

① (清)黎中辅:《大同县志》,第354页。
② (清)黎中辅:《大同县志》,第254页。
③ (清)黎中辅:《大同县志》,第254页。

秀才"①。可见读书人为了生计日日奔波，淹没于民众之中。另一方面，习武世家为当地较为有一定经济基础的家庭，有一定的能力让后人接受教育，以培养后人的文化素养。所以展现在后人面前的是一个以武职或者是习武世家为中心的文人群体。

第四节　文人笔下的地域形象

清代大同县为大同府的附郭县，经济相比其他州县而言繁荣，文化也相对兴盛，道光《大同县志》中收录了大同地方文人的大量诗歌，以及地方官员的歌咏。这些诗歌集中反映了外地文人对于大同的地理认知，也记录了本地文人环境逐步构建的过程。下面即以清道光《大同县志》中所收录的诗歌为例，来剖析清代诗歌中所展现的山西长城沿线的地域形象，以此透视长城沿线文教从尚武到兴文的转变。

一、边地、荒塞：清初的地方社会

清初的姜瓖之变以后，山西长城沿线已经渐渐远离了战争。康熙时期，大同也仅是作为粮草和兵士的供应地而略显其军事意义。从清代道光《大同县志》中收集的诗歌来看，清初文人对长城沿线有三点认识：一、已经是中原之地；二、经济不甚发达；三、人文尚未出现繁盛的景象。"地是中原关吏撤，天仍荒塞暮烟寒"②，这一比较有代表性的诗句描述了清初山西长城沿线的地方社会。不过，吴梅村在送冯云骧出任大同府学教授的诗句中，已经初现了"乱定初闻阙里钟，时清不用严城弩"③ 的描写。之后，更有吴麟登临大同镇楼时，"边疆自昔营屯重，则□于今黍稷稠。烟火万家民俗厚，愧无三异继中牟"④ 的慨叹。

---

① （民国）陈廷章修，霍殿鳌纂：《马邑县志》，第445–446页。
② （清）黎中辅：《大同县志》，第350页。
③ （清）黎中辅：《大同县志》，第347页。
④ （清）黎中辅：《大同县志》，第351页。

由此可见，在清代诗人的心中逐渐产生了官修志书中描写的"无异腹里"①一样的感受。

不是边疆，并不意味着已经和腹里之区处于同一发展水平。乾隆《大同府志》中记述大同风俗"好勇任侠"②，编修人员认为，之所以这样是由于大同"地处塞北，负险用武，其民习兵，遂沿为风俗"③。入清之后，"大同距京师七百里，被服声教尤近，加以兵革不作，岁屡丰稔，寖寖乎，移本易末而壹之中和矣"④。但是，乾隆时期的大同没有出现内地州县的繁华景象，风俗仍是"俭啬质朴，犹有陶唐之遗风焉"⑤。经过的大同或者任职其地的官员们更多称之为"边郡"⑥"边疆重地"⑦。刘大鹏在光绪二十四年（1898）四月二十八日中的日记中也记述道："自大同府至广武，田畴皆是黄沙，虽有禾苗并不畅茂，而树木亦皆稀少，村舍莫不萧条，是以民多贫穷，富者甚寡，为山西北路瘠薄之区。"⑧

可见，在清代文人的诗句中，长城一带"天仍荒塞暮烟寒"的确是一种真实的场景。这种孤寂和凄冷也同样出现在其他的诗句中，"边墙一望景萧条，万里无痕天沉寥"⑨。"荒""寒"大多是相对于战时的喧嚣而言，战后的地方社会是朴素而平和的，和"寒烟"一样能表现入清之后人们生活的一些词语，如：以牛粪取暖、吃野味、睡土炕，也尽在其中。朱休度，出得胜口时，对温暖的土炕和臭气熏天的牛粪味就有切身的体会："病夫盽一宿，土坑五尺横；火煨牛马矢，薰人恶臭腥。"⑩ 与他不同的是，朱彝尊品尝到的则是半翅的鲜美："味合添雏笋，羹宜配冻醨。登盘人未识，入肆价须高。且缓思鸮炙，全胜食雉膏。

---

① （清）黎中辅：《大同县志》，第75页。
② （清）吴辅宏修，王飞藻、文光校订：《大同府志》，第130页。
③ （清）吴辅宏修，王飞藻、文光校订：《大同府志》，第130页。
④ （清）吴辅宏修，王飞藻、文光校订：《大同府志》，第130页。
⑤ （清）吴辅宏修，王飞藻、文光校订：《大同府志》，第130页。
⑥ （清）吴辅宏修，王飞藻、文光校订：《大同府志》，叙第1页。
⑦ （清）吴辅宏修，王飞藻、文光校订：《大同府志》，序第5页。
⑧ 刘大鹏：《退想斋日记》，乔志强点校，太原：山西人民出版社，1990年版，第80页。
⑨ （清）黎中辅：《大同县志》，第355页。
⑩ （清）黎中辅：《大同县志》，第360页。

莫愁尝易尽，应为戒贪饕。"① 左云邑人优贡倪钺，对于塞外的火炕情有独钟，赋诗六首。附倪钺的《火炕六咏》如下：

塞外寒风又是冬，茅檐旭日暖溶溶。频敲黑玉添金兽，漫卷苍烟起卧龙。矮足何须夸短灶，负喧真欲慰斯农。美他儿女团团坐，比户唐虞尽可封。

拥书长夜对银缸，拨尽寒灰坐小窗。暖焰地中惊虎斗，祥烟屋角见龙降。风吟冰雪梅花瘦，月映帘栊竹影双。炙手笑他炉畔客，可能安枕听邻龙。

茅店鸡声欲起迟，拥鞍回首尚萦思。美他微暖来身畔，那得轻寒到客帷。季子衣单常拟卧，袁安雪冷恐难支。何当高枕梅花帐，梦入华胥醒赋诗。

旅馆萧条赋索居，桑乾何处觅双鱼。十年布被今才暖，一枕华胥乐有余。匜地阳春欣所托，满腔生意快频舒。休言火炕江南少，稳谁匡床意自如。

老衲间窗颇被俱，深宵冰雪拥寒炉。飕飕风响烟全吸，隐隐灯红火欲呼。几处青莲同吐焰，一函舍利欲成珠。空中楼阁从来幻，搦雪为金问有无。

门外风寒骏马嘶，将军猎罢日沉西。红灯绿酒重开宴。玉甲银筝细品题。一榻暖烟金翡翠，半篝新火碧玻璃。来朝较射龙堆上，宝剑温和手自提。②

诗中对田家、芸斋、茅店、旅馆、僧房、营房用火炕取暖的情形描写得淋漓尽致。没有繁华和喧嚣，只有一种停战之后的宁静和平淡，这就是诗人眼中的清代长城沿线。

生活经验和历史记忆影响了生活在长城沿线的人们对于地域的印象。外地人对于长城沿线的地域观感，多来源于不同地域之间的文化差异。这一点，在清初游历的诗人中表现更为明显。清初来到大同的诗人，一类是前明的遗民，一类是为了生存奔波的文人。生活的遭遇，让置身于塞外的诗人们，更容易形成强烈的对比。朱彝尊久居江南，康熙初年来到大同后，江南旖旎的风光和塞外的荒凉，加深了他对长城沿线地方的认识：

去岁山川缙云岭，今年雨雪白登台。可怜日至长为客，何意天涯数举杯。城晚角声通雁塞，关寒马色上龙堆。故园望断江村里，愁说梅花细细开。③

这是朱彝尊在冬至日作的一首诗，角声、龙堆和江村、梅花形成了鲜明的

---

① （清）黎中辅：《大同县志》，第348页。
② （清）李翼圣原本，余卜颐增修，兰炳章增纂：《左云县志》，第248－249页。
③ （清）黎中辅：《大同县志》，第348页。

对照。在遥想故乡细细绽放的梅花之时,耳边仿佛听到了塞外阵阵角声。思乡之余,映入眼帘的是荒凉和雨雪。

与寓居于长城沿线的外地人相比,本地人对应的地域认知来源于对历史的记忆和现实世界之间的矛盾与冲突。杨得,大同人,乾隆年间举人。在《奉达少华座师》一诗中,发出了大同和外地在人文方面不甚相同的慨叹,希望有人能理解大同人才稀少的原因,并且对一些崭露头角的才子给予重视和支持。

盛代崇风雅,斯道岂沦歇?愧我边鄙人,微才等毛发。少小挟书策,韦馈孰与发?尘土塞胃肠,诗笔乏清拔。况复铩其羽,空羡摩霄鹘。被褐卧邱樊,健关弄烟月。壮心犹未朽,梦泣思腾越。晚秋客金台,谁当市骏骨?①

"边鄙人"实际上表达了生活于大同的文人对自己所处环境的认识。可以说,边地是历史赋予大同人的一种历史印象,也是大同人一种解不开的历史情结。基于这种情结,他们歌咏长城、边塞,同时也将荒凉、狼烟带入诗歌之中。即便已经远离了战场和硝烟,历史带给他们的印迹不会因此而消失。这种印迹延伸至经济上就是地瘠民贫,拓展到文化上就是尚武不崇文。

"边"是历史赋予大同的一种地域文化身份。"边鄙人"是大同学子的自谦之辞,也是一种地域文化的烙印。在默认这种身份的同时,以杨得为代表的大同人也在尝试着走出这种地域文化阴影。如果把康熙四十年(1701)左云县儒学教授霍燡,康熙四十一年(1702)山西学政汪灏废除分中之例的呼吁,看作是官方的努力的话,那么,乾隆举人杨得"晚秋客金台,谁当市骏骨"则代表了学子们发自内心的呼喊。外地文人希望有志之人饱学之士的到来,能对边地的文化形象有所提升。代州进士冯云骧出任大同府学教授时,吴伟业寄言"乞得一毡还故土,欲化边人作邹鲁"②,希望冯云骧回到大同之后,对边地的文化做出一番贡献。王奇士在《送郎地山学博之任大同》一诗中也表达了这种希冀:

千里一儒官,恒州路复难。隆冬驰朔漠,落日渡桑干。绝塞行人少,雄关立马看。春风函丈起,边地不知寒。③

综合上述情况来看,"边地"是清代文人对山西长城沿线的共同认识。入清

---

① (清)黎中辅:《大同县志》,第363页。
② (清)黎中辅:《大同县志》,第347页。
③ (清)黎中辅:《大同县志》,第348页。

之后，山西长城沿线已经不再是地理意义上的"边地"，但是"边地"作为一种文化烙印已经深深地刻在地方文人的心目中，不过他们也在试图摆脱这种阴影。

二、"长生萍"构建的地理环境

"长生萍"的意象，多次出现在描写清代大同景物的诗句中。先看清代大同诗人郭百里的《长生萍》：

碧玉池中叶似田，争看瑞气郁新泉。天花作骨香如海，秋水为神草亦仙。沁出灵根能净植，生逢仁寿定延年。曝书亭后风流远，得遇洪厓合拍肩。岂比寻常景物新？居然难老满池蘋。天边雨露相滋长，世外烟霞远俗尘。名以长生原寿相，料他明月是前身。何缘塞北荒凉下，今占乾坤第一春。①

如果说郭百里的诗中表达的是大同诗人在历史知识和现实经验对照之下，对家乡出现了与历史记载和切身感受不相同的事物溢美之情。那么王志瀜的《柳泉长生萍歌》，则将不同地域文化的碰撞表达得淋漓尽致。

晋祠流水天下奇，长生萍泛碧琉璃。昔曾讽咏竹垞句，佳游几度心神怡。竭来忝作云中守，大漠风沙何所有？偶因祷雨步灵湫，眼明池上百株柳。清波潋滟潜儵鱼，兴发濠梁欲携友。葺亭也拟丰乐游，良辰曾载醉翁酒。谁知胜地逢幽人，再出灵泉一曲新。旧泉澄清明似鉴，新泉葱茜蔓生萍。秋月春风等闲玩，明珠翡翠相璀璨。元冥司律山泽藏，涧毛应亦冬春判。昨闻宾客相聚言，萍竟长生柳泉畔。琳琅几处投新诗？吟坛又起新公案。忆我髫龄三楚游，爱依兰芷横轻舟。汉女湘妃拾翠羽，多年梦绕青萍洲。晋祠碧玉亦心赏，《考槃》无计恒勾留。何当坐啸桑干曲？复有青萍倍华缛。披裘试往依栏干，九边寒避一池绿。高柳无姿雪满山。万叶泉心艳芳躅，潇湘鸿雁盍归来？此间尚有鸳鸯浴。日斜亭上行迟迟，自怅霜侵两鬓丝。为语恒山漫产芝！纵称祥瑞将何施？岁寒只取后凋节，径寸苗同松柏枝。②

大同处于边地，荒漠、孤烟、边墙、残堡是文人对于长城沿线一带地理环境的真实感知。一句"竭来忝作云中守，大漠风沙何所有"，代表了文人的大同

---

① （清）黎中辅：《大同县志》，第368页。
② （清）黎中辅：《大同县志》，第362页。

210

印象。"长生萍"的出现,给荒寂孤寒的塞北平添了几许春色。一时之间,浮萍成了大同文坛争相歌咏的对象。"长生萍"以一种"四两拨千斤"之力,改变了文人的大同印象。众多咏萍的诗歌重构了一幅不同过往的大同新形象。下面了解一下浮萍的生长环境和清代大同气候的变化。

浮萍,一般生长在湖泊和沼泽,喜欢温暖的气候和潮湿的环境。明清时期为中国气候的小冰期,气候寒冷。清朝后期,气候才逐渐回暖。浮萍原本只有在山西中南部的泉沼中才可能会有。康熙初年朱彝尊在山西游历,大同、太原均有停留,遍游两地名胜。在太原难老泉晋祠见到了浮萍,且赋诗一首:"琮琮难老泉,分流注蒲稗。中有长生萍,葱菁俨图画。"① 朱彝尊长时间在大同寓居,留下了诸多诗文,其中并未见提及大同也有浮萍。可见康熙年间的大同并不适合浮萍生存。但是道光年间大同气候变得适合浮萍生长了。"道光六年丙戌冬十月,柳泉湾泉内产长生萍;既而凌冬不凋,敷荣满沼。"② 此事的出现不仅引起文坛的强烈反响,大同知县黎中辅也请求将其载入省志。道光八年(1828),黎中辅向上级提请禀稿,并获得了层层批示,准予在重修省志时载入。

关于长生萍应载入省志一事的禀稿和批示被收录于道光年间编修的《大同县志》之中,作为一县的"祥瑞"录于"星野"之后。叶绍本为此作《柳泉长生萍记》,认为"此萍生于朔塞苦寒之区","以柔姿脆茎,敷荣于清泉碧沼",是"休征见于草木也"③。知县黎中辅游历柳泉湾,率僚属观看长生萍,并为此作五言律诗二十首。

可见,"长生萍"这一新鲜事物的出现,震动了长城沿线地方官员和文人。在官员的潜意识之中,这是一种祥瑞。在文人看来,可以消解"边地"的荒凉与寂寞。在大漠、风沙、九边、鸿雁、关外、冱寒的反衬之下,新泉、青萍,给了诗人灵感,不由一声"何缘塞北荒凉下,今占乾坤第一春?"

志书中的相关记载,也说明了道光时期长城沿线气候出现了回暖的趋势。"近年地气渐暖,虽隆冬冱寒,亦与雁门以南无异。故将春而冻解,物产亦渐次蕃殖,果瓜之属有昔所无者。……古时物产无鱼虾,近年有戍卒自湖湘来者,

---

① (清)黎中辅:《大同县志》,第30页。
② (清)黎中辅:《大同县志》,第30页。
③ (清)黎中辅:《大同县志》,第366页。

每于小南头村泉池取而得之。又闻文莺湖每有大鱼。是则地气变迁,而物产亦因之而有异已。"① 可见,浮萍的出现并不是偶然的,是清代中晚期气候变化的结果。

在历史和现实的强烈对照下,浮萍被争相记入诗文,载入志书。以晋祠生有长生萍之事作为例证,无形之中表达了清代文人走出"边地",回归"腹里"的渴望。可以想象,浮萍的出现,给大同举子郭百里带来了多大的自豪感。在以郭百里为代表的大同人的心目中,浮萍象征着自己的家乡再也不是征战不息、荒寂苦寒的"边地"。

三、"烈妇祠"构建的人文环境

烈妇,主要指注重节义的女子。烈妇是官方树立的榜样,是地方上的道德楷模。清代大同官方旌表的女子,有的是生于大同长于大同的本地女子,有的是随夫寓居大同的外乡人,当然也有节孝之女。她们的事迹被记述下来,收录于志书之中,有死于姜瓖之变中的王之云妻杨氏、常炳妻朱氏;有不堪受辱的杨月斗妻梁氏;有自杀殉夫的刘荣妻毕氏、李化亨妻王氏;有誓死不改嫁的孙汝茸妻段氏、刘绪妻裴氏等。文人感其事迹,著于歌咏。

顾穗林读《大同县志·烈妇臧贾氏传》,作诗吊之。用少陵《古柏行》韵,有序。

烈妇适臧氏子,翁调之,愤激自缢死,年十八。邑侯东乡黎公上其事。檄余会检。既定谳,大吏疏闻,下部议:抵翁罪,烈妇旌表,入祀节孝祠如制。烈妇为不朽矣!虽然,彼烈妇岂为名哉!事变相遭,义不受辱,捐躯完节,视死如归,亦行其心之所安而已!呜呼!烈妇一农家弱女子,未尝读书识字,而大义所在,毅然引决如此。是不独足以励闺阃也!会侯撰《县志》为立传,余得读之,感侯表章节烈之盛意,复纪以诗:

女贞劲节敌松柏,兰茝比姿心铁石。何物雄狐敢诱之,渎伦干纪忘三尺。妾非姹女那数钱?掇腕痛为遗体惜。慷慨致命绝朱丝。身甘玉碎志则白。此志皎若日升东,寒芒万丈爥殡宫。全受全归谢父母,贞魂浩气还太空。贤侯列状

---

① (清)黎中辅:《大同县志》,第106页。

212

上大府。锄奸表节维国风。治狱平允于廷尉，撰志谨严康武功。伟哉巨笔如隆栋，事关义烈文章重。绰楔巍峨肃豆笾，神弦歌舞虔迎送。谁无一死死鸿毛，扶植名教成麟凤。作诗应付杜韩手，俚拙聊资喤引用。①

顾穗林的诗和序讲述了臧贾氏的事迹。臧贾氏，本为大同县一名普通的农村女子，并不曾读书识字。以臧贾氏为代表的众多女子被写入诗中，成为歌咏的对象，有的还被供奉于烈妇祠之中，这和潜藏在文人意识之中的"被隐藏起来的历史"有着密切的关系。

被"隐藏起来的历史"是：大同历代征战不息，是边地，也是教化未开之所，兵民杂处、胡汉交融。塞外在塑造了巾帼英雄的同时，也传达出较为开放的婚姻观念。比如，《北史·高车传》记载处女歌谣云："求良夫，当如倍侯。"倍侯是魏晋时期北方的一位身体健壮、勇力过人的男子。少女把倍侯作为自己心仪的对象，大胆地用歌谣唱了出来，表达了边地少女的择偶标准。就地点而论，这句诗描写的大致范围可能就是长城沿线一带。无疑，这种"隐藏起来的历史"带给了汉族文人一种不一样的想象。

清代任职于山西长城沿线的官员们，对于乡间的民俗或者是不符合传统道德观念的行为，一再努力进行纠正。朔州知州汪嗣圣发布了《禁夜戏示》，主要针对朔州地方晚间上演戏剧之时，"愚夫愚妇，方且杂沓于稠人广众之中，倾耳注目，喜谈乐道，僧俗不分，男女混淆"② 的情形，其目的就是为了"正风俗"。灵丘县邑侯朱休度，对宁可饿死也不失节的满洞子妻和不受邻家子侮辱的温烈妇进行表扬，并为二人赋诗。针对大同府"里巷间女子，年可十二三，犹袒露臂腕，杂入群儿堆中嬉戏征逐，相忘浑噩"③ 的情形，大同地方官府多次发布告示，禁止此类情形的出现，"其有不率者，惟父兄是问，此风稍戢"④。在传统的汉族道德观念中，女子十二三岁仍然和男孩子一起嬉戏玩耍，"非所以别嫌疑、养廉耻也"⑤。

---

① （清）黎中辅：《大同县志》，第364－365页。
② （清）汪嗣圣、王霭：《朔州志》，第443页。
③ 丁世良、赵放：《中国地方志民俗资料汇编》（华北卷），北京：书目文献出版社，1989年版，第545页。
④ 丁世良、赵放：《中国地方志民俗资料汇编》（华北卷），第545页。
⑤ 丁世良、赵放：《中国地方志民俗资料汇编》（华北卷），第545页。

对于修建节孝牌坊一事，"事切褒崇贞操，历代良规阐发幽光"①。各邑令和绅众也是积极筹划实施。光绪五年（1879）左云县为了修建节孝总坊，众士绅和铺户建议"城乡劝捐"②。之后，为在通衢建造节孝牌坊，生众再三考虑，"一可从本城士庶农商捐修，一可从城外四乡募化"③。募修节孝牌坊，固然有地方财力不支的原因在其中，但是，通过募捐的行为修建，无形之中将节孝等事在城乡各处作了宣传。

经过地方官员的倡导和教化，长城沿线社会风气有所转变。每年的六月二十三日，是大同地方布行商人祭祀关帝的日子，是日献牲演戏，又扮演架戏，"举国若狂"，男女混杂其中，但是"礼仪自守之家，能自禁约"④。身居乡间的臧贾氏亦能以死抗拒翁公之辱。在团升的《孙孝女诗》中，十一岁的小女儿，就为了害怕受到坏人的侮辱而选择自刭。在文人的认识中，清中后期山西长城沿线社会已经受到儒家教化，礼俗上有了变革，进而影响了妇女的节烈观。当然，文人对于烈妇的歌咏，无形之中也在塑造着地方文化。诗中大同的女子已经全无"边地"女子的大胆与豪放。

从清道光《大同县志》中收录的诗歌来看，"边地"和"荒塞"是清初诗歌中常见的大同地方形象。这一现象说明清代文人看来大同在军事上占有重要的地位，入清之后，虽然不再是边疆，但是在经济和文化等方面和内地州县还是存在着差异。代表了地域性格的那一部分，总是潜伏在文人记忆的深处，一旦需要就浮现出来。作为一种"隐藏的历史"，重大的历史事件和历史场景，还是会提供给生活于长城沿线的文人们一个持续不断的想象和意义的框架。按照这种想象和框架，文人们阐释着现状。道光年间，山西长城沿线气候发生变化，"长生萍"出现，与此同时文人居住的环境也有所改观。以"长生萍"和"烈妇祠"为代表的诗歌，反映了清代文人对长城沿线地域形象的重构。

---

① （清）李翼圣原本，余卜颐增修，兰炳章增纂：《左云县志》，第229页。
② （清）李翼圣原本，余卜颐增修，兰炳章增纂：《左云县志》，第229页。
③ （清）李翼圣原本，余卜颐增修，兰炳章增纂：《左云县志》，第229页。
④ 丁世良、赵放：《中国地方志民俗资料汇编》（华北卷），第549页。

结　语

　　通过前述五章的讨论和分析，笔者对清代山西长城沿线社会变迁作了较为细致的考察。在研究过程中，既希望通过对山西长城沿线地方社会的复杂本相的复原和梳理来重新构建长城沿线社会变迁过程中所呈现的种种情状，也希望通过这种重构来展现长城沿线地方历史发展的内涵，进而拓宽区域社会史研究的视野。

　　以往关于长城沿线的研究，主要关注具体历史时期内长城沿线某一地方某种发展状况。虽然美国的拉铁摩尔对于长城沿线作了长时段的关注，但是局限于一种整体的描述，而缺乏细致的剖析。本项研究以实际表明，"从边地到腹里"是清代以来长城沿线社会变迁的一个重要特征，也是研究清代长城沿线地方社会的一个重要视角。"从边地到腹里"，不仅是一种真实存在的历史过程，而且其中包含了丰富的社会面貌与深刻的文化内涵。清代山西长城沿线社会各方面的变动，都是这一具体的历史过程的重要组成部分，而且也构成了一系列社会变动的缘由。每一个长城沿线地方社会的表征，也能从中找到具体的、历史的依据。

　　行政管理变化的研究，首先从清代山西长城沿线行政区划的变动展开。行政区划的变动是探讨这一时期该区域社会变迁的一个大的背景，也是理解长城沿线由边地向腹里转变的一个重要依据。在区域社会研究中，学者们常常忽略政区或者是行政体制在其中的作用，所以与区域社会相关的政区划分和行政体制常被作为简单的介绍一带而过。在本书中笔者以一定的笔墨阐释了清代山西长城沿线行政区划的变化。山西长城沿线行政区划的调整和行政体系的演变是国家政策使然，也是国家局势的变化在长城沿线的反映。明代长城沿线的镇城、卫所和内地的府州县一样，同样是国家对地方实现行政管理的有效的地理表达形式。镇城、卫所具有和府、州、县等相同的行政管辖实际效应。在军事意义不显著的年代，边镇卫所也承担着发展经济、传承文化的作用。长城沿线地方行政管理，一方面要考虑清初卫所和州县交错的实际状况，另一方面还需要考虑满蒙汉三者之间的关系。"利国"是其行政管理的突出特征，其次才是"便民"。军民混杂是军政与民事共同归于一个最高长官管辖的重要原因，或者是军事长官兼理民事的主要因素。随着长城沿线裁卫设县的广泛开展，大同与朔平二府的分立，军事与民政共管的局面逐步走向终结，官员的职责也日益明晰。与清政府对于大同和朔平二府的分治构想相同，朔平在地方官吏的设置上，原则上是按照腹里之制，但是在实际操作过程中主要体现其在西北军事上的意义，重要职官为满蒙官员担任。大同府则向着地方化的趋势发展。山西长城沿线地方在职官设置上和内地州县开始趋于一致。不过，在行政上结束兼管蒙地的局面，真正和内地州县实现一致，是在民国初年晋绥分治之后。在剖析一系列的政区变动和行政建制变化的同时，展现出的是社会发展的动因与内涵。政区变动给区域社会研究提供了一个具体的立体空间场景。比如：在理解大同和朔平二地在社会结构和文化面貌上的相似性时，就找到了其中的政区地理根源。

　　接下来的讨论，主要以人为中心展开，这样既符合历史发展的本来面貌，也可以追寻历史发展的轨迹。首先，探讨了行政区划变动过程中社会结构的变化，以人口结构和职业结构的变动为中心剖析边民向常态化发展的过程。职业军人数额的缩减、驻军民族成分变化和民众职业结构趋于多样化、常态化是长城沿线社会结构的主要特征。雍正时期的裁卫设县，加速了社会结构由军户为主向以农为主的转变。即便是八旗驻防右卫，也只是影响了右卫城的民族构成。八旗兵丁在完成其驻防任务之后，转驻于绥远城。在此之后，长城沿线以南区域的社会结构，开始更像腹里社会的社会结构。天镇县社会结构的实例，不仅代表着大同地方社会结构发展的基本状况，同时也是长城沿线社会结构发展的具体例证。在二百七十多年的发展历程中,长城沿线在国家政策的推动下接纳了农业生产方式,农业生产范围向北拓展,民众建立起以农业为主、兼事畜牧的生计模式。为了生存,民众也选择和自然资源利用相适应的生业,如挖煤、泠碱、烧窑等,同时也出现了一些具有地域特色的生业,如皮毛生产和制作等。在长城沿线出现了军人和农人之外的更为丰富的多样从业人群,如:窑工、毛毛匠、画匠等。这些人群不乏专门的从业人员,但更多的是农闲时候民众谋生的一种补充方式。如:秋收过后,大同东乡一带的农民到小煤窑挖煤、背炭,天镇农村的农民到内蒙古从事皮毛加工制作等。大同城的兴衰是清代长城沿线城镇发展的典型例证。明代因军事而盛,清代其军事意义逐步减退,经济意义开始突显,此时城镇经济发展和军事之间的关系开始淡化,城镇在蒙汉贸易和蒙俄贸易中寻求时代赋予的契机。

  行政管理的变化、人口结构和职业结构的变动,对社会治理也提出了具体的要求。由治军向治民转变,并逐步建立起和内地州县相一致的治理模式,是清代长城沿线社会治理的实际状况,也是其发展中呈现的特征。从基层控制在山西长城沿线的发展情况来看,随着村落的逐步建立和人口的繁衍,保甲制度由城镇为中心向乡村逐渐深入和发展。保甲制度日趋完善,其在城乡的拓展证明了国家对乡村控制的逐步加强。清初官吏、读书人在讲约所宣讲"上谕十六条"和"圣谕广训",之后,乡约逐步发展为乡村基层控制的管理人员。"乡约"一职,既是乡村秩序的维护者,也是乡村秩序的规范者。村落中的乡约,在某种意义上是村落这一狭小空间中官方或者是公正的代表,乡村中的事务一经乡约公证就意味着具有不可反悔和更改的性质。如果说乡约在一定程度上是官民沟通的代表,那么,告示同样起着沟通官民的作用。在长城沿线社会向常态化运行的过程中,特别是在府县新立、长官新任和社会问题比较突出之时,地方官吏主要通过告示将国家的意志向民众传达。从告示的内容来看,不同时期告示的主题也不相同。从"化民"到"禁乱"再到"教养",反映了不同时期社会问题的不同,也说明了长城沿线在由边地向腹里转变的过程中,不同时期社会发展的程度和社会治理面临的实际问题也不尽相同。从告示发布的主体来看,不同时期社会发展的情境不甚相同,官员的关注点也有着明显的差异。一些旧的由"边地"而生的习俗，通过官员的治理有了明显的好转，如随意丢弃婴孩尸体、"哭节"等。官员对地方社会的治理由立府县之初的招民垦种到教民耕织的变化，是以征战为主的社会实态向农耕社会转变的具体体现。通过官员们对社会问题的治理，促进边地社会逐步向腹里社会转变。清代中后期长城沿线和内地州县之间社会问题在某些方面趋于一致，如吸食和种植鸦片、赌博等。这是乡村社会秩序不稳定的表现，也是造成乡村社会不稳定的一大因素。

从公共领域中精英的活动来看，清代山西长城沿线精英群体的发展主要表现为：精英群体的组成较内地州县复杂，有功名或者致仕之人仅是其中的一个组成部分，具体还包括形形色色在地方社会中活跃着的各种身份的人物，如：农官、乡饮、里长、民族事务的倡导者以及聚族、救灾、行公义等行为受到官方或者地方认可之人等；精英人数受到了社会经济和文化发展的制约；精英群体在长达三百年的历史演变过程中，其活动处于不均力的状态，官方在公共事务，特别是修城、修庙、修路等工程性事务和救灾救荒中处于主要的地位，从乾隆时期开始地方精英才活跃在地方公共领域之中。日本的小滨正子在研究近代上海的公共性与国家时指出，"地域社会必然具有某些职能以维持它的存在。例如制定、维持经济秩序、地方防卫、维持治安、救济社会弱者、水利建设并维护、教育、道路、桥梁，以及消防等等。这些都是地域社会的公共职能，这些职能所涵盖的领域便是公领域。公领域处于国家与私领域之间，可能从属于两方，也可能是两者间的媒介。根据国家与社会关系的形态，公领域的形态也随之发生改变，在国家与社会两者间，更倾向于某一方"①。清代长城沿线的公共领域，大多数倾向于国家一方。地方精英群体，在公共领域中经历了一个逐步培育的过程。地方精英在公共领域中的表现由无力作为到积极协助官方作为转变，这对于推动地方社会的变化产生了重要的影响。

通过对清代山西长城沿线文教发展状况的考察，可以发现长城沿线在由边地向腹里转变的过程中逐步建立了和内地相一致的文教体系——官学、书院、

---

① ［日］小滨正子：《近代上海的公共性与国家》，葛涛译，上海：上海古籍出版社，1994年版，第7页。

社学和义学,但是文教系统的发展主要依赖于官方力量,个人兴学的状况极为少见。清代各府州县的官学得到了不同程度的整饬,不过,在实际意义上,官学更多地类似于一种官方所设的管理机构,而不是一种教育机构。官学的职责主要是,按照一定的比例分管入学的生员,管理朝廷颁发给各学的图书。儒学教授主要负责协助府州县长官修葺学宫、文庙,祭祀供奉先师和按照朝廷的规定每月一次或者两次集合士子宣讲《圣谕广训》。学生的日常教育工作和地方文化的传播主要通过书院、私塾或者是学子个人的游历和访学。这种情形的出现,并不是长城沿线所独有。这和明代中后期之后中国整体的教育状况有着密不可分的联系。"自明代中期以后,教官之黜陟,生员之充发,均废格不行,即使卧碑所列各种禁例,亦只是一纸具文。地方儒学更是有堂不升,有斋不讲,凡饮、射、读法、膳会礼仪与一些规条课业,更是久已废置不行。就拿儒学学宫来说,其后也日渐陵替,只是用作供奉先师、居停学博,或者有司春秋二时丁祭、朔望行香之地而已,甚或庞为牧,泮为渔,圃为蔬,舍为薪,无怪乎士习日偷,放荡于礼法之外。"① 造成长城沿线官学不发达状况的根源在于科举取士。国家通过科举促使学子为了获取功名、走向仕途自觉地完成学业。"由于科举考试的内容,决定了士子可以在最简陋的条件下亦可完成对于经典的学习和人格的培养,而清政府亦可凭科举考试获致忠顺之臣下,并不需要通过专门的教育机构去培养特殊的人才,这样的局面只要可以维持,自然也就没有切实改变的动力和必要。"② 在科举制度之下,官方对教育的投资,处于一种可有可无的状态。山西长城沿线书院教育发展状况也是处于贫弱的状态。地方的普遍贫困,也是教育不甚发达的主要原因。清末民初天镇县流传着一首村谣证实了经济能力和读书受教育之间的关系:"地主老财念整年,中等人家还能念冬天,穷苦人家没有钱,赶驴放羊田地间。"③ 清末科举取士废除后,山西长城沿线地方官学大部分改为学堂,开始了传统的教育机构向近代变革的历程。文人因其所处阶层的

---

① 陈宝良:《明代儒学生员与地方社会》,北京:中国社会科学出版社,2005年版,第110页。
② 霍宏伟:《晚清教育转型与府州县学的变迁》,《学术月刊》,2010年第2期,第130-138页。
③ 天镇县史志办公室编:《天镇县村镇简志》,第1001页。

特殊性，对于地方文化的了解和掌握较多，很容易将历史记忆中的地域形象和现实社会放在一起观照。他们对于地域形象的感知，夹杂了来源于各种文献中对于地方社会历史的记载。在现实生活中，他们往往受到了自己的学识和身世处境的影响，以一种"悲悯的情怀"和"自觉的责任"构建地域的形象。文人社会呈现出来的地域特征，也真实地反映了清代长城沿线在社会发生转变和思想文化方面的变革。文人书写的诗歌中地域形象的改变，从某种意义上反映了长城沿线地方社会的变化。同时，为了摆脱"隐藏的历史"带来的消极影响，文人们借助这种历史意义和"隐藏"框架之外新的地域形象，构建着新的地域形象。

总之，在政区地理范围上，长城沿线区域由明代的边疆之地，变成了清代的内地。从社会文化发展上，该区域则经历了明代的文化边缘地带向清代的文明开化之地演变的过程。长城沿线在这一发展变化的过程中也逐步趋于成熟，成为开化的"腹里"之地。不过，值得注意的是地方文化精英在描述当地历史文化时一直处于一种纠结的状态。这种状态在地方文献中主要体现为记述者认识到大同地方社会处于"边"，却力求证实与"腹里"无异。这种情形的出现或是长城沿线在发展过程中地域社会利用自己的历史和资源寻求国家认同的一种表现。

以上为研究内容的简单回顾。就区域文化与社会的研究方法而言，本研究或可为今后的研究提供一定的启示。首先，区域文化与社会的研究，关注的不应当只是某一时期内某地的文化与社会发展的表象，更应当在一个较长时期内的历史与地理空间的变化过程中寻求文化与社会表征背后深层次的根源。简而言之，区域文化与社会研究应当结合所选区域的地理沿革、政治运作、精英记述和民众声音等因素作综合考量。本书将政区的变动和行政体系的发展作为单独的一章作了较为深入的剖析，正是探求政治因素在区域文化与社会发展中的作用的一种初步尝试。而且，政区空间的变化也为区域文化与社会或者是区域社会史的研究提供了一个广阔的时空背景。其次，就清代山西长城沿线而言，"从边地向腹里"既是这一时期该区域历史的真实情状，也是当下该区域文化和社会复杂本相的渊源。所以，在本书中将长城沿线区域文化与社会的特征,即"从边地到腹里",看作是一个动态的不断变化的过程。正是这一不断演化的过程,推动着地域社会的发展,继而呈现出了与其他区域不同的面貌。当然,鉴于材料和时间的限制,本研究有待于进一步深入和拓展。

参考文献

说明：以下参考文献中，史志文献分史书、方志、文献资料、民国报纸杂志，按照时间顺序排列，其中文献资料按照古人著述和今人地方文史资料的顺序排列；专著按照出版时间顺序排列；论文按照发表时间，先期刊论文、后学位论文排列。

一、史志文献

[1]《史记》，北京：中华书局1959年。

[2]《旧五代史》，北京：中华书局1976年。

[3]（元）脱脱等撰，顾颉刚等点校：《辽史》，北京：中华书局，2011年。

[4]（清）张廷玉：《明史》，北京：中华书局，1974年。

[5] 赵尔巽等：《清史稿》，北京：中华书局，1977年。

[6] 刘泽民：《山西通史》，太原：山西人民出版社，2001年。

[7]（明）胡谧：（成化）《山西通志》，明成化十一年刻本抄本，山西大学图书馆藏。

[8]（明）刘以守：《山阴县志》，《山西地方志集成·山西府县志辑（6）》，南京：凤凰出版社，2005年。

[9]（清）觉罗石麟等监修，储大文等编纂：《山西通志》，《景印文渊阁四库全书》（0543），台北：台湾商务印书馆（1983-1986）影印本。

[10]（清）曾国荃、张煦等修，王轩、杨笃等纂：（光绪）《山西通志》，续修四库全书编纂委员会，上海：上海古籍出版社，2001年。

[11]（清）穆彰阿：《嘉庆重修一统志》（第九册），北京：中华书局，

1986年。

[12]（明）张钦：（正德）《大同府志》，《四库全书存目存书》，史部一八六，济南：齐鲁书社，1996年。

[13]（清）胡文烨纂修，许殿玺、马文忠点校：《云中郡志》，大同市地方志办公室1988年点校注释本。

[14]（清）吴辅宏修，王飞藻、文光校订：《大同府志》，《中国地方志集成·山西府县志辑（4）》，南京：凤凰出版社，2005年。

[15]（清）刘士铭修，王霨纂，李裕民点校：《朔平府志》，北京：东方出版社，1994年。

[16]（清）黎中辅：《大同县志》，《中国地方志集成·山西府县志辑（5）》，南京：凤凰出版社，2005年。

[17]（清）张崇德纂修：《浑源州志》，《中国地方志集成·山西府县志辑（7）》，南京：凤凰出版社，2005年。

[18]（清）桂敬顺纂修：《浑源州志》，《中国地方志集成·山西府县志辑（7）》，南京：凤凰出版社，2005年。

[19]（清）贺澍恩修，程绩纂：《浑源州续志》，《中国地方志集成·山西府县志辑（7）》，南京：凤凰出版社，2005年。

[20]（清）宋起凤原本，岳宏誉增订：《灵丘县志》，《中国地方志集成·山西府县志辑（6）》，南京：凤凰出版社，2005年。

[21]（清）王嗣圣修，王霨纂：《朔州志》，《中国地方志集成·山西府县志辑（10）》，南京：凤凰出版社，2005年。

[22]（清）王育榞修，李舜臣等纂：《蔚县志》，台北：成文出版社印行，1968年。

[23]（清）房裔兰修，苏之芬纂：《阳高县志》，民国铅印本影印，《中国方志丛书》，台北：成文出版社，1976年。

[24]（清）郭磊：《广灵县志》，《中国地方志集成·山西府县志辑（8）》，南京：凤凰出版社，2005年。

[25]（清）杨亦铭：《广灵县补志》，台北：成文出版社，1976年。

[26]（清）庆之金、杨笃等纂修：《蔚州志》，台北：成文出版社印行，

1968年。

[27]（清）雷棣荣、严润林修，陆泰元纂：《灵丘县补志》，《中国地方志集成·山西府县志辑（6）》，南京：凤凰出版社，2005年。

[28]（清）李翼圣原本，余卜颐增修，兰炳章增纂：《左云县志》，《中国地方志集成·山西府县志集（10）》，南京：凤凰出版社，2005年。

[29]（清）李长华修，姜利仁纂；汪大浣续修，马蕃续纂：《怀仁县新志》，《中国地方志集成·山西府县志辑（6）》，南京：凤凰出版社，2005年。

[30]（清）洪汝霖、鲁彦光修，杨笃纂：《天镇县志》，《中国地方志集成·山西府县志辑（5）》，南京：凤凰出版社，2005年。

[31]（清）陈廷章修，霍殿鳌纂：《马邑县志》，台北：成文出版社，1968年。

[32]（清）刘荣：《广昌县志》，台北：成文出版社，1968年。

[33]（清）高赓恩等纂修：《绥远全志》，台北：成文出版社，1968年。

[34]（清）吴炳：《应州续志》，《中国地方志集成·山西府县志辑（29）》，南京：凤凰出版社，2005年。

[35]厉时中：（民国）《大中华大同地理志》，大同南纸石印局承印，1920年。

[36]王谦督修，李玉华纂修：（民国）《大同县志》，大同市地方志办公室手抄本。

[37]高鼎臣：（民国）《左云县乡土志》，左云县县志编纂办公室翻印本，1992年。

[38]（民国）左云县公署：《左云县要览》，左云县县志编纂办公室翻印本，1992年。

[39]云瑞祥等：《土默特志》，呼和浩特：内蒙古人民出版社，1977年。

[40]郑植昌：《归绥县志》，台北：成文出版社，1935年。

[41]托克托县志编写委员会：《托克托县志》，1984年。

[42]林传甲：《大中华山西省地理志》，商务印书馆，1919年。

[43]山西省史志研究院编：《山西通志·民政志》，北京：中华书局，1996年。

[44] 山西省左云县志编纂委员会：《左云县志》，北京：中华书局，1999年。

[45] 山西省灵丘县志编纂委员会：《灵丘县志》，太原：山西古籍出版社，2000年。

[46] 山西省广灵县志编纂委员会：《广灵县志》，北京：人民出版社，1999年。

[47] 郭海：《阳高县志》，北京：中国工人出版社，1993年。

[48] 任根珠点校：《山西旧志二种》，北京：中华书局，2005年。

[49] 天镇县志史志办公室：《天镇县村镇简志》，呼和浩特：内蒙古人民出版社，2005年。

[50]《汉书·百官公卿表》，北京：中华书局，1962年。

[51]《礼记·王制》，北京：北京大学出版社，1999年。

[52]（明）沈德符：《万历野获篇》，北京：中华书局，1959年。

[53]（明）王士琦：《三云筹俎考》，台北：广文书局，1963年。

[54]（明）霍冀：《九边图说》，薄音湖、王雄：《明代蒙古汉籍史料汇编》第二辑，呼和浩特：内蒙古大学出版社，2000年。

[55]（明）陆容：《菽园杂记》，佚之点校，北京：中华书局，1985年。

[56]（明）计六奇：《明季北略》，北京：中华书局，1984年版。

[57]（明）严从简著，余思黎点校：《殊域周咨录》，北京：中华书局，1993年版。

[58]《清实录》，北京：中华书局，2012年。

[59]《嘉庆道光两朝上谕档》（第一册），桂林：广西师范大学出版社，2000年。

[60]（清）纪昀等修：《钦定八旗通志》，李洵等点校，长春：吉林文史出版社，2002年。

[61]（清）刚毅、安颐：《晋政辑要》，光绪十三年（1887）。

[62]（清）海宁、郑源：《晋政辑要》，乾隆五十四年（1789）。

[63]（清）任承恩：《任勇烈公遗集·二莪草堂愚稿》，山西省图书馆藏。

[64]（清）顾祖禹：《读史方舆纪要》，上海：上海书店，1998版。

[65]（清）张廷玉等：《清文献通考》，文渊阁四库全书，史部，第637册，台北：商务印书馆，1986年。

[66]（清）宋起凤：《稗说》，谢国桢编：《明史资料丛刊》，1980年6月。

[67]（清）叶梦珠撰，《阅世编》，来新夏点校，上海：上海古籍出版社，1981年。

[68]（清）张穆编，何秋涛补订，张正明等点校：《蒙古游牧记》，太原：山西人民出版社，1991年版。

[69]（清）方观承：《从军杂记》，小方壶舆地丛抄（第一帙），杭州：杭州古籍书店，1985年版。

[70]（清）抱阳生：《甲申朝事小纪》，任道斌点校，北京：书目文献出版社，1987年版。

[71]刘锦藻：《清朝续文献通考》，上海：商务印书馆，1936年。

[72]中仁：《康熙御批》，北京：中国华侨出版社，1999年。

[73]中仁：《雍正御批》，北京：中国华侨出版社，1999年。

[74]薄音湖、王雄：《明代蒙古汉籍史料汇编》第二辑，呼和浩特：内蒙古大学出版社，2000年。

[75]包文汉：《清朝藩部要略稿本》，哈尔滨：黑龙江教育出版社，1997年。

[76]李锋等：《明实录大同史料汇编》，北京：燕山出版社，1999年。

[77]大同三晋文化研究会：《大同历史文化丛书》（第1-9辑），太原：山西人民出版社。

[78]朔州三晋文化研究会：《朔州历史文化丛书》（第1-3辑），太原：山西人民出版社。

[79]山西省政协《晋商史料全览》编辑委员会：《晋商史料全览》（大同卷、朔州卷），太原：山西人民出版社，2006年。

[80]张焯：《云冈石窟编年史》，北京：文物出版社，2006年。

[81]希元：《荆州驻防八旗志》，沈阳：辽宁大学出版社，1990年。

[82]左云县县志办公室：《左云县县境政区村落演变资料》，太原：山西人民出版社，1993年。

[83]《明清史料》丙编,第五本。

[84] 洪佳期等点校:《大清新法令(1901-1911)》,北京:商务印书馆,2011年。

[85] 张诚:《张诚日记》,《清史资料》(第五辑),北京:中华书局,1984年。

[86] 大同矿务局党史矿史征编办公室:《大同煤矿史》,北京:人民出版社,1989年。

[87] 杜家骥:《清嘉庆朝刑科题本社会史料辑刊》,天津:天津古籍出版社,2008年。

[88] 高怀秀:《大同煤矿"万人坑"实录》,中共党史出版社,2010年。

[89] 山西省政协文史编纂委员会:《山西文史资料全编》(第6卷第61-72辑),1999年。

[90] 大同市政协文史资料研究委员会:《大同文史资料》(第16辑),1990年。

[91] 右玉县政协文史资料编纂委员会:《右玉文史资料》(第2辑),1987年。

[92] 浑源县政协文史资料编纂委员会:《浑源文史资料》,1988年。

[93] 右玉县政协文史编纂委员会:《右玉县文史资料》(第2辑),1987年。

[94] 怀仁县政协文史资料编纂委员会:《怀仁县政协文史资料》(第1辑),1990年。

[95] 阳高县政协文史资料编纂委员会:《阳高文史资料》,1987年。

[96] 大同市新荣区政协:《大同市新荣区文史资料》(第6辑),2007年。

[97] 刘泽民:《山西通史》,太原:山西人民出版社,2001年。

[98] 侯武杰:《山西历代纪事本末》,北京:商务印书馆,1999年。

[99] 戴绍敏:《云中古代诗集注》,北京:燕山出版社,1999年。

[100] 中国第一历史档案馆:《光绪朝硃批奏折》(第35辑),北京:中华书局,1996年。

[101] 中国第一历史档案馆编:《光绪宣统两朝上谕档》(第31册),桂

林：广西师范大学出版社，1996年。

[102] 中国民间歌曲集成全国编辑委员会：《中国民间歌曲集成》（山西卷），北京：人民音乐出版社，1990年。

[103] 大同市十大文艺集成办公室编：《大同民间歌曲集成》，太原：山西人民出版社，1994年。

[104] 闫荣主编：《三晋石刻大全》，太原：三晋出版社，2012年。

[105] 范和平：《平鲁石刻图志》，太原：三晋出版社，2009年。

[106] 国家图书馆分馆编：《乡土志抄稿本选编》，北京：全国图书馆文献缩微复制中心，2002年。

[107] 山西省地方志办公室编：《民国山西村政建设》，太原：山西人民出版社，2014年。

[108] 丁世良、赵放：《中国地方志民俗资料汇编·华北卷》，北京：书目文献出版社，1989年。

[109] 王欣欣：《山西历代进士题名录》，太原：山西教育出版社，2005年。

[110] 曹润堂：《塞外竹枝词》，《复选木石庵诗》，曹氏家藏本。

[111] 李浩：《晋矿魂·留东学生李烈士培仁蹈海绝命书》，太原：山西人民出版社，2001年。

[112] 《全清词·顺康卷》，北京：中华书局，2002年。

[113] 《禹贡半月刊》，北京：中华书局，2010年。

二、专著

[1] 许大龄：《清代捐纳制度》，南京：南京大学出版社，1950年。

[2] 商衍鎏：《清代科举考试述录》，北京：三联书店，1958年。

[3] 陈正祥：《中国文化地理》，香港：生活、读书、新知三联书店，1981年。

[4] 谭其骧：《中国历史地图集》，北京：地图出版社，1982年。

[5] [俄] 阿·马·波兹德涅耶夫著，刘汉明译《蒙古与蒙古人》（第二卷），呼和浩特：内蒙古人民出版社，1983年。

[6] 刘大鹏遗著，乔志强标注：《退想斋日记》，太原：山西人民出版社，1990年。

[7] 张仲礼：《中国绅士——关于其在19世纪中国社会中作用的研究》，北京：中国社会科学院出版社，1991年。

[8] 李路路、王奋宇：《当代中国现代化进程中的社会结构及其变革》，杭州：浙江人民出版社，1992年。

[9] [德] 马克斯·韦伯：《儒教与道教》，南京：江苏人民出版社，1993年。

[10] [日] 小滨正子：《近代上海的公共性与国家》，葛涛译，上海：上海古籍出版社，1994年。

[11] 安树芬：《中华教育历程》，北京：光明日报出版社，1997年。

[12] 王先明：《近代绅士——一个封建阶层的历史命运》，天津：天津人民出版社，1997年。

[13] [英] 安东尼·吉登斯：《民族-国家与暴力》，胡宗泽、赵力涛译，北京：三联书店，1998年。

[14] [俄] 阿·马·波兹德涅耶夫著，郭惠民译《蒙古与蒙古人》（第一卷），呼和浩特：内蒙古人民出版社，1998年。

[15] [美] 克利福德·格尔兹：《文化的解释》，韩莉译，南京：译林出版社，1999年。

[16] 顾颉刚、史念海：《中国疆域史沿革》，北京：商务印书馆，2000年。

[17] 张仲礼：《中国绅士的收入》，上海：上海社会科学院出版社，2001年。

[18] 牛敬忠：《近代绥远地区的社会变迁》，呼和浩特：内蒙古大学出版社，2001年。

[19] 瞿同祖著，范忠信等译：《清代地方政府》，北京：法律出版社，2003年。

[20] 魏光奇：《官治与自治——20世纪上半期的中国县制》，北京：商务印书馆，2004年。

[21] 李孝聪：《中国区域历史地理》，北京：北京大学出版社，2004年。

[22] 刘景纯：《清代黄土高原地区城镇地理研究》，北京：中华书局，2005年。

[23] 陈宝良：《明代儒学生员与地方社会》，北京：中国社会科学出版社，2005年。

[24] 费孝通：《中国绅士》，惠海明译，北京：中国社会科学出版社，2006年。

[25] [韩] 金成修：《明清之际藏传佛教在蒙古地区的传播》，北京：社会科学文献出版社，2006年。

[26] 黄仁宇：《放宽历史的视界》，北京：生活·读书·新知三联书店，2007年。

[27] 黄仁宇：《中国历史与西洋文化的汇合》，《放宽历史的视界》，北京：生活·读书·新知三联书店，2007年。

[28] [美] 拉铁摩尔著，唐晓峰译：《中国的亚洲内陆边疆》，南京：江苏人民出版社，2008年。

[29] 刘海峰编：《二十世纪科举研究论文选编》，武汉：武汉大学出版社，2009年。

[30] [法] 雷纳·格鲁塞：《蒙古帝国史》，龚钺译，北京：商务印书馆，2013年。

[31] 王鹏龙：《雁北明清剧场及其演剧研究》，北京：中国戏剧出版社，2013年。

[32] 吴涛、佐藤仁史：《嘉定县事——14至20世纪初江南地域社会史研究》，广州：广东人民出版社，2014年。

三、论文

[1] 顾诚：《卫所制度在清代的变革》，《北京大学学报》，1988年第2期。

[2] 李伯重：《简论"江南地区"的界定》，《中国社会经济史研究》，1991年第1期。

[3] 奇文瑛：《满蒙文化渊源关系浅析》，《清史研究》，1992年第4期。

[4] 刘铮云：《冲、繁、疲、难：清代道、府、厅、州、县等级初探》，载

中研院《历史语言研究所集刊》第 64 本第 1 分册，1993 年 3 月。

[5] 赵毅：《清代蒙地政策的阶段性演化》，《东北师大学报》，1993 年第 1 期。

[6] 曹树基：《鼠疫流行与华北社会的变迁（1580—1644 年）》，《历史研究》，1997 年第 1 期。

[7] 孙喆：《清前期蒙古地区的人口迁入及清政府的封禁政策》，《清史研究》，1998 年第 2 期。

[8] 李三谋：《清代晋北农业概述》，《古今农业》，1998 年第 1 期。

[9] 赵世瑜、邓庆平：《二十世纪中国社会史研究的回顾与思考》，《历史研究》，2001 年第 6 期。

[10] 陈喜波：《论清代长城沿线城镇的兴起和发展》，《北京大学学报》，2001 年第 3 期。

[11] 王建革：《农牧交错与结构变迁：清代内蒙古地区的农业与社会》，《中国历史地理论丛》，2002 年第 3 期。

[12] 邹玉义：《〈重修大同镇城碑记〉考辩——曹雪芹祖籍辽阳的又一权威史证》，《红楼梦学刊》，2003 年第 2 期。

[13] 许纪霖：《近代中国的公共空间形态、功能与自我理解——以上海为例》，《史林》，2003 年第 2 期。

[14] 闫天灵：《清代及民国时期塞外蒙汉关系论》，《民族研究》，2004 年第 5 期。

[15] 段自成：《清代北方官办乡约组织形式述论》，《中国社会历史评论》，2006 年第 7 卷。

[16] 行龙：《二十年中国近代社会史研究之反思》，《近代史研究》，2006 年第 1 期。

[17] 成崇德：《历史上北方农牧界线的变迁与人类活动的关系》，行龙、杨念群主编：《区域社会史比较研究中青年学者学术讨论会论文集》，北京：社会科学文献出版社，2006 年。

[18] 柳岳武：《清代中前期清廷的蒙古政策》，《西南大学学报（人文社会科学版）》，2007 年第 2 期。

［19］阎光亮：《论清代禁垦蒙地政策》，《社会科学集刊》，2007年第4期。

［20］祁美琴：《论清代长城边口贸易的时代特征》，《清史研究》，2007年第3期。

［21］刘忠和：《试论绥远建省》，《广播电视大学学报》，2007年第3期。

［22］俞吾金：《历史事实和客观规例》，《历史研究》，2008年第1期。

［23］张萍：《边疆内地化背景下地域经济整合与社会变迁——清代陕北长城内外的个案考察》，《民族研究》，2009年第5期。

［24］曹秀兰：《曹溶任职山西大同期间的故国之思》，《山西大同大学学报》，2009年第4期。

［25］邓庆平：《华北乡村的堡寨与明清边镇的社会变迁——以河北蔚县为中心的考察》，《清史研究》，2009年第3期。

［26］殷宪：《大同进士杂谈》，《大同日报》，2010年4月18日。

［27］常建华：《明清山西碑刻里的乡约》，《中国史研究》，2010年第3期。

［28］霍宏伟：《晚清教育转型与府州县学的变迁》，《学术月刊》，2010年第2期。

［29］黄兴涛：《清代满人的"中国认同"》，《清史研究》，2011年第1期。

［30］胡恒：《关于清代县的裁撤的考察》，《清史研究》，2011年第2期。

［31］张俊峰：《从边疆到内地：地方化进程中的边陲社会——以清代山西河曲县为中心的考察》，《史林》，2012年第1期。

［32］樊如森：《清代民国的汉人蒙古化与蒙古人汉化》，《民俗研究》，2013年第9期。

［33］王金朔等：《清代北方农牧交错带农耕北界的变迁》，《干旱区资源与环境》，2015年第3期。

［34］赵世瑜：《从移民传说到地域认同：明清国家的形成》，《华东师范大学学报》（哲学社会科学版），2015年第4期。

［35］姚大力：《"新清史"之争背后的民族主义——可以从"新清史"学习什么》，《东方早报》，2015年4月12日。

［36］白初一：《清太祖时期满蒙关系的若干问题研究》，内蒙古大学2005年博士学位论文。

[37] 邓庆平：《州县与卫所：政区演变与华北边地的社会变迁——以明清蔚州为中心》，北京师范大学博士学位论文，2006年。

[38] 王星慧：《曹溶研究》，南京师范大学硕士学位论文，2007年。

[39] 代洪亮：《复兴与发展：学术史视野中的中国社会史研究（1980—2010）》，山东大学2011年博士学位论文。

[40] 王璋：《灾荒·制度·民生——清代山西灾荒与地方社会经济研究》，南开大学2012年博士学位论文。

[41] 张青瑶：《清代晋北地区土地利用及驱动因素研究》，陕西师范大学2012年博士学位论文。

[42] 杜汇：《清代山西地区的佐杂分防与基层社会控制》，山西大学2013年硕士学位论文。

后　记

在书稿即将完成之际，我突然想起了艾青的诗句："为什么我的眼里常含泪水？因为我对这土地爱得深沉。"可以毫不夸张地说，在塞外求学、工作、生活的二十五年中，长城已经成了我生命中不可或缺的一部分。从遥望到近观，我在自己最美的年华中走进长城，走进了这片滋养我生命的土地。从田野考察到学术研究，长城也一步一步融入了我的生命之中。

虽然在进入天津师范大学读博士时，我就已经选择了做长城沿线的选题，但是材料有多少和如何选择切入点一直使我困惑了将近一年。奔走于天津和大同之间，甚至有时还会到内蒙古、河北实地考察，有时还要工作，兼顾家庭。忙碌于工作、学习和家庭之间，对我来说是一种挑战。几经修改，书稿终于能付梓，回首往事，感恩生命中关爱我成长的诸位师长好友。

首先感谢我的两位授业恩师。在山西大学王守恩教授的指导之下，我开始了对长城沿线的田野考察，也使我和长城结下了不解之缘。感恩天津师范大学田涛教授。在读博期间，田老师没有因为我的年龄或者其他而放松对我的教诲。他一字一句地教我解读文献的情形至今历历在目。在论文写作的过程中，他更是时时提醒，一定要将"从边地到腹里"作为一种问题意识和思维习惯。感谢田老师，是他的宽容和理解使我静下心来，如期完成了博士论文的写作。

感谢李学智教授、张利民教授对我的支持和鼓励。在我博士论文选题、写作过程中，他们提出了宝贵的意见。感谢山西大学、天津师范大学的老师们，他们谦逊的教学态度和严谨的治学精神，使我懂得了"为人师表"的道理。

感谢我的小同学们。我资质愚钝，硕士和博士的学习均在工作多年之后。我的同学们年龄比我小，但是在探讨问题时毫不含糊的情形，使我一直不敢放松学习和思考。

感谢中国长城学会、中国古都学会、大同古城保护与修复研究会、大同市地方志、大同市档案馆、大同市三晋文化研究会的老师们，他们或为指点迷津释疑解惑，或为我查找资料提供便利。感谢山西大同大学的老师们、同事们给予的帮助和支持。

感谢我的家人在我求学、工作期间给予的无私帮助。感谢他们接受了我的选择，而且毅然替我承担着家庭的责任。可以说，为了能让我安心读书、工作，他们付出的心血和努力不亚于我在书稿写作过程中的付出。

书稿已经写就，长城研究似乎刚刚开始。路漫漫其修远兮，吾将上下而求索。

张月琴于山西大同大学
2018 年 10 月 26 日